林业发展与植物保护研究

张爱生 吴 艳◎ 著

吉林科学技术出版社

图书在版编目（CIP）数据

林业发展与植物保护研究 / 张爱生，吴艳著. -- 长
春：吉林科学技术出版社，2021.10
ISBN 978-7-5578-8838-1

Ⅰ. ①林… Ⅱ. ①张… ②吴… Ⅲ. ①林业经济－研
究－中国②植物保护－研究－中国 Ⅳ. ①F326.23②S4

中国版本图书馆 CIP 数据核字（2021）第 203477 号

林业发展与植物保护研究
LINYE FAZHAN YU ZHIWU BAOHU YANJIU

著	张爱生　吴　艳
责任编辑	王旭辉
幅面尺寸	185mm×260mm　1/16
字　　数	309 千字
印　　张	13.5
版　　次	2022 年 8 月第 1 版
印　　次	2022 年 8 月第 1 次印刷

出　　版　吉林科学技术出版社

发　　行　吉林科学技术出版社

地　　址　长春市净月区福祉大路 5788 号

邮　　编　130118

发行部电话/传真　0431-81629529　81629530　81629531
　　　　　　　　　81629532　81629533　81629534

储运部电话　0431-86059116

编辑部电话　0431-81629518

印　　刷　北京四海锦诚印刷技术有限公司

书　　号　ISBN 978-7-5578-8838-1

定　　价　55.00 元

版权所有 翻印必究 举报电话：0431-81629508

前　言

　　林业是生态环境的主体，对经济的发展、生态的建设以及推动社会进步具有重要的作用和意义。随着我国政策的不断发展和改革，以及全球经济一体化的发展，生态经济的发展逐渐成为现代化建设的重要标志.面对这种机遇和挑战，林业工作肩负了更加重大的使命：一是实现科学发展,必须把发展林业作为重大举措；二是建设生态文明，必须把发展林业作为重要途径；三是应对气候变化，必须把发展林业作为战略选择；四是解决"三农"问题，必须把发展林业作为重要途径。因此，全面推进现代林业发展进程，加快生态文明建设，是当今时代赋予我们的责任。

　　近几十年来，我国林业经历了以木材生产为主的阶段之后，又实现了向以生态建设为主的转变。随着对森林认识的深化，又正在实践着将森林建设成完备的生态体系、发达的林业产业体系和先进的森林文化体系的综合功能体。这就将我国的林业推进到了建设现代林业的新阶段。以现代林业理论为指导，必然会引起传统林业生产中各个环节的深刻变化，这就要求林业管理人员和林业科技人员不仅要全面地掌握林业科学的各种基础知识，还要清楚地了解林业理论和生产发展之间的各种联系，这样才能更好地为现代林业服务。随着高产优质、环境友好型农业的发展，对植物保护工作的要求越来越高，必须面对各种可能的有害生物和不良环境因素，采取经济、有效、安全的防治措施和对策，及时进行预防和治理，同时处理好与环境的关系。因此，现代的植物保护工作不断地向相关学科渗透，并形成了许多基础研究和应用研究分支学科，逐步发展成为一门综合性的植物保护学。本书对这些问题做了较为系统的梳理与阐述。

　　本书编写过程中，从教育人才培养目标的实际出发，所选内容翔实、新颖，知识结构科学、合理。编写过程中参阅了大量同类书籍，同时吸收了一些新知识、新技术；突出了书籍内容和生产实际的结合，形成了涵盖专业能力培养应会的知识和技能体系。

　　全书在内容上由浅入深，循序渐进。在知识阐述和内容结构上力求通俗易懂、简明扼要、条理清晰，突出实际应用。本书编写过程中参阅了国内许多的文献和资料，在此对所有作者表示衷心的感谢。

目 录

第一章　现代林业基本理论

第一节　我国林业资源功能

一、我国林业的资源分布

（一）森林资源

林业资源的核心是森林资源，根据《中国森林资源状况》，在行政区划的基础上，依据自然条件、历史条件和发展水平，把全国划分为：东北地区、华北地区、西北地区、西南地区、华南地区、华东地区和华中地区，进行森林资源的格局特征分析。

1. 东北地区

东北林区是中国重要的重工业和农林牧生产基地，包括辽宁、吉林和黑龙江省，跨越寒温带、中温带、暖温带，属大陆性季风气候。除长白山部分地段外，地势平缓，分布落叶松、红松林及云杉、冷杉和针阔混交林，是中国森林资源最集中分布区之一。

2. 华北地区

华北地区包括北京、天津、河北、山西和内蒙古。该区自然条件差异较大，跨越温带、暖温带，以及湿润、半湿润、干旱和半干旱区，属大陆性季风气候。分布有松柏林、松栎林、云杉林、落叶阔叶林，以及内蒙古东部兴安落叶松林等多种森林类型，除内蒙古东部的大兴安岭为森林资源集中分布的林区外，其他地区均为少林区。

3. 西北地区

西北地区包括陕西、甘肃、宁夏、青海和新疆。该区自然条件差，生态环境脆弱，境内大部分为大陆性气候，寒暑变化剧烈，除陕西和甘肃东南部降水丰富外，其他地区降水量稀少，为全国最干旱的地区，森林资源稀少。森林主要分布在秦岭、大巴山、小陇山和白龙江流域、黄河上游、贺兰山、祁连山、天山、阿尔泰山等处，以暖温带落叶阔叶林、北亚热带常绿落叶阔叶混交林以及山地针叶林为主。

4. 华中地区

华中地区包括安徽、江西、河南、湖北和湖南。该区南北温差大，夏季炎热，冬季比较寒冷，降水量丰富，常年降水量比较稳定，水热条件优越。森林主要分布在神农架、沅江流域、资江流域、湘江流域、赣江流域等处，主要为常绿阔叶林，并混生落叶阔叶林，马尾松、杉木、竹类分布面积也非常广。

5. 华南地区

华南地区包括广东、广西、海南和福建及港澳台地区。该区气候炎热多雨，无真正的冬季，跨越南亚热带和热带气候区，分布有南亚热带常绿阔叶林、热带雨林和季雨林。

6. 华东地区

华东地区包括上海、江苏、浙江和山东。该区临近海岸地带，其大部分地区因受台风影响获得降水，降水量丰富，而且四季分配比较均匀，森林类型多样，树种丰富，低山丘陵以常绿阔叶林为主。

7. 西南地区

西南地区包括重庆、四川、云南、贵州和西藏。该区垂直高差大，气温差异显著，形成明显的垂直气候带与相应的森林植被带，森林类型多样，树种丰富。森林主要分布在岷江上游流域、青衣江流域、大渡河流域、雅砻江流域、金沙江流域、澜沧江和怒江流域、滇南山区、大围山、渠江流域、峨眉山等处全区林业用地。

（二）湿地资源

中国湿地分布较为广泛，几乎各地都有。受自然条件的影响，湿地类型的地理分布有明显的区域差异。

1. 沼泽分布

我国沼泽以东北三江平原、大兴安岭、小兴安岭、长白山地、四川若尔盖和青藏高原为多，各地河漫滩、湖滨、海滨一带也有沼泽发育，山区多木本沼泽，平原则草本沼泽居多。

2. 湖泊湿地分布

我国的湖泊湿地主要分布于长江及淮河中下游、黄河及海河下游和大运河沿岸的东部平原地区湖泊、蒙新高原地区湖泊、云贵高原地区湖泊、青藏高原地区湖泊、东北平原地区与山区湖泊。

3. 河流湿地分布

因受地形、气候影响，河流在地域上的分布很不均匀，绝大多数河流分布在东部气候湿润多雨的季风区；西北内陆气候干旱少雨，河流较少，并有大面积的无流区。

4. 近海与海岸湿地

我国近海与海岸湿地主要分布于沿海省份，以杭州湾为界，杭州湾以北除山东半岛、辽东半岛的部分地区为岩石性海滩外，多为沙质和淤泥质海滩，由环渤海滨海和江苏滨海湿地组成；杭州湾以南以岩石性海滩为主，主要有钱塘江—杭州湾湿地、晋江口—泉州湾湿地、珠江口河口湾和北部湾湿地等。

5.库塘湿地

属于人工湿地，主要分布于我国水利资源比较丰富的东北地区、长江中上游地区、黄河中上游地区以及广东等。

二、我国林业的主要功能

生态系统服务功能包括生态系统对人类可以产生直接影响的调节功能、供给功能和文化功能，以及对维持生态系统的其他功能具有重要作用的支持功能（如土壤形成、养分循环和初级生产等）。生态系统服务功能的变化通过影响人类的安全、维持高质量生活的基本物质需求、健康，以及社会文化关系等而对人类福利产生深远的影响。林业资源作为自然资源的组成部分，同样具有调节、供给和文化三大服务功能。调节服务功能包括固碳释氧、调节小气候、保持水土、防风固沙、涵养水源和净化空气等方面；供给服务功能包括提供木材与非木质林产品；文化服务功能包括美学与文学艺术、游憩与保健疗养、科普教育与民俗等方面。

（一）固碳释氧

森林作为陆地生态系统的主体，在稳定和减缓全球气候变化方面起着至关重要的作用。森林植被通过光合作用可以吸收固定 CO_2，成为陆地生态系统中 CO_2 最大的贮存库和吸收汇。而毁林开荒、土地退化、筑路和城市扩张导致毁林，也导致温室气体向大气排放。以森林保护、造林和减少毁林为主要措施的森林减排已经成为应对气候变化的重要途径。

人类使用化石燃料、进行工业生产以及毁林开荒等活动导致大量的 CO_2 向大气排放，使大气 CO_2 浓度显著增加。陆地生态系统和海洋吸收其中的一部分排放，但全球排放量与吸收量之间仍存在不平衡。这就是被科学界常常提到的 CO_2 失汇现象。

最近几十年来城市化程度不断加快，人口数量不断增长，工业生产逐渐密集，呼吸和燃烧消耗了大量 O_2、排放了大量 CO_2。迄今为止，任何发达的生产技术都不能代替植物的光合作用。地球大气中大约有 $1.2 \times 10^{25}t$ O_2，这是绿色植物经历大约 32 亿年漫长岁月，通过光合作用逐渐积累起来的。

（二）调节小气候

1.调节温度作用

林带改变气流结构和降低风速作用的结果必然会改变林带附近的热量收支，从而引起温度的变化。但是，这种过程十分复杂，影响防护农田内气温的因素不仅包括林带结构、下垫面性状,而且还涉及风速、湍流交换强弱、昼夜时相、季节、天气类型、地域气候背景等。

在实际蒸散和潜在蒸散接近的湿润地区,防护区内影响温度的主要因素为风速,在风速降低区内,气温会有所增加;在实际蒸散小于潜在蒸散的半湿润地区,由于叶面气孔的调节作用开始产生影响,一部分能量没有被用于土壤蒸发和植物蒸腾而使气温降低,因此这一地区的防护林对农田气温的影响具有正负两种可能性。在半湿润易干旱或比较干旱地区,由于植物蒸腾作用而引起的降温作用比因风速降低而引起的增温作用程度相对显著,因此这一地区防护林具有降低农田气温的作用。我国华北平原属于干旱半干旱季风气候区,该地区的农田防护林对温度影响的总体趋势是夏秋季节和白天具有降温作用,在春冬季节和夜间气温具有升温及气温变幅减小作用。

2.调节林内湿度作用

在防护林带作用范围内,风速和乱流交换的减弱,使得植物蒸腾和土壤蒸发的水分在近地层大气中逗留的时间要相对延长。因此,近地面的空气湿度常常高于旷野。

3.调节风速

防护林最显著的小气候效应是防风效应或风速减弱效应。人类营造防护林最原始的目的就是借助于防护林减弱风力,减少风害。故防护林素有"防风林"之称。防护林减弱风力的主要原因有:(1)林带对风起一种阻挡作用,改变风的流动方向,使林带背风面的风力减弱;(2)林带对风的阻力,从而夺取风的动量,使其在地面逸散,风因失去动量而减弱;(3)减弱后的风在下风方向不用经过很久即可逐渐恢复风速,这是因为通过湍流作用,有动量从风力较强部分被扩散的缘故。从力学角度而言,防护林防风原理在于气流通过林带时,削弱了气流动能而减弱了风速。动能削弱的原因来自三方面:其一,气流穿过林带内部时,由于与树干及枝叶的摩擦,使部分动能转化为热能部分,与此同时,由于气流受林木类似筛网或栅栏的作用,将气流中的大旋涡分割成若干小旋涡而消耗了动能,这些小旋涡又互相碰撞和摩擦,进一步削弱了气流的大量能量;其二,气流翻越林带时,在林带的抬升和摩擦下,与上空气流汇合,损失部分动能;其三,穿过林带的气流和翻越林带的气流,在背风面一定距离内汇合时,又造成动能损失,致使防护林背风区风速减弱最为明显。

(三)保持水土

1.森林对降水再分配作用

降水经过森林冠层后发生再分配过程,再分配过程包括三个不同的部分,即穿透降水、茎流水和截留降水。穿透降水是指从植被冠层上滴落下来的或从林冠空隙处直接降落下来的那部分降水;茎流水是指沿着树干流至土壤的那部分水分;截留降水系指雨水以水珠或薄膜形式被保持在植物体表面、树皮裂隙中以及叶片与树枝的角隅等处，截留降水很少达到地面，而通过物理蒸发返回到大气中。

森林冠层对降水的截留受到众多因素的影响，主要有降水量、降水强度和降水的持续时间以及当地的气候状况，并与森林组成、结构、郁闭度等因素密切相关。

林分郁闭度对林冠截留的影响远大于树种间的影响。森林的覆盖度越高，层次结构越复杂，降水截留的层面越多，截留量也越大。

2. 森林对地表径流的作用

（1）森林对地表径流的分流阻滞作用

当降雨量超过森林调蓄能力时，通常产生地表径流，但是降水量小于森林调蓄水量时也可能会产生地表径流。分布在不同气候地带的森林都具有减少地表径流的作用。

（2）森林延缓地表径流历时的作用

森林不但能够有效地削减地表径流量，而且还能延缓地表径流历时。一般情况下，降水持续时间越长，产流过程越长；降水初始与终止时的强度越大，产流前土壤越湿润，产流开始的时间就越快，而结束径流的时间就越迟。这是地表径流与降水过程的一般规律。从森林生态系统的结构和功能分析，森林群落的层次结构越复杂，枯枝落叶层越厚，土壤孔隙越发育，产流开始的时间就越迟，结束径流的时间相对较晚，森林削减和延缓地表径流的效果越明显。例如在相同的降水条件下，不同森林类型的产流与终止时间分别比降水开始时间推迟 7～50min，而结束径流的时间又比降水终止时间推后 40～500min。结构复杂的森林削减和延缓径流的作用远比结构简单的草坡地强。在多次出现降水的情况下，森林植被出现的洪峰均比草坡地的低；而在降水结束，径流逐渐减少时，森林的径流量普遍比草坡地大，明显地显示出森林削减洪峰、延缓地表径流的作用。但是，发育不良的森林，例如只有乔木层，无灌木、草本层和枯枝落叶层，森林调节径流量和延缓径流过程的作用会大大削弱，甚至也可能产生比草坡地更高的径流流量。

（3）森林对土壤水蚀的控制作用

森林地上和地下部分的防止土壤侵蚀功能，主要有几方面：①林冠可以拦截相当数量的降水量，减弱暴雨强度和延长其降落时间；②可以保护土壤免受破坏性雨滴的机械破坏作用；③可以提高土壤的入渗力，抑制地表径流的形成；④可以调节融雪水，使吹雪的程度降到最低；⑤可以减弱土壤冻结深度，延缓融雪，增加地下水贮量；⑥根系和树干可以对土壤起到机械固持作用；⑦林分的生物小循环对土壤的理化性质、抗水蚀、风蚀能力起到改良作用。

（四）防风固沙

1. 固沙作用

森林以其茂密的枝叶和聚积枯落物庇护表层沙粒，避免风的直接作用；同时植被作为沙地上一种具有可塑性结构的障碍物，使地面粗糙度增大，大大降低近地层风速；植被可加速土壤形成过程，提高黏结力，根系也起到固结沙粒作用；植被还能促进地表形成"结皮"，从而提高临界风速值，增强了抗风蚀能力，起到固沙作用，其中植被降低风速作用最为明显也最为重要。植被降低近地层风速作用大小与覆盖度有关，覆盖度越大，风速降低值越大。内蒙古农业大学林学院通过对各种灌木测定，当植被覆盖度大于30%时，一般都可降低风速40%以上。

2. 阻沙作用

由于风沙流是一种贴近地表的运动现象，因此，不同植被固沙和阻沙能力的大小，主要取决于近地层枝叶分布状况。近地层枝叶浓密，控制范围较大的植物，其固沙和阻沙能力也较强。在乔、灌、草三类植物中，灌木多在近地表处丛状分枝，固沙和阻沙能力较强。乔木只有单一主干，固沙和阻沙能力较小，有些乔木甚至树冠已郁闭，表层沙仍然继续流动。多年生草本植物基部丛生亦具固沙和阻沙能力，但比之灌木植株低矮，固沙范围和积沙数量均较低，加之入冬后地上部分干枯，所积沙堆因重新裸露而遭吹蚀，因此不稳定。这也是在治沙工作中选择植物种时首选灌木的原因之一。而不同灌木，其近地层枝叶分布情况和数量亦不同，固沙和阻沙能力也有差异，因而选择时应进一步分析。

3. 对风沙土的改良作用

植被固定流沙以后，大大加速了风沙土的成土过程。植被对风沙土的改良作用，主要表现在以下几方面：（1）机械组成发生变化，粉粒、黏粒含量增加；（2）物理性质发生变化，比重、容重减少，孔隙度增加；（3）水分性质发生变化，田间持水量增加，透水性减慢；（4）有机质含量增加；（5）氮、磷、钾三要素含量增加；（6）碳酸钙含量增加，pH值提高；（7）土壤微生物数量增加。据中国科学院兰州沙漠研究所陈祝春等人测定，沙坡头植物固沙区（25年），表面1cm厚土层微生物总数243.8万个/g干土，流沙仅为7.4万个/g干土，比流沙增加30多倍；（8）沙层含水率减少，幼年植株耗水量少，对沙层水分影响不大，随着林龄的增加，对沙层水分产生显著影响。

（五）涵养水源

1. 净化水质作用

森林对污水净化能力也极强。据测定，从空旷的山坡上流下的水中，污染物的含量为169g/m^2，而从林中流下来的水中污染物的含量只有64g/m^2。污水通过30～40m的林带后，水中所含的细菌数量比不经过林带的减少50%。一些耐水性强的树种对水中有害物质有很强的吸收作用，如柳树对水溶液中的氰化物去除率达94%～97.8%。湿地生态系统则可以通过沉淀、吸附、离子交换、络合反应、硝化、反硝化、营养元素的生物转化和微生物分解过程处理污水。

2．削减洪峰

森林通过乔、灌、草及枯落物层的截持含蓄、大量蒸腾、土壤渗透、延缓融雪等过程，使地表径流减少，甚至为零，从而起到削减洪水的作用。这一作用的大小，又受到森林类型、林分结构、林地土壤结构和降水特性等的影响。通常，复层异龄的针阔混交林要比单层同龄纯林的作用大，对短时间降水过程的作用明显，随降水时间的延长，森林的削洪作用也逐渐减弱，甚至到零。因此，森林的削洪作用有一定限度，但不论作用程度如何，各地域的测定分析结果证实，森林的削洪作用是肯定的。

（六）净化空气

1．滞尘作用

大气中的尘埃是造成城市能见度低和对人体健康产生严重危害的主要污染物之一。全国城市中有一半以上大气中的总悬浮颗粒物（TSP）年平均质量浓度超过 $310\mu g/m^3$，百万人口以上的大城市的 TSP 浓度更大，一半以上超过 $410\mu g/m^3$，超标的大城市占 93%。人们在积极采取措施减少污染源的同时，更加重视增加城市植被覆盖，发挥森林在滞尘方面的重要作用。每公顷云杉林每年可固定尘土 32t，每公顷欧洲山毛榉每年可固定尘土 68t。

2．杀菌作用

植物的绿叶，能分泌出如酒精、有机酸和菇类等挥发性物质，可杀死细菌、真菌和原生动物。如香樟、松树等能够减少空气中的细菌数量，$1hm^2$ 松、柏每日能分泌 60kg 杀菌素，可杀死白喉、肺结核、痢疾等病菌。另外，树木的枝叶可以附着大量的尘埃，因而减少了空气中作为有害菌载体的尘埃数量，也就减少了空气中的有害菌数量，净化了空气。绿地不仅能杀灭空气中的细菌，还能杀灭土壤里的细菌。

杀菌能力强的树种有夹竹桃、稠李、高山榕、樟树、桉树、紫荆、木麻黄、银杏、桂花、玉兰、千金榆、银桦、厚皮香、柠檬、合欢、圆柏、核桃、核桃楸、假槟榔、木菠萝、雪松、刺槐、垂柳、落叶松、柳杉、云杉、柑橘、侧柏等。

3．增加空气中负离子及保健物质含量

森林能增加空气负离子含量。森林的树冠、枝叶的尖端放电以及光合作用过程的光电效应均会促使空气电解，产生大量的空气负离子。空气负离子能吸附、聚集和沉降空气中的污染物和悬浮颗粒，使空气得到净化。空气中正、负离子可与未带电荷的污染物相互作用结合，对工业上难以除去的飘尘有明显的沉降效果。空气负离子同时有抑菌、杀菌和抑制病毒的作用。空气负离子对人体具有保健作用，主要表现在调节神经系统和大脑皮层功能，加强新陈代谢，促进血液循环，改善心、肺、脑等器官的功能等。

植物的花叶、根芽等组织的油腺细胞不断地分泌出一种浓香的挥发性有机物，这种气体能杀死细菌和真菌，有利于净化空气、提高人们的健康水平，被称为植物精气。森林植物精气的主要成分是芳香性碳水化合物，主要包含有香精油、酒精、有机酸、酮等。这些物质有利于人们的身体健康，除杀菌外，对人体有抗炎症、抗风湿、抗肿瘤、促进胆汁分泌等功效。

第二节　现代林业的概念与内涵

现代林业是一个具有时代特征的概念，随着经济社会的不断发展，现代林业的内涵也在不断地发生着变化。正确理解和认识新时期现代林业的基本内涵，对于指导现代林业建设的实践具有重要的意义。

一、现代林业的概念

早在改革开放初期，我国就有人提出了建设现代林业。当时人们简单地将现代林业理解为林业机械化，后来又走入了只讲生态建设，不讲林业产业的朴素生态林业的误区。现代林业即在现代科学认识基础上，用现代技术装备武装和现代工艺方法生产以及用现代科学方法管理的，并可持续发展的林业。徐国祯提出，区别于传统林业，现代林业是在现代科学的思维方式指导下，以现代科学理论、技术与管理为指导，通过新的森林经营方式与新的林业经济增长方式，达到充分发挥森林的生态、经济、社会与文明功能，担负起优化环境，促进经济发展，提高社会文明，实现可持续发展的目标和任务。

关于现代林业起步于何时，学术界有着不同的看法。我国则始于 1949 年中华人民共和国成立。也有的学者认为，就整个世界而言，进入后工业化时期，即进入现代林业阶段，因为此时的森林经营目标已经从纯经济物质转向了环境服务兼顾物质利益。而在中华人民共和国成立后，我国以采伐森林提供木材为重点，同时大规模营造人工林，长期处于传统林业阶段；从 20 世纪 70 年代末开始，随着经济体制改革，才逐步向现代林业转轨。

以上专家学者提出的现代林业的概念，都反映了当时林业发展的方向和时代的特征。今天，林业发展的经济和社会环境、公众对林业的需求等都发生了很大的变化，如何界定现代林业这一概念，仍然是建设现代林业中首先应该明确的问题。

从字面上看，现代林业是一个偏正结构的词组，包括"现代"和"林业"两部分，前者是对后者的修饰和限定。汉语词典对"现代"一词有以下几种释义：一是指当今的时代，可以对应于从前的或过去的；二是新潮的、时髦的意思，可以对应于传统的或落后的；三是历史学中特定的时代划分，现代林业并不是一个历史学概念，而是一个相对的和动态的概念，无须也无法界定其起点和终点。对于现代林业中的"现代"应该从前两个含义进行理解，也就是说现代林业应该是能够体现当今时代特征的、先进的、发达的林业。

随着时代的发展，林业本身的范围、目标和任务也在发生着变化。从林业资源所涵盖的范围来看，我国的林业资源不仅包括林地、林木等传统的森林资源，同时还包括湿地资源、荒漠资源，以及以森林、湿地、荒漠生态系统为依托而生存的野生动植物资源。从发展目标和任务看，已经从传统的以木材生产为核心的单目标经营，转向重视林业资源的多种功能、追求多种效益，我国林业不仅要承担木材及非木质林产品供给的任务，同时还要在维护国土生态安全、改善人居环境、发展林区经济、促进农民增收、弘扬生态文化、建设生态文明中发挥重要的作用。

综合以上两方面的分析，我们认为，衡量一个国家或地区的林业是否达到了现代林业的要求，最重要的就是考察其发展理念、生产力水平、功能和效益是否达到了所处时代的领先水平。建设现代林业就是要遵循当今时代最先进的发展理念，以先进的科学技术、精良的物质装备和高素质的务林人为支撑，运用完善的经营机制和高效的管理手段，建设完善的林业生态体系、发达的林业产业体系和繁荣的生态文化体系，充分发挥林业资源的多种功能和多重价值，最大限度地满足社会的多样化需求。

按照论理学的理论，概念是对事物最一般、最本质属性的高度概括，是人类抽象的、普遍的思维产物。先进的发展理念、技术和装备、管理体制等都是建设现代林业过程中的必要手段，而最终体现出来的是林业发展的状态和方向。因此，现代林业就是可持续发展的林业，它是指充分发挥林业资源的多种功能和多重价值，不断满足社会多样化需求的林业发展状态和方向。

二、现代林业的内涵

内涵是对某一概念中所包含的各种本质属性的具体界定。虽然"现代林业"这一概念的表述方式可以是相对不变的，但是随着时代的变化，其现代的含义和林业的含义都是不断丰富和发展的。

对于现代林业的基本内涵，在不同时期，国内许多专家给予了不同的界定。有的学者认为，现代林业是由一个目标（发展经济、优化环境、富裕人民、贡献国家）、两个要点（森林和林业的新概念）、三个产业（林业第三产业、第二产业、第一产业）彼此联系在一起综合集成形成的一个高效益的林业持续发展系统。还有的学者认为，现代林业强调以生态环境建设为重点，以产业化发展为动力，全社会广泛参与和支持为前提，积极广泛地参与国际交流合作，从而实现林业资源、环境和产业协调发展，经济、环境和社会效益高度统一的林业。现代林业与传统林业相比，其优势在于综合效益高，利用范围很大，发展潜力很突出。

以可持续发展理论为指导，以生态环境建设为重点，以产业化发展为动力，以全社会共同参与和支持为前提，广泛地参与国际交流与合作，实现林业资源、环境和产业协调发展，环境效益、经济效益和社会效益高度统一。

现代林业，就是科学发展的林业，以人为本、全面协调可持续发展的林业，体现现代社会主要特征，具有较高生产力发展水平，能够最大限度拓展林业多种功能，满足社会多样化需求的林业。同时，从发展理念、经营目标、科学技术、物质装备、管理手段、市场机制、法律制度、对外开放、人员素质九方面论述了建设现代林业的基本要求，这一论述较为全面地概括了现代林业的基本内涵。

综上所述，中国现代林业的基本内涵可表述为：以建设生态文明社会为目标，以可持续发展理论为指导，用多目标经营做大林业，用现代科学技术提升林业，用现代物质条件装备林业，用现代信息手段管理林业，用现代市场机制发展林业，用现代法律制度保障林业，用扩大对外开放拓展林业，用高素质新型务林人推进林业，努力提高林业科学化、机械化和信息化水平，提高林地产出率、资源利用率和劳动生产率，提高林业发展的质量、素质和效益，建设完善的林业生态体系、发达的林业产业体系和繁荣的生态文化体系。

（一）现代发展理念

理念就是理性的观念，是人们对事物发展方向的根本思路。现代林业的发展理念，就是通过科学论证和理性思考而确立的未来林业发展的最高境界和根本观念，主要解决林业发展走什么道路、达到什么样的最终目标等根本方向问题。因此，现代林业的发展理念，必须是最科学的，既符合当今世界林业发展潮流，又符合中国的国情和林情。

党的十九大报告中明确提出建立完善生态文明建设新体制，为林业发展确定了方向，在新形势下，面对新时代，新挑战，新机遇，林业发展要以新思想为指导，以新理念为引领，以新目标为激励，以新举措促进林业供给推动林业健康快速发展，生态效益和社会效益和谐统一，为人类社会共同发展做出应有贡献。

可持续发展理论是在人类社会经济发展面临着严重的人口、资源与环境问题的背景下产生和发展起来的，联合国环境规划署把可持续发展定义为满足当前需要而又不削弱子孙后代满足其需要之能力的发展。可持续发展的核心是发展，重要标志是资源的永续利用和良好的生态环境。可持续发展要求既要考虑当前发展的需要，又要考虑未来发展的需要，不以牺牲后代人的利益为代价。在建设现代林业的过程中，要充分考虑发展的可持续性，既充分满足当代人对林业三大产品的需求，又不对后代人的发展产生影响。大力发展循环经济，建设资源节约型、生态良好和环境友好型社会，必须合理利用资源、大力保护自然生态和自然资源，恢复、治理、重建和发展自然生态与自然资源，是实现可持续发展的必然要求。可持续林业从健康、完整的生态系统、生物多样性、良好的环境及主要林产品持续生产等诸多方面，反映了现代林业的多重价值观。

（二）多目标经营

森林具有多种功能和多种价值，从单一的经济目标向生态、经济、社会多种效益并重的多目标经营转变，是当今世界林业发展的共同趋势。由于各国的国情、林情不同，其林业经营目标也各不相同。德国、瑞士、法国、奥地利等林业发达国家在总结几百年来林业发展经验和教训的基础上提出了近自然林业模式；美国提出了从人工林计划体系向生态系统经营的高层过渡；在日本则通过建设人工培育天然林、复层林、混交林等措施来确保其多目标的实现。20世纪80年代中期，我国对林业发展道路进行了深入系统的研究和探索，提出了符合我国国情林情的林业分工理论，按照林业的主导功能特点或要求划类，并按各类的特点和规律运行的林业经营体制与经营模式，通过森林功能性分类，充分发挥林业资源的多种功能和多种效益，不断增加林业生态产品、物质产品和文化产品的有效供给，持续不断地满足社会和广大民众对林业的多样化需求。

中国现代林业的最终目标是建设生态文明社会，具体目标是实现生态、经济、社会三大效益的最大化。

第三节 我国现代林业建设的主要任务

发展现代林业，建设生态文明是中国林业发展的方向、旗帜和主题。现代林业建设的主要任务是，按照生态良好、产业发达、文化繁荣、发展和谐的要求，着力构建完善的林业生态体系、发达的林业产业体系和繁荣的生态文化体系，充分发挥森林的多种功能和综合效益，不断满足人类对林业的多种需求。重点实施好天然林资源保护、退耕还林、湿地保护与恢复、城市林业等多项生态工程，建立以森林生态系统为主体的、完备的国土生态安全保障体系，是现代林业建设的基本任务。随着我国经济社会的快速发展，林业产业的外延在不断拓展，内涵在不断丰富。建立以林业资源节约利用、高效利用、综合利用、循环利用为内容的、发达的产业体系是现代林业建设的重要任务。林业产业体系建设重点应包括加快发展以森林资源培育为基础的林业第一产业，全面提升以木竹加工为主的林业第二产业，大力发展以生态服务为主的林业第三产业。建立以生态文明为主要价值取向的、繁荣的林业生态文化体系是现代林业建设的新任务。生态文化体系建设的重点是努力构建生态文化物质载体，促进生态文化产业发展，加大生态文化的传播普及，加强生态文化基础教育，提高生态文化体系建设的保障能力，开展生态文化体系建设的理论研究。

一、努力构建人与自然和谐的完善的生态体系

林业生态体系包括三个系统和一个多样性，即森林生态系统、湿地生态系统、荒漠生态系统和生物多样性。

努力构建人与自然和谐的完善的林业生态体系，必须加强生态建设，充分发挥林业的生态效益，着力建设森林生态系统，大力保护湿地生态系统，不断改善荒漠生态系统，努力维护生物多样性，突出发展，强化保护，提升质量，努力建设布局科学、结构合理、功能完备、效益显著的林业生态体系。

二、不断完善充满活力的发达的林业产业体系

林业产业体系包括第一产业、第二产业、第三产业三次产业和一个新兴产业。不断完善充满活力的发达的林业产业体系，必须加快产业发展，充分发挥林业的经济效益，全面提升传统产业，积极发展新兴产业，以兴林富民为宗旨，完善宏观调控，加强市场监管，优化公共服务，坚持低投入、高效益，低消耗、高产出，努力建设品种丰富、优质高效、运行有序、充满活力的林业产业体系。

各类商品林基地建设取得新进展，优质、高产、高效、新兴林业产业迅猛发展，林业经济结构得到优化。

三、逐步建立丰富多彩的繁荣的生态文化体系

生态文化体系包括植物生态文化、动物生态文化、人文生态文化和环境生态文化等。

逐步建立丰富多彩的繁荣的生态文化体系，必须培育生态文化，充分发挥林业的社会效益，大力繁荣生态文化，普及生态知识，倡导生态道德，增强生态意识，弘扬生态文明，以人与自然和谐相处为核心价值观，以森林文化、湿地文化、野生动物文化为主体，努力构建主题突出、内涵丰富、形式多样、群众喜闻乐见的生态文化体系。

加快城乡绿化，改善人居环境，发展森林旅游，增进人民健康，提供就业机会，增加农民收入，促进新农村建设。

四、大力推进优质高效的服务型林业保障体系

林业保障体系包括科学化、信息化、机械化三大支柱和改革、投资两个关键，涉及绿色办公、绿色生产、绿色采购、绿色统计、绿色审计、绿色财政和绿色金融等。

林业保障体系要求林业行政管理部门切实转变职能、理顺关系、优化结构、提高效能，做到权责一致、分工合理、决策科学、执行顺畅、监督有力、成本节约，为现代林业建设提供体制保障。

大力推进优质高效的服务型林业保障体系，必须按照科学发展观的要求，大力推进林业科学化、信息化、机械化进程；坚持和完善林权制度改革，进一步加快构建现代林业体制机制，进一步扩大重点国有林区、国有林场的改革，加大政策调整力度，逐步理顺林业机制，加快林业部门的职能转变，建立和推行生态文明建设绩效考评与问责制度；同时，要建立支持现代林业发展的公共财政制度，完善林业投融资政策，健全林业社会化服务体系，按照服务型政府的要求建设林业保障体系。

第四节　现代林业建设的总体布局

　　21世纪上半叶中国林业发展总体战略构想是：（1）确立以生态建设为主的林业可持续发展道路；（2）建立以森林植被为主体的国土生态安全体系；（3）建设山川秀美的生态文明社会。

　　林业发展总体战略构想的核心是"生态建设、生态安全、生态文明"。这三者之间相互关联、相辅相成。生态建设是生态安全的前提，生态安全是生态文明的基础和保障，生态文明是生态建设和生态安全所追求的最终目标。"生态建设、生态安全、生态文明"既代表了先进生产力发展的必然要求和广大人民群众的根本利益，又顺应了世界发展的大趋势，展示了中华民族对自身发展的审慎选择、对生态建设的高度责任感和对全球森林问题的整体关怀，体现了可持续发展的理念。

　　现代林业建设总体布局要以天然林资源保护、退耕还林、三北及长江流域等重点防护林体系建设、京津风沙源治理、野生动植物保护及自然保护区建设、重点地区速生丰产用材林基地建设等林业六大重点工程为框架，构建"点、线、面"结合的全国森林生态网络体系，即以全国城镇绿化区、森林公园和周边自然保护区及典型生态区为"点"；以大江大河、主要山脉、海岸线、主干铁路公路为"线"；以东北内蒙古国有林区，西北、华北北部和东北西部干旱半干旱地区，华北及中原平原地区，南方集体林地区，东南沿海热带林地区，西南高山峡谷地区，青藏高原高寒地区八大区为"面"，实现森林资源在空间布局上的均衡、合理配置。

　　东北内蒙古国有林区以天然林保护和培育为重点，华北中原地区以平原防护林建设和用材林基地建设为重点，西北、华北北部和东北西部地区以风沙治理和水土保持林建设为重点，长江上中游地区以生态和生物多样性保护为重点，南方集体林区以用材林和经济林生产为重点，东南沿海地区以热带林保护和沿海防护林建设为重点，青藏高原地区以野生动植物保护为重点。

一、总体布局

（一）构建点、线、面相结合的森林生态网络

　　良好的生态环境，应该建立在总量保证、布局均衡、结构合理、运行通畅的植被系统基础上。森林生态网络是这一系统的主体。当前我国生态环境不良的根本原因是植被系统不健全，而要改变这种状况的根本措施就是建立一个合理的森林生态网络。

建立合理的森林生态网络应该充分考虑下述因素。一是森林资源总量要达到一定面积，即要有相应的森林覆盖率。按照科学测算，森林覆盖率至少要达到 26% 以上。二要做到合理布局。从生态建设需要和我国国情、林情出发，今后恢复和建设植被的重点区域应该是生态问题突出、有林业用地但又植被稀少的地区，如西部的无林少林地区、大江大河源头及流域、各种道路两侧及城市、平原等；三是提高森林植被的质量，做到林种、树种、林龄及森林与其他植被的结构搭配合理；四是有效保护好现有的天然森林植被，充分发挥森林天然群落特有的生态效能。从这些要求出发，以林为主，因地制宜，实行乔灌草立体开发，是从微观的角度解决环境发展的时间与空间、技术与经济、质量与效益结合的问题；而点、线、面协调配套，则是从宏观发展战略的角度，以整个国土生态环境为全局，提出森林生态网络工程总体结构与布局的问题。

"点"是指以人口相对密集的中心城市为主体，辐射周围若干城镇所形成的具有一定规模的森林生态网络点状分布区。它包括城市森林公园、城市园林、城市绿地、城郊接合部以及远郊大环境绿化区（森林风景区、自然保护区等）。

城市是一个特殊的生态系统，它是以人为主体并与周围的其他生物和非生物建立相互联系，受自然生命保障系统所供养的"社会—经济—自然复合生态系统"。随着经济的持续高速增长，我国城市化发展趋势加快，已经成为世界上城市最多的国家之一，虽然城市化极大地推动了我国社会进步和经济繁荣，但在没有强有力的控制条件下，城市化不可避免地导致城市地区生态的退化，各种环境困扰和城市病愈演愈烈。因此，以绿色植物为主体的城市生态环境建设已成为我国森林生态网络系统工程建设不可缺少的一个重要组成部分，引起了全社会和有关部门的高度重视。根据国际上对城市森林的研究和我国有关专家的认识，现代城市的总体规划必须以相应规模的绿地比例为基础，同时，按照城市的自然、地理、经济和社会状况已用城市规划、城市性质等确定城市绿化指标体系，并制定城市"三废"（废气、废水、废渣）排放以及噪声、粉尘等综合治理措施和专项防护标准。城市森林建设是国家生态环境建设的重要组成部分，必须把城市森林建设作为国家生态环境建设的重要组成部分。城市森林建设是城市有生命的基础设施建设，人们向往居住在空气清新、环境优美的城市环境里的愿望越来越迫切，这种需求已成为我国城市林业发展和城市森林建设的原动力。近年来，在国家有关部门提出的建设森林城市、生态城市及园林城市、文明卫生城市的评定标准中，均把绿化达标列为重要依据，表明我国城市建设正逐步进入法制化、标准化、规范化轨道。

"线"是指以我国主要公路、铁路交通干线两侧、主要大江与大河两岸、海岸线以及平原农田生态防护林带（林网）为主体，按不同地区的等级、层次标准以及防护目的和效益指标，在特定条件下，通过不同组合建成乔灌草立体防护林带。这些林带应达到一定规模，并发挥防风、防沙、防浪、护路、护岸、护堤、护田等作用。

"面"是指以我国林业区划的东北区、西北区、华北区、南方区、西南区、热带区、青藏高原区等为主体，以大江、大河、流域或山脉为核心，根据不同自然状况所形成的森林生态网络系统的块状分布区。它包括西北森林草原生态区、各种类型的野生动植物自然保护区以及正在建设中的全国重点防护林体系工程建设区等，形成以涵养水源、水土保持、生物多样化、基因保护、防风固沙以及用材等为经营目的、集中连片的生态公益林网络体系。

我国森林生态网络体系工程点、线、面相结合，从总体布局上是一个相互依存、相互补充，共同发挥社会公益效益，维护国土生态安全的有机整体。

（二）实行分区指导

根据不同地区对林业发展的要求和影响生产力发展的主导因素，按照"东扩、西治、南用、北休"的总体布局和区域发展战略，实行分区指导。

东扩：发展城乡林业，扩展林业产业链，主要指我国中东部地区和沿海地区。

主攻方向：通过完善政策机制，拓展林业发展空间，延伸林业产业链，积极发展城乡林业，推动城乡绿化美化一体化，建设高效农田防护林体系，大力改善农业生产条件，兼顾木材加工业原料需求以及城乡绿化美化的种苗需求，把这一区域作为我国木材供应的战略支撑点之一，促进林业向农区、城区和下游产业延伸，扩展林业发展的领域和空间。

西治：加速生态修复，实行综合治理，主要指我国西部的"三北"地区、西南峡谷和青藏高原地区，是林业生态建设的主战场，也是今后提高我国森林覆盖率的重点地区。

主攻方向：在优先保护好现有森林植被的同时，通过加大西部生态治理工程的投入力度，加快对风沙源区、黄土高原区、大江大河源区和高寒地区的生态治理，尽快增加林草植被，有效地治理风沙危害，努力减轻水土流失，切实改善西部地区的生态状况，保障我国的生态安全。

南用：发展产业基地，提高森林质量和水平，主要指我国南方的集体林区和沿海热带地区，是今后一个时期我国林业产业发展的重点区域。

主攻方向：在积极保护生态的前提下，充分发挥地域和政策机制的优势，通过强化科技支撑，提高发展质量，加速推进用材林、工业原料林和经济林等商品林基地建设，大力发展林纸林板一体化、木材加工、林产化工等林业产业，满足经济建设和社会发展对林产品的多样化需求。

北休：强化天然林保育，继续休养生息，主要指我国东北林区。

主攻方向：通过深化改革和加快调整，进一步休养生息，加强森林经营。在保护生态前提下，建设我国用材林资源战略储备基地，把东北国有林区建设成为资源稳步增长、自然生态良好、经济持续发展、生活明显改善、社会全面进步的社会主义新林区。

（三）重点突出环京津生态圈，长江、黄河两大流域，东北、西北和南方三大片

环京津生态圈是首都乃至中国的"形象工程"。在这一生态圈建设中，防沙治沙和涵养水源是两大根本任务。它对降低这一区域的风沙危害、改善水源供给，同时对优化首都

生态环境、提升首都国际形象、举办绿色奥运等具有特殊的经济意义和政治意义。这一区域包括北京、天津、河北、内蒙古、山西五个省（直辖市、自治区）的相关地区。生态治理的主要目标是为首都阻沙源、为京津保水源，并为当地经济发展和人民生活开拓财源。

生态圈建设的总体思路是加强现有植被保护，大力封沙育林育草、植树造林种草，加快退耕还林还草，恢复沙区植被，建设乔灌草相结合的防风固沙体系；综合治理退化草原，实行禁牧舍饲，恢复草原生态和产业功能；搞好水土流失综合治理，合理开发利用水资源，改善北京及周边地区的生态环境；缓解风沙危害，促进北京及周边地区经济和社会的可持续发展。主要任务是造林营林，包括退耕还林、人工造林、封沙育林、飞播造林、种苗基地建设等；治理草地，包括人工种草、飞播牧草、围栏封育、草种基地建设及相关的基础设施建设；建设水利设施，包括建立水源工程、节水灌溉、小流域综合治理等。基于这一区域多处在风沙区、经济欠发达和靠近京津、有一定融资优势的特点，生态建设应尽可能选择生态与经济结合型的治理模式，视条件发展林果业，培植沙产业。同时，注重发展非公有制林业。

长江和黄河两大流域。主要包括长江及淮河流域的青海、西藏、甘肃、四川、云南、贵州、重庆、陕西、湖北、湖南、江西、安徽、河南、江苏、浙江、山东、上海17个省（自治区、直辖市），建设思路是：以长江为主线，以流域水系为单元，以恢复和扩大森林植被为手段，以遏制水土流失、治理石漠化为重点，以改善流域生态环境为目标，建立起多林种、多树种相结合，生态结构稳定和功能完备的防护林体系。主要任务是：开展退耕还林、人工造林、封山（沙）育林、飞播造林及低效林改造等。同时，要注重发挥区域优势，发展适销对路和品种优良的经济林业，培植竹产业，大力发展森林旅游业等林业第三产业。

在黄河流域，重点生态治理区域是上中游地区，主要包括青海、甘肃、宁夏、内蒙古、陕西、山西、河南的大部分或部分地区。黄土高原是世界上面积最大的黄土覆盖地区，气候干旱，植被稀疏，水土流失十分严重，流失面积占黄土高原总面积的70%，是黄河泥沙的主要来源地。建设思路是：以小流域治理为单元，对坡耕地和风沙危害严重的沙化耕地实行退耕还林，实行乔灌草结合，恢复和增加植被；对黄河危害较大的地区要大力营造沙棘等水土保持林，减少粗沙流失危害；积极发展林果业、畜牧业和农副产品加工业，帮助农民脱贫致富。

东北片、西北片和南方片。东北片和南方片是我国的传统林区，既是木材和林产品供给的主要基地，也是生态环境建设的重点地区；西北片是我国风沙危害、水土流失的主要区域，是我国生态环境治理的重点和"瓶颈"地区。

东北片肩负商品林生产和生态环境保护的双重重任，总体发展战略是：通过合理划分林业用地结构，加强现有林和天然次生林保护，建设完善的防护体系，防止内蒙古东部沙地东移；通过加强三江平原、松辽平原农田林网建设，完善农田防护林体系，综合治理水土流失，减少坡面和耕地冲刷；加强森林抚育管理，提高森林质量，同时，合理区划和建设速生丰产林，实现由采伐天然林为主向采伐人工林为主的转变，提高木材及林产品供给能力；加强与俄罗斯东部区域的森林合作开发，强化林业产业，尤其是木材加工业的能力建设；合理利用区位优势和丘陵浅山区的森林景观，发展森林旅游业及林区其他第三产业。

西北片面积广大，地理条件复杂，有风沙区、草原区，还有丘陵、戈壁、高原冻融区等。这里主要的生态问题是水土流失、风沙危害及与此相关的旱涝、沙暴灾害等，治理重点是植树种草，改善生态环境。主要任务是：切实保护好现有的天然林生态系统，特别是长江、黄河源头及流域的天然林资源和自然保护区；实施退耕还林，扩大林草植被；大力开展沙区，特别是沙漠边缘区造林种草，控制荒漠化扩大趋势；有计划地建设农田和草原防护林网；有计划地发展薪炭林，逐步解决农村能源问题；因地制宜地发展经济林果业、沙产业、森林旅游业及林业多种经营业。

南方片自然条件相对优越，立地条件好，适宜森林生长。全区经济发展水平高，劳动力充足，交通等社会经济条件好；集体林多，森林资源总量多，分布较为均匀。林业产业特别是人工林培育业发达，森林单位面积的林业产值高，适生树种多，林地利用率高，栎地生产率较高。总体上，这一地区具有很强的原料和市场指向，适宜大力发展森林资源培育业和培育、加工相结合的大型林业企业。主要任务是：有效提高森林资源质量，调整森林资源结构和林业产业结构，提高森林综合效益；建设高效、优质的定向原料林基地，将未来林业产业发展的基础建立在主要依靠人工工业原料林上，同时，大力发展竹产业和经济林产业；进行深加工和精加工，大力发展木材制浆造纸业，扶持发展以森林旅游业为重点的林业第三产业及建立在高新技术开发基础上的林业生物工程产业。

二、区域布局

（一）东北林区

以实施东北内蒙古重点国有林区天然林保护工程为契机，促进林区由采伐森林为主向管护森林为主转变，通过休养生息恢复森林植被。

这一地区主要具有原料的指向性（且可以来自俄罗斯东部森林），兼有部分市场指向（且可以出售国外），应重点发展人工用材林，大力发展非国境线上的山区林业和平原林业；应提高林产工业科技水平，减少初级产品产量，提高精深加工产品产量，从而用较少的资源消耗获得较大的经济产出。

（二）西北、华北北部和东北西部干旱半干旱地区

实行以保护为前提、全面治理为主的发展策略。在战略措施上应以实施防沙治沙工程和退耕还林工程为核心，并对现有森林植被实行严格保护。

一是在沙源和干旱区全面遏制沙化土地扩展的趋势，特别是对直接影响京津生态安全的两大沙尘暴多发地区，进行重点治理。在沙漠仍在推进的边缘地带，以种植耐旱灌木为

主，建立起能遏制沙漠推进的生态屏障；对已经沙化的地区进行大规模的治理，扩大人类的生存空间；对沙漠中人们集居形成的绿洲，在巩固的基础上不断扩大绿洲范围；二是对水土流失严重的黄土高原和黄河中上游地区、林草交错带上的风沙地等实行大规模退耕还林还草，按照"退耕还林、封山绿化、以粮代赈、个体承包"的思路将退化耕地和风沙地的还林还草和防沙治沙、水土治理紧密结合起来，大力恢复林草植被，以灌草养地。为了考虑农民的长远生计和地区木材等林产品供应，在林灌草的防护作用下，适当种植用材林和特有经济树种，发展经济果品及其深加工产品；三是对仅存的少量天然林资源实行停伐保护，国有林场职工逐步分流。

（三）华北及中原平原地区

在策略上适宜发展混农林业或种植林业。一方面建立完善的农田防护林网，保护基本耕地；另一方面，由于农田防护林生长迅速，应引导农民科学合理地利用沟渠路旁、农田网带、滩涂植树造林，通过集约经营培育平原速生丰产林，从而不断地产出用材，满足木材加工企业的部分需求，实现生态效益和经济效益的双增长。同时，在靠近城市的地区，发展高投入、高产出的种苗花卉业，满足城市发展和人们生活水平逐渐提高的需要。

（四）南方集体林地区

南方集体林地区的主要任务是有效提高森林资源质量，建设优质高效用材林基地，集约化生产经济林，大力发展水果产业，加大林业产业的经济回收力度，调整森林资源结构和林业产业结构，提高森林综合效益。

在策略上首先应搞好分类经营，明确生态公益林和商品林的建设区域。结合退耕还林工程加快对尚未造林的荒山荒地绿化、陡坡耕地还林和灌木林的改造，利用先进的营造林技术对难利用土地进行改造，尽量扩大林业规模，强化森林经营管理，缩短森林资源的培育周期，提高集体林质量和单位面积的木材产量。另外，通过发展集团型林企合成体，对森林资源初级产品深加工，提高精深加工产品的产出。

（五）东南沿海热带林地区

东南沿海热带林地区的主要任务是在保护好热带雨林和沿海红树林资源的前提下，发展具有热带特色的商品林业。

在策略上主要实施天然林资源保护工程、沿海防护林工程和速生丰产用材林基地建设工程。在适宜的山区和丘陵地带大力发展集约化速生丰产用材林、热带地区珍稀树种大径材培育林、热带水果经济林、短伐期工业原料林，尤其是热带珍稀木材和果品，发展木材精深加工和林化产品。

（六）西南高山峡谷地区

西南高山峡谷地区的主要任务是建设生态公益林，改善生态环境，确保大江大河生态安全。在发展策略上应以保护天然林、建设江河沿线防护林为重点，以实施天然林资源保护工程和退耕还林工程为契机，将天然林停伐保护同退耕还林、治理荒山荒地结合进行。在地势平缓、不会形成水土流失的适宜区域，可发展一些经济林和速生丰产用材林、工业原料林基地；在缺薪少柴地区，发展一些薪炭林，以缓解农村烧柴对植被破坏的压力。同时，大力调整林业产业结构，提高精深加工产品的产出，重点应发展人造板材。

（七）青藏高原高寒地区

青藏高原高寒地区的主要任务是保护高寒高原典型生态系统。应采取全面的严格保护措施，适当辅以治理措施，防止林、灌、草植被退化，增强高寒湿地涵养水源功能，确保大江大河中下游的生态安全。同时，要加强对野生动物的保护、管理和执法力度。

（八）城市化地区

加大城市森林建设力度，将城市林业发展纳入城市总体发展规划，突出重点，强调游憩林建设和人居林生态林建设，从注重视觉效果为主向视觉与生态功能兼顾的转变；从注重绿化建设用地面积的增加向提高土地空间利用效率转变；从集中在建成区的内部绿化美化向建立城乡一体的城市森林生态系统转变。

在重视林业生态布局的同时也要重视林业产业布局。东部具有良好的经济社会条件，用政策机制调动积极性，将基干林带划定为国家重点公益林并积极探索其补偿新机制，出台适应平原林业、城市林业和沿海林业特点的木材采伐管理办法，延伸产业，形成一、二、三产业协调发展的新兴产业体系。持续发展，就是要全面提高林业的整体水平，实现少林地区的林业可持续发展。

西部的山西、内蒙古中西部、河南西北部、广西西北部、重庆、四川、贵州、云南、西藏、陕西、甘肃、宁夏、青海、新疆等地为我国生态最脆弱、治理难度最大、任务最艰巨的区域，加快西部地区的生态治理步伐，为西部大开发战略的顺利实施提供生态基础支撑。

南部的安徽南部、湖北、湖南、江西及浙江、福建、广东、广西、海南等林业产业发展最具活力的地区，充分利用南方优越的水热条件和经济社会优势，全面提高林业的质量和效益；加大科技投入，强化科技支撑，以技术升级提升林业的整体水平，充分发挥区域自然条件优势，提高林地产出率，实现生态、经济与社会效益的紧密结合和最大化。

北部深入推进辽宁、吉林、黑龙江和内蒙古大兴安岭等重点国有林区天然林休养生息政策，加快改革就是大力改革东北林区森林资源管理体制、经营机制和管理方式，将产业结构由单一的木材采伐利用转变到第一、二、三产业并重上来。加速构筑东北地区以森林植被为主体的生态体系、以丰富森林资源为依托的产业体系、以加快森林发展为对象的服务体系，最终实现重振东北林业雄风的目标。

另外，在进行区域布局时应加强生态文明建设，"文明不仅是人类特有的存在方式，而且是人类唯一的存在方式，也就是人类实践的存在方式"。"生态文明"是在生态良好、社会经济发达、物质生产丰厚的基础上所实现的人类文明的高级形态，是与社会法律规范和道德规范相协调，与传统美德相承接的良好的社会人文环境、思想理念与行为方式，是经济社会可持续发展的重要标志，先进文化的重要象征，代表了最广大人民群众的根本利益。建立生态文明、经济繁荣的社会，就是要按照以人为本的发展观、不侵害后代人的生存发展权的道德观、人与自然和谐相处的价值观，指导林业建设，弘扬森林文化，改善生态环境，实现山川秀美，推进我国物质文明和精神文明建设，促使人们在思想观念、思维方式、科学教育、审美意识、人文关怀诸方面产生新的变化，逐步从生产方式、消费方式、生活方式等各方面构建生态文明的社会形态。

中国作为最大的发展中国家，正在致力于建设山川秀美、生态平衡、环境整洁的现代文明国家。在生态建设进程中，我们必须把增强国民生态文明意识列为国民素质教育的重要内容。通过多种形式，向国民特别是青少年展示丰富的森林文化，扩大生态文明宣传的深度和广度，增强国民生态忧患意识、参与意识和责任意识。

第二章　现代林业的发展与实践

第一节　气候变化与现代林业

一、气候变化下林业发展面临的挑战与机遇

（一）气候变化对林业的影响与适应性评估

气候变化会对森林和林业产生重要影响，特别是高纬度的寒温带森林，如改变森林结构、功能和生产力，特别是对退化的森林生态系统，在气候变化背景下的恢复和重建将面临严峻的挑战。气候变化下极端气候事件（高温、热浪、干旱、洪涝、飓风、霜冻等）发生的强度和频率增加，会增加森林火灾、病虫害等森林灾害发生的频率和强度，危及森林的安全，同时进一步增加陆地温室气体排放。

1. 气候变化对森林生态系统的影响

（1）森林物候

随着全球气候的变化，各种植物的发芽、展叶、开花、叶变色、落叶等生物学特性，以及初霜、终霜、结冰、消融、初雪、终雪等水文现象也发生改变。气候变暖使中高纬度北部地区 20 世纪后半叶以来的春季提前到来，而秋季则延迟到来，植物的生长期延长了近两个星期。

（2）森林生产力

气候变化后植物生长期延长，加上大气 CO_2 浓度升高形成的"施肥效应"，使得森林生态系统的生产力增加。

未来气候变化通过改变森林的地理位置分布、提高生长速率，尤其是大气 CO_2 浓度升高所带来的正面效益，从而增加全球范围内的森林生产力。

（3）森林的结构、组成和分布

过去数十年里，许多植物的分布都有向极地扩张的现象，而这很可能就是气温升高的结果。一些极地和苔原冻土带的植物都受到气候变化的影响，而且正在逐渐被树木和低矮灌木所取代。北半球一些山地生态系统的森林林线明显向更高海拔区域迁移。气候变化后的条件还有可能更适合于区域物种的入侵，从而导致森林生态系统的结构发生变

化。在欧洲西北部、南美墨西哥等地区的森林，都发现有喜温植物入侵而原有物种逐步退化的现象。

（4）森林碳库

过去几十年大气 CO_2 浓度和气温升高导致森林生长期延长，加上氮沉降和营林措施的改变等因素，使森林年均固碳能力呈稳定增长趋势，森林固碳能力明显。气候变暖可能是促进森林生物量碳储量增长的主要因子。气候变化对全球陆地生态系统碳库的影响，会进一步对大气 CO_2 浓度水平产生压力。在 CO_2 浓度升高条件下，土壤有机碳库在短期内是增加的，整个土壤碳库储量会趋于饱和。

2. 气候变化对森林火灾的影响

生态系统对气候变暖的敏感度不同，气候变化对森林可燃物和林火动态有显著影响。气候变化引起了动植物种群变化和植被组成或树种分布区域的变化，从而影响林火发生频率和火烧强度，林火动态的变化又会促进动植物种群改变。火烧对植被的影响取决于火烧频率和强度，严重火烧能引起灌木或草地替代树木群落，引起生态系统结构和功能的显著变化。虽然目前林火探测和扑救技术明显提高，但伴随着区域明显增温，北方林区年均火烧面积呈增加趋势。极端干旱事件常常引起森林火灾大爆发。火烧频率增加可能抑制树木更新，有利于耐火树种和植被类型的发展。

温度升高和降水模式改变将增加干旱区的火险，火烧频度加大。气候变化还影响人类的活动区域，并影响到火源的分布。林火管理有多种方式，但完全排除火烧的森林防火战略在降低火险方面好像相对作用不大。火烧的驱动力、生态系统生产力、可燃物积累和环境火险条件都受气候变化的影响。积极的火灾扑救促进碳沉降，特别是腐殖质层和土壤，这对全球的碳沉降是非常重要的。

3. 气候变化对森林病虫害的影响

气候变暖使我国森林植被和森林病虫害分布区系向北扩大，森林病虫害发生期提前，世代数增加，发生周期缩短，发生范围和危害程度加大。年平均温度，尤其是冬季温度的上升促进了森林病虫害的大发生。如油松毛虫已向北、向西水平扩展。白蚁原是热带和亚热带所特有的害虫，但由于近几十年气温变暖，白蚁危害正由南向北逐渐蔓延。属南方型的大袋蛾随着温暖带地区大规模泡桐人工林扩大曾在黄淮地区造成严重问题。东南丘陵松树上常见的松瘤象、松褐天牛、横坑切梢小蠹、纵坑切梢小蠹已在辽宁、吉林危害严重。

4. 气候变化对林业区划的影响

林业区划是促进林业发展和合理布局的一项重要基础性工作。林业生产的主体——森林受外界自然条件的制约，特别是气候、地貌、水文、土壤等自然条件对森林生长具有决定性意义。由于不同地区具有不同的自然环境条件，导致森林分布具有明显的地域差异性。林业区划的任务是根据林业分布的地域差异，划分林业的适宜区。其中以自然条件的异同为划分林业区界的基本依据。中国全国林业区划以气候带、大地貌单元和森林植被类型或大树种为主要标志；省级林业区划以地貌、水热条件和大林种为主要标志；县级林业区划以代表性林种和树种为主要标志。

5. 气候变化对林业重大工程的影响

气候增暖和干暖化，将对中国六大林业工程的建设产生重要影响，主要表现在植被恢复中的植被种类选择和技术措施、森林灾害控制、重要野生动植物和典型生态系统的保护措施等。中国天然林资源主要分布在长江、黄河源头地区或偏远地区，森林灾害预防和控制的基础设施薄弱，因此面临的林火和病虫灾害威胁可能增大。

（二）林业减缓气候变化的作用

森林作为陆地生态系统的主体，以其巨大的生物量储存着大量碳，是陆地上最大的碳贮库和最经济的吸碳器。树木主要由碳水化合物组成，树木生物体中的碳含量约占其干重（生物量）的50%。树木的生长过程就是通过光合作用，从大气中吸收CO_2，将CO_2转化为碳水化合物贮存在森林生物量中。因此，森林生长对大气中CO_2的吸收（固碳作用）能为减缓全球变暖的速率做出贡献。同时森林破坏是大气CO_2的重要排放源，保护森林植被是全球温室气体减排的重要措施之一。林业生物质能源作为"零排放"能源，大力发展林业生物质能源，从而减少化石燃料燃烧，是减少温室气体排放的重要措施。

1. 增加大气CO_2吸收汇

在自然状态下，随着森林的生长和成熟，森林吸收CO_2的能力降低，同时森林自养和异养呼吸增加，使森林生态系统与大气的净碳交换逐渐减小，系统趋于碳平衡状态，或生态系统碳贮量趋于饱和，如一些热带和寒温带的原始林。但达到饱和状态无疑是一个十分漫长的过程，可能需要上百年甚至更长的时间。即便如此，仍可通过增加森林面积来增强陆地碳贮存。而且如上所述，一些研究测定发现原始林仍有碳的净吸收。森林被自然或人为扰动后，其平衡将被打破，并向新的平衡方向发展，达到新平衡所需的时间取决于目前的碳储量水平、潜在碳贮量和植被与土壤碳累积速率。对于可持续管理的森林，成熟森林被采伐后可以通过再生长达到原来的碳贮量，而收获的木材或木产品一方面可以作为工业或能源的代用品，从而减少工业或能源部门的温室气体源排放；另一方面，耐用木产品可以长期保存，部分可以永久保存，从而减缓大气CO_2浓度的升高。

增强碳吸收汇的林业活动包括造林、再造林、退化生态系统恢复、建立农林复合系统、加强森林可持续管理以提高林地生产力等能够增加陆地植被和土壤碳贮量的措施。通过造林、再造林和森林管理活动增强碳吸收汇已得到国际社会广泛认同，并允许发达国家使用这些活动产生的碳汇用于抵消其承诺的温室气体减限排指标。造林碳吸收因造林树种、立地条件和管理措施而异。

2. 增强碳替代

碳替代措施包括以耐用木质林产品替代能源密集型材料、生物能源（如能源人工林）、采伐剩余物的回收利用（如用作燃料）。由于水泥、钢材、塑料、砖瓦等属于能源密集型材料，且生产这些材料消耗的能源以化石燃料为主，而化石燃料是不可再生的。如果以耐用木质林产品替代这些材料，不但可增加陆地碳贮存，还可减少生产这些材料的过程中化石燃料燃烧引起的温室气体排放。虽然部分木质林产品中的碳最终将通过分解作用返回大气，但由于森林的可再生特性，森林的再生长可将这部分碳吸收回来，避免由于化石燃料燃烧引起的净排放。

与化石燃料燃烧不同，生物质燃料不会产生向大气的净 CO_2 排放，因为生物质燃料燃烧排放的 CO_2 可通过植物的重新生长从大气中吸收回来，而化石燃料的燃烧则产生向大气的净碳排放，因此用生物能源替代化石燃料可降低人类活动碳排放量。

二、应对气候变化的林业实践

为推动减排和碳汇活动的有效开展，近年来许多国家、地区和多边国际金融机构（世界银行）相继成立了碳基金。在国际碳基金的资助下，通过发达国家内部、发达国家之间或者发达国家和发展中国家之间合作开展了减排和增汇项目。通过互相买卖碳信用指标，形成了碳交易市场。

通过造林减排是最容易、成本最低的方法。因此，政府应出面创建一个平台，帮助企业以较低的成本来减排。同时这个平台也是企业志愿减排、体现企业社会责任的窗口。这个窗口的功能需要建立一个基金来实现。于是参照国际碳基金的运作模式和国际志愿市场实践经验，在中国建立了一个林业碳汇基金，命名为"中国绿色碳基金"（简称绿色碳基金）。这是一个以营造林为主、专门生产林业碳汇的基金。该基金的建立，有望促进国内碳交易志愿市场的形成，进而推动中国乃至亚洲的碳汇贸易的发展。为方便运行，目前中国绿色碳基金作为一个专项设在中国绿化基金会。绿色碳基金由国家林业和草原局、中国绿化基金会及相关出资企业和机构组成中国绿色碳基金执行理事会，共同商议绿色碳基金的使用和管理；基金的具体管理由中国绿化基金会负责。国家林业和草原局负责组织碳汇造林项目的规划、实施以及碳汇计量、监测并登记在相关企业的账户上，由国家林业和草原局定期发布。

第二节　荒漠化防治与现代林业

一、我国的荒漠化及防治

中国是世界上荒漠化和沙化面积大、分布广、危害重的国家之一，荒漠化不仅造成生态环境恶化和自然灾害，直接破坏人类的生存空间，而且造成巨大的经济损失，全国每年因荒漠化造成的直接经济损失高达640多亿元，严重的土地荒漠化、沙化威胁我国生态安全和经济社会的可持续发展，威胁中华民族的生存和发展。

我国荒漠化防治所取得的成绩是初步的和阶段性的。治理形成的植被刚进入恢复阶段，一年生草本植物比例还较大，植物群落的稳定性还比较差，生态状况还很脆弱，植物群落恢复到稳定状态还需要较长时间。沙化土地治理难度越来越大。沙区边治理边破坏的现象相当突出。全球气候变化对我国荒漠化产生重要影响，我国未来荒漠化生物气候类型区的面积仍会以相当大的比例扩展，区域内的干旱化程度也会进一步加剧。

二、我国荒漠化治理分区

我国地域辽阔，生态系统类型多样，社会经济状况差异大，根据实际情况，将全国荒漠化地区划分为五个典型治理区域。

（一）风沙灾害综合防治区

本区包括东北西部、华北北部及西北大部干旱、半干旱地区。这一地区沙化土地面积大。由于自然条件恶劣，干旱多风，植被稀少，草地沙化严重，生态环境十分脆弱；农村燃料、饲料、肥料、木料缺乏，严重影响当地人民的生产和生活。生态环境建设的主攻方向是：在沙漠边缘地区、沙化草原、农牧交错带、沙化耕地、沙地及其他沙化土地，采取综合措施，保护和增加沙区林草植被，控制荒漠化扩大趋势。以三北风沙线为主干，以大中城市、厂矿、工程项目周围为重点，因地制宜兴修各种水利设施，推广旱作节水技术，禁止毁林毁草开荒，采取植物固沙、沙障固沙等各种有效措施，减轻风沙危害。对于沙化草原、农牧交错带的沙化耕地、条件较好的沙地及其他沙化土地，通过封沙育林育草、飞播造林种草、人工造林种草、退耕还林还草等措施，进行积极治理。因地制宜，积极发展沙产业。鉴于中国沙化土地分布的多样性和广泛性，可细分为三个亚区。

1. 干旱沙漠边缘及绿洲治理类型区

该区主体位于贺兰山以西，祁连山和阿尔金山、昆仑山以北，行政范围包括新疆大部、内蒙古西部及甘肃河西走廊等地区。区内分布塔克拉玛干、古尔班通古特、库姆塔格、巴丹吉林、腾格里、乌兰布和、库布齐七大沙漠。本区干旱少雨，风大沙多，植被稀少，年降水量多在 200 毫米以下，沙漠浩瀚，戈壁广布，生态环境极为脆弱，天然植被破坏后难以恢复，人工植被必须在灌溉条件下才有可能成活。依水分布的小面积绿洲是人民赖以生存、发展的场所。目前存在的主要问题是沙漠扩展剧烈，绿洲受到流沙的严重威胁；过牧、樵采、乱垦、挖掘，使天然荒漠植被大量减少；不合理的开发利用水资源，挤占了生态用水，导致天然植被衰退死亡，绿洲萎缩。本区以保护和拯救现有天然荒漠植被和绿洲、遏制沙漠侵袭为重点。具体措施：将不具备治理条件和具有特殊生态保护价值的不宜开发利用的连片沙化土地划为封禁保护区；合理调节河流上下游用水，保证生态用水；在沙漠前沿建设乔灌草合理配置的防风阻沙林带，在绿洲外围建立综合防护体系。

2. 半干旱沙地治理类型区

该区位于贺兰山以东、长城沿线以北，以及东北平原西部地区，区内分布有浑善达克、呼伦贝尔、科尔沁和毛乌素四大沙地，其行政范围包括北京、天津、内蒙古、河北、山西、辽宁、吉林、黑龙江、陕西和宁夏 10 省（自治区、直辖市）。本区是影响华北及东北地区沙尘天气的沙源尘源区之一。干旱多风，植被稀疏，但地表和地下水资源相对丰富，年降水量在 300 ～ 400 毫米之间，沿中蒙边界在 200 毫米以下。本区天然与人工植被均可在自然降水条件下生长和恢复。目前存在的主要问题是过牧、过垦、过樵现象十分突出，植被衰败、草场退化、沙化发生发展活跃。本区以保护、恢复林草植被，减少地表扬沙起尘为重点。具体措施：牧区推行划区轮牧、休牧、围栏禁牧、舍饲圈养，同时沙化严重区实行生态移民，农牧交错区在搞好草畜平衡的同时，通过封沙育林育草、飞播造林（草）、退耕还林还草和水利基本建设等措施，建设乔灌草相结合的防风阻沙林带，治理沙化土地，遏制风沙危害。

3. 亚温润沙地治理类型区

该区主要包括太行山以东、燕山以南、淮河以北的黄淮海平原地区，沙化土地主要由河流改道或河流泛滥形成，其中以黄河故道及黄泛区的沙化土地分布面积最大。行政范围涉及北京、天津、河北、山东、河南等省（直辖市）。该区自然条件较为优越，光照和水热资源丰富，年降水量 450 ～ 800 毫米。地下水丰富，埋藏较浅，开垦历史悠久，天然植被仅分布于残丘、沙荒、河滩、洼地、湖区等，是我国粮棉重点产区之一，人口密度大，劳动力资源丰富。目前存在的主要问题是局部地区风沙活动仍强烈，冬春季节风沙危害仍很严重。本区以田、渠、路林网和林粮间作建设为重点，全面治理沙化土地。主要治理措施：在沙地的前沿大力营造防风固沙林带，结合渠、沟、路建设，加强农田防护林、护路林建设，保护农田和河道，并在沙化面积较大的地块大力发展速生丰产用材林。

（二）黄土高原重点水土流失治理区

本区域包括陕西北部、山西西北部、内蒙古中南部、甘肃东部、青海东部及宁夏南部黄土丘陵区。总面积30多万平方千米，是世界上面积最大的黄土覆盖地区。气候干旱，植被稀疏，水土流失十分严重，水土流失面积约占总面积的70%，是黄河泥沙的主要来源地。这一地区土地和光热资源丰富，但水资源缺乏，农业生产结构单一，广种薄收，产量长期低而不稳，群众生活困难，贫困人口量多面广。加快这一区域生态环境治理，不仅可以解决农村贫困问题，改善生存和发展环境，而且对治理黄河至关重要。生态环境建设的主攻方向是：以小流域为治理单元，以县为基本单位，以修建水平梯田和沟坝地等基本农田为突破口，综合运用工程措施、生物措施和耕作措施治理水土流失，尽可能做到泥不出沟。陡坡地退耕还草还林，实行草、灌木、乔木结合，恢复和增加植被。

（三）北方退化天然草原恢复治理区

我国草原分布广阔，总面积约270万 km^2，占国土面积的1/4以上，主要分布在内蒙古、新疆、青海、四川、甘肃、西藏等地区，是我国生态环境的重要屏障。长期以来，受人口增长、气候干旱和鼠虫灾害的影响，特别是超载过牧和滥垦乱挖，使江河水系源头和上中游地区的草地退化加剧，有些地方已无草可用、无牧可放。生态环境建设的主攻方向是：保护好现有林草植被，大力开展人工种草和改良草场（种），配套建设水利设施和草地防护林网，加强草原鼠虫灾防治，提高草场的载畜能力。禁止草原开荒种地。实行围栏、封育和轮牧，建设"草库伦"，搞好草畜产品加工配套。

（四）青藏高原荒漠化防治区

本区域面积约176万 km^2，该区域绝大部分是海拔3000 m以上的高寒地带，土壤侵蚀以冻融侵蚀为主。人口稀少，牧场广阔，其东部及东南部有大片林区，自然生态系统保存较为完整，但天然植被一旦破坏将难以恢复。生态环境建设的主攻方向是：以保护现有的自然生态系统为主，加强天然草场，长江、黄河源头水源涵养林和原始森林的保护，防止不合理开发。其中分为两个亚区，即高寒冻融封禁保护区和高寒沙化土地治理区。

（五）西南岩溶地区石漠化治理区

主要以金沙江、嘉陵江流域上游干热河谷和岷江上游干旱河谷，川西地区、三峡库区、乌江石灰岩地区、黔桂滇岩溶地区热带—亚热带石漠化治理为重点，加大生态保护和建设力度。

三、荒漠化防治对策

荒漠化防治是一项长期艰巨的国土整治和生态环境建设工作，需要从制度、政策、机制、法律、科技、监督等方面采取有效措施，处理好资源、人口、环境之间的关系，促进荒漠化防治工作的健康发展。抓好防沙治沙重点工程，落实工程建设责任制，健全标准体系，狠抓工程质量，严格资金管理，搞好检查验收，加强成果管护，确保工程稳步推进。

创新体制机制。实行轻税薄费的税赋政策，权属明确的土地使用政策，谁投资、谁治理、谁受益的利益分配政策，调动全社会的积极性。强化依法治沙，加大执法力度，提高执法水平，推行禁垦、禁牧、禁樵措施，制止边治理、边破坏现象，建立沙化土地封禁保护区。依靠科技进步，推广和应用防沙治沙实用技术和模式，加强技术培训和示范工作，增加科技含量，提高建设质量。建设防沙治沙综合示范区，探索防沙治沙政策措施、技术模式和管理体制，以点带片，以片促面，构建防沙治沙从点状拉动到组团式发展的新格局。健全荒漠化监测和预警体系，加强监测机构和队伍建设，健全和完善荒漠化监测体系，实施重点工程跟踪监测，科学评价建设效果。发挥各相关部门的作用，齐抓共管，共同推进防沙治沙工作。

（一）加大荒漠化防治科技支撑力度

科学规划，周密设计。科学地确定林种和草种结构，宜乔则乔，宜灌则灌，宜草则草，乔灌草合理配置，生物措施、工程措施和农艺措施有机结合。大力推广和应用先进科技成果和实用技术。根据不同类型区的特点有针对性地对科技成果进行组装配套，着重推广应用抗逆性强的植物良种、先进实用的综合防治技术和模式，逐步建立起一批高水平的科学防治示范基地，辐射和带动现有科技成果的推广和应用，促进科技成果的转化。

加强荒漠化防治的科技攻关研究。荒漠化防治周期长，难度大，还存在着一系列亟待研究和解决的重大科技课题。如荒漠化控制与治理、沙化退化地区植被恢复与重建等关键技术；森林生态群落的稳定性规律；培育适宜荒漠化地区生长、抗逆性强的树木良种，加快我国林木良种更新，提高林木良种使用率，荒漠化地区水资源合理利用问题，保证生态系统的水分平衡等。

大力推广和应用先进科技成果和实用技术。在长期的防治荒漠化实践中，我国广大科技工作者已经探索、研究出了上百项实用技术和治理模式，如节水保水技术、风沙区造林技术、沙区飞播造林种草技术、封沙育林育草技术、防护林体系建设与结构模式配置技术、草场改良技术、病虫害防治技术、沙障加生物固沙技术、公路铁路防沙技术、小流域综合治理技术和盐碱地改良技术等，这些技术在我国荒漠化防治中已被广泛采用，并在实践中被证明是科学可行的。

（二）建立荒漠化监测和工程效益评价体系

荒漠化监测与效益评价是工程管理的一个重要环节，也是加强工程管理的重要手段，是编制规划、兑现政策、宏观决策的基础，是落实地方行政领导防沙治沙责任考核奖惩的主要依据。为了及时、准确、全面地了解和掌握荒漠化现状及治理成就及其生态防护效益，为荒漠化管理部门进行科学管理、科学决策提供依据，必须加强和完善荒漠化监测与效益评价体系建设，进一步提高荒漠化监测的灵敏性、科学性和可靠性。

加强全国沙化监测网络体系建设。在五次全国荒漠化、沙化监测的基础上，根据《防沙治沙法》的有关要求，要进一步加强和完善全国荒漠化、沙化监测网络体系建设，修订荒漠化监测的有关技术方案，逐步形成以面上宏观监测、敏感地区监测和典型类型区定位监测为内容的，以"3S"技术结合地面调查为技术路线的，适合当前国情的比较完备的荒漠化监测网络体系。

建立沙尘暴灾害评估系统。利用最新的技术手段和方法，预报沙尘暴的发生，评估沙尘暴所造成的损失，为各级政府提供防灾减灾的对策和建议，具有十分重要的意义。近年来，国家林业和草原局在沙化土地监测的基础上，与气象部门合作，开展了沙尘暴灾害损失评估工作。应用遥感信息和地面站点的观测资料，结合沙尘暴影响区域内地表植被、土壤状况、作物面积和物候期、生长期、畜牧业情况及人口等基本情况，通过建立沙尘暴灾害经济损失评估模型，对沙尘暴造成的直接经济损失进行评估。今后，需要进一步修订完善灾害评估模型，以提高灾害评估的准确性和可靠度。

完善工程效益定位监测站（点）网建设。防治土地沙化重点工程，要在工程实施前完成工程区各种生态因子的普查和测定，并随着工程进展连续进行效益定位监测和评价。国家林业和草原局拟在各典型区建立工程效益监测站，利用"3S"技术，点面监测结合，对工程实施实时、动态监测，掌握工程进展情况，评价防沙治沙工程效益。工程监测与效益评价结果应分区、分级进行，在国家级的监测站下面，根据实际情况分级设立各级监测网点。

（三）完善管理体制、创新治理机制

我国北方的土地退化经过近半个世纪的研究和治理，荒漠化和沙化整体扩展的趋势得到初步遏制，但局部地区仍在扩展。基于我国的国情和沙情，我国土地荒漠化和沙化的总体形势仍然严峻，防沙治沙的任务仍然非常艰巨。我国荒漠化治理过多地依赖政府行为，忽视了人力资本的开发和技术成果的推广与转化。制度安排的不合理是影响我国沙漠化治理成效的重要原因之一。要走出现实的困境，就必须完成制度安排的正向变迁，在产权得到保护和补偿制度建立的前提下，通过一系列的制度保证，将荒漠的公益性治理的运作机制转变为利益性治理，建立符合经济主体理性的激励相容机制，鼓励农牧民和企业参与治沙，从根本上解决荒漠化的贫困根源，使荒漠化地区经济、社会得到良性发展，实现社会、经济、环境三重效益的整体最大化。

第三节　森林及湿地生物多样性保护

生物多样性是人类赖以生存的基本条件，是人类经济社会得以持续发展的基础。森林是"地球之肺"，湿地是"地球之肾"。森林、湿地及其栖居的各种动植物，构成了生物多样性的主体。面对森林与湿地资源不断破坏、森林及湿地生物多样性日益锐减的严峻形势，积极开展森林及湿地生物多样性保护的研究与实践，对于保护好生物多样性、维护自然生态平衡、推动经济社会可持续发展具有巨大作用和重要意义。

当前全球及中国生物多样性研究的重点是从基本概念、岛屿生物地理学、自然保护区建设等方面解决重要理论、方法与技术问题，为认识和了解生物多样性、开展生物多样性保护的研究与实践提供科学依据。

一、生物多样性保护的生态学理论

（一）岛屿生物地理学

岛屿生物地理学理论的提出和迅速发展是生物地理学领域的一次革命。这一模型是基于对岛屿物种多样性的深入研究而提出的，但它的应用可以从海洋中真正的岛屿扩展到陆地生态系统，保护区、国家公园和其他斑块状栖息地可看作是被非栖息地"海洋"所包围的生境"岛屿"。对一些生物类群的调查也验证了岛屿生物地理学的理论。大量资料表明，面积和隔离程度确实在许多情况下是决定物种丰富度的最主要因素，也正是在这一时期，人们开始发现许多物种已经绝灭而大量物种正濒临绝灭，人们也开始认识到这些物种绝灭对人类的灾难性。为此，人们建立了大批自然保护区和国家公园以拯救濒危物种，岛屿生物地理学理论的简单性及其适用领域的普遍性使这一理论长期成为物种保护和自然保护区设计的理论基础。岛屿生物地理学就被视为保护区设计的基本理论依据之一，保护区的建立以追求群落物种丰富度的最大化为基本原则。

（二）集合种群生态学

狭义集合种群指局域种群的灭绝和侵占，即重点是局域种群的周转。广义集合种群指相对独立地理区域内各局域种群的集合，并且各局域种群通过一定程度的个体迁移而使之联为一体。

用集合种群的途径研究种群生物学有两个前提：①局域繁育种群的集合被空间结构化；②迁移对局部动态有某些影响，如灭绝后种群重建的可能性。

由于人类活动的干扰，许多栖息地都不再是连续分布，而是被割裂成多个斑块，许多物种就是生活在这样破碎化的栖息地当中，并以集合种群形式存在的，包括一些植物、数种昆虫纲以外的无脊椎动物、部分两栖动物、一些鸟类和部分小型哺乳动物，以及昆虫纲中的很多物种。

集合种群理论对自然保护有以下几个启示：①集合种群的长期续存需要 10 个以上的生境斑块；②生境斑块的理想间隔应是一个折中方案；③空间现实的集合种群模型可用于对破碎景观中的物种进行实际预测；④较高生境质量的空间变异是有益的。⑤现在景观中集合种群的生存可能具有欺骗性。

在过去几年中，集合种群动态及其在破碎景观中的续存等概念在种群生物学、保护生物学、生态学中牢固地树立起来。在保护生物学中，由于集合种群理论从物种生存的栖息地的质量及其空间动态的角度探索物种灭绝及物种分化的机制，成功地运用集合种群动态理论，可望从生物多样性演化的生态与进化过程上寻找保护珍稀濒危物种的规律。它很大程度上取替了岛屿生物地理学。

另外，随着景观生态学、恢复生态学的发展，基于景观生态学理论的自然保护区研究与规划，以及基于恢复生态学理论的退化生态系统恢复技术，在生物多样性保护方面也正发挥着越来越重要的作用。

二、生物多样性保护技术

（一）一般途径

1. 就地保护

就地保护是保护生物多样性最为有效的措施。就地保护是指为了保护生物多样性，把包含保护对象在内的一定面积的陆地或水体划分出来，进行保护和管理。就地保护的对象主要包括有代表性的自然生态系统和珍稀濒危动植物的天然集中分布区等。就地保护主要是建立自然保护区。自然保护区的建立需要大量的人力物力，因此，保护区的数量终究有限。同时，某些濒危物种、特殊生态系统类型、栽培和家养动物的亲缘种不一定都生活在保护区内，还应从多方面采取措施，如建设设立保护点等。在林业上，应采取有利生物多样性保护的林业经营措施，特别应禁止采伐残存的原生天然林及保护残存的片段化的天然植被，如灌丛、草丛，禁止开垦草地、湿地等。

2. 迁地保护

迁地保护是就地保护的补充。迁地保护是指为了保护生物多样性，把由于生存条件不复存在，物种数量极少或难以找到配偶等原因，而生存和繁衍受到严重威胁的物种迁出原地，通过建立动物园、植物园、树木园、野生动物园、种子库、精子库、基因库、水族馆、海洋馆等不同形式的保护设施，对那些比较珍贵的、具有较高价值的物种进行的保护。这种保护在很大程度上是挽救式的，它可能保护了物种的基因，但长久以后，可能保护的是生物多样性的活标本。因为迁地保护是利用人工模拟环境，自然生存能力、自然竞争等在这里无法形成。珍稀濒危物种的迁地保护一定要考虑种群的数量，特别对稀有和濒危物种引种时要考虑引种的个体数量，因为保持一个物种必须以种群最小存活数量为依据。对某一个物种仅引种几个个体对保存物种的意义有限，而且一个物种种群最好来自不同地区，以丰富物种遗传多样性。迁地保护为趋于灭绝的生物提供了生存的最后机会。

3. 离体保护

离体保护是指通过建立种子库、精子库、基因库等对物种和遗传物质进行的保护。这种方法利用空间小、保存量大、易于管理，但该方法在许多技术上有待突破，对于一些不易储藏、储存后发芽率低等"难对付"的种质材料，目前还很难实施离体保护。

（二）有效保护区建设

自然保护区在保护生态系统的天然本底资源、维持生态平衡等多方面都有着极其重要的作用。在生物多样性保护方面，由于自然保护区很好地保护了各种生物及其赖以生存的森林、湿地等各种类型生态系统，为生态系统的健康发展以及各种生物的生存与繁衍提供了保证。自然保护区是各种生态系统以及物种的天然储存库，是生物多样性保护最为重要的途径和手段。

1. 自然保护区地址的选择

保护地址的选择，首先必须明确其保护的对象与目标要求。一般来说需考虑以下因素：（1）典型性。应选择有地带性植被的地域，应有本地区原始的"顶极群落"，即保护区为本区气候带最有代表性的生态系统；（2）多样性。即多样性程度越高，越有保护价值；（3）稀有性。即保护那些稀有的物种及其群体；（4）脆弱性。脆弱的生态系统对极易受环境的改变而发生变化，保护价值较高。另外还要考虑面积因素、天然性、感染力、潜在的保护价值以及科研价值等方面。

2. 自然保护区设计理论

由于受到人类活动干扰的影响，许多自然保护区已经或正在成为生境岛屿。岛屿生物地理学理论为研究保护区内物种数目的变化和保护的目标物种的种群动态变化提供了重要的理论方法，成为自然保护区设计的理论依据。但在一个大保护区好还是几个小保护区好等问题上，一直仍有争议，因此，岛屿生物地理学理论在自然保护区设计方面的应用值得进一步研究与认识。

3. 自然保护区的形状与大小

保护区的形状对于物种的保存与迁移起着重要作用。当保护区的面积与其周长比率最大时，物种的动态平衡效果最佳，即圆形是最佳形状，它比狭长形具有较小的边缘效应。

对于保护区面积的大小，目前尚无准确的标准。主要应根据保护对象和目的，应基于物种—面积关系、生态系统的物种多样性与稳定性等加以确定。

4.自然保护区的内部功能分区

自然保护区的结构一般由核心区、缓冲区和实验区组成，不同的区域具有不同的功能。

核心区是自然保护区的精华所在，是被保护物种和环境的核心，需要加以绝对严格保护。核心区具有以下特点：（1）自然环境保存完好；（2）生态系统内部结构稳定，演替过程能够自然进行；（3）集中了本自然保护区特殊的、稀有的野生生物物种。

核心区的面积一般不得小于自然保护区总面积的1/3。在核心区内可允许进行科学观测，在科学研究中起对照作用。不得在核心区采取人为的干预措施，更不允许修建人工设施和进入机动车辆。应禁止参观和游览的人员进入。

缓冲区是指在核心区外围为保护、防止和减缓外界对核心区造成影响和干扰所划出的区域，它有两方面的作用：（1）进一步保护和减缓核心区不受侵害；（2）可允许进行经过管理机构批准的非破坏性科学研究活动。

实验区是指自然保护区内可进行多种科学实验的地区。实验区内在保护好物种资源和自然景观的原则下，可进行以下活动和实验：（1）栽培、驯化、繁殖本地所特有的植物和动物资源；（2）建立科学研究观测站从事科学试验；（3）进行大专院校的教学实习；（4）具有旅游资源和景点的自然保护区，可划出一定的范围，开展生态旅游。

景观生态学的理论和方法在保护区功能区的边界确定及其空间格局等方面的应用越来越引起人们的关注。

5.自然保护区之间的生境廊道建设

生境廊道既为生物提供了居住的生境，也为动植物的迁移扩散提供了通道。自然保护区之间的生境廊道建设，有利于不同保护区之间以及保护区与外界之间进行物质、能量、信息的交流。在生境破碎，或是单个小保护区内不能维持其种群存活时，廊道为物种的安全迁移以及扩大生存空间提供了可能。

三、我国生物多样性保护重大行动

（一）全国野生动植物保护及自然保护区建设工程总体规划

1.总体目标

通过实施全国野生动植物保护及自然保护区工程建设总体规划，拯救一批国家重点保护野生动植物，扩大、完善和新建一批国家级自然保护区、禁猎区和种源基地及珍稀植物培育基地，恢复和发展珍稀物种资源。形成一个以自然保护区、重要湿地为主体，布局合理、类型齐全、设施先进、管理高效、具有国际重要影响的自然保护网络。加强科学研究、资源监测、管理机构、法律法规和市场流通体系建设和能力建设，基本实现野生动植物资源的可持续利用和发展。

2．工程区分类与布局

根据国家重点保护野生动植物的分布特点，将野生动植物及其栖息地保护总体规划在地域上划分为东北山地平原区、蒙新高原荒漠区、华北平原黄土高原区、青藏高原高寒区、西南高山峡谷区、中南西部山地丘陵区、华东丘陵平原区和华南低山丘陵区共八个建设区域。

（二）全国湿地保护工程实施规划

湿地为全球三大生态系统之一，"地球之肾"。湿地是陆地（各种陆地类型）与水域（各种水域类型）之间的相对稳定的过渡区或复合区、生态交错区，是自然界陆、水、气过程平衡的产物，形成了各种特殊的、单纯陆地类型和单纯深阔水域类型所不具有的复杂性质（特殊的界面系统、特殊的复合结构、特殊的景观、特殊的物质流通和能量转化途径和通道、特殊的生物类群、特殊的生物地球化学过程等），是地球表面系统水循环、物质循环的平衡器、缓冲器和调节器，具有极其重要的功能。具体表现为生命与文明的摇篮；提供水源，补充地下水；调节流量，控制洪水；保护堤岸，抵御自然灾害；净化污染；保留营养物质；维持自然生态系统的过程；提供可利用的资源；调节气候；航运；旅游休闲；教育和科研等。作为水陆过渡区，湿地孕育了十分丰富而又独特的生物资源，是重要的基因库。

1．长期目标

根据《全国湿地保护工程规划》建设目标，湿地保护工程建设的长期目标是：通过湿地及其生物多样性的保护与管理，湿地自然保护区建设等措施，全面维护湿地生态系统的生态特性和基本功能，使我国自然湿地的下降趋势得到遏制。通过补充湿地生态用水、污染控制以及对退化湿地的全面恢复和治理，使丧失的湿地面积得到较大恢复，使湿地生态系统进入一种良性状态。同时，通过湿地资源可持续利用示范以及加强湿地资源监测、宣教培训、科学研究、管理体系等方面的能力建设，全面提高我国湿地保护、管理和合理利用水平，从而使我国的湿地保护和合理利用进入良性循环，保持和最大限度地发挥湿地生态系统的各种功能和效益，实现湿地资源的可持续利用，使其造福当代、惠及子孙。

2．建设布局

根据我国湿地分布的特点，全国湿地保护工程的建设布局为东北湿地区、黄河中下游湿地区、长江中下游湿地区、滨海湿地区、东南和南部湿地区、云贵高原湿地区、西北干旱半干旱湿地区、青藏高寒湿地区。

3.建设内容

湿地保护工程涉及湿地保护、恢复、合理利用和能力建设四个环节的建设内容，它们相辅相成，缺一不可。

（三）国家林木种质资源平台建设项目

1.总体目标

全面系统地收集保存林木种质资源，基本保存库、区域保存库、扩展保存库与原地保存库等林木种质资源得到有效整理、整合，建立健全林木种质资源平台网站与节点，实现种质资源的标准化、数字化、网络化，提高保存与管理效率，实现种质资源的安全保存与共享，为林木遗传改良和林业发展提供种质材料，最终达到科学利用，造福人类。

2.建设内容

（1）基本保存库

简称A库。针对不同气候带、保存对象等开展林木种质资源的系统收集。全国建立亚热带（江西）针阔树种种质资源保存库、南亚热带（广西）针阔树种种质资源保存库等18个保存库，其中已建成11个库，正建与待建的库7个。

（2）区域保存库

简称B库。在各省级林木良种繁育基地中选建的保存库体系，包括全国3四个省级单位。已建的B库1四个省（自治区、直辖市）林木种苗站，分管林木良种繁育中心（基地）。

（3）扩展研究保存库

简称C库。是在A库、B库建立基础上，强化林木种质资源保存功能，增加保存技术研究等而扩展的保存库亚体系，是全国林木种质资源保存体系的重要组成部分。目前C库包括：国际竹藤网络中心、花卉中心与花卉协会、亚林所、热林所、资昆所、经济林中心、沙林中心等。

（4）全国林木种质资源原地保存库

简称D库。是特指自然保存区内、外原地保存林的统称。是各个树种种质资源系统保存需要与保护区生态植被区系保护需要相结合的林木种质资源原地（原位、原境）保存体系。

（5）特色种质与重点区域性保存库

简称E库。涵盖高等林业院校重点区域性质保存库、地域性典型物种种质资源保存库。兼有保存、展示、研究、利用等多重功能。E库体系为新建，目前包括华南农业大学等。

（6）国家濒危珍稀树种种质资源保存库

简称F库。在以上A、B、C、D库保存国家特有、濒危珍稀树种种质资源的同时，根据需要重点建立抢救、保存与利用相结合的特色F库体系。

（7）重点引种成功外来树种种质资源库

简称 G 库。立足于保存对我国有用、有效的引进种质资源，并非引种试验。经过严格引种评价，具有安全性的引种成功树种，比如 1～2 个生育周期的多地点试验，按照种内群体（含种源、林分）、家系（全同胞、半同胞）、个体或无性系进行种质资源分类保存、信息管理与推荐应用等。

（8）其他

简称 L 库。不归属于 A、B、C、D、E、F、G 库的其他库类，需要说明存量与增量的属性及相应的资源编号特征。

（四）工程（项目）建设技术

1. 保护技术

（1）应用景观生态学等理论对保护区进行科学的规划设计；（2）合理扩大保护区范围；（3）实施封禁、封育措施，或适当加以人工辅助；（4）建设保护设施，如隔离围栏、保护区界碑（桩）、野生动植物救护设施设备等，建设宣教工程，如宣传牌、宣传栏、宣传材料制作，以及加强监察巡防等。

2. 恢复技术

（1）基于生态关键种理论，确定生态关键种，实施促进生态关键种生存、生长与繁育更新的恢复技术；（2）基于外来物种与原有物种竞争关系及其入侵机制的认识，实施原有物种的培育更新并结合其他物理或化学措施，有效控制生物入侵、恢复自然植被群落；（3）基于群落演替规律和动态模拟为基础，选择应用地带性植被，并对群落结构进行优化调控、改造更新与恢复技术；（4）基于岛屿生物地理学、景观生态学等理论，扩展保护区及其斑块的面积，丰富生境异质性，合理构建生境廊道，实施退田还湖、退耕还林等措施，有效恢复生物的栖息地；（5）对于水资源缺乏而退化的湿地，根据湿地区域生态需水量及季节需求，模拟湿地自然进水季节与自然进水过程，应用生态补水技术，实施湿地生态补水工程；（6）对于污染的湿地，针对污染的类型与强度，选择适宜的材料和设计，实施植物净化修复、"人工浮岛"去污、缓冲带构建以及湿地基底改造等污染修复技术；（7）对于珍稀濒危物种，研究实施物种的繁殖、培育、野生驯化技术，以有效增加珍稀濒危物种的种群数量；（8）对于林木种质遗传多样性保存，研究确定核心种质、有效群体大小、遗传多样性分析等方面的技术方法，研究采用科学的异地保存、离体保存等保存技术体系，以全面保存种质遗传多样性。

第四节　现代林业的生物资源与利用

一、林业生物质材料

林业生物质材料是以木本植物、禾本植物和藤本植物等天然植物类可再生资源及其加工剩余物、废弃物和内含物为原材料，通过物理、化学和生物学等高科技手段，加工制造的性能优异、环境友好，具有现代新技术特点的一类新型材料。其应用范围超过传统木材和制品以及林产品的使用范畴，是一种能够适应未来市场需求、应用前景广阔、能有效节约或替代不可再生矿物资源的新材料。

（一）发展林业生物质材料的意义

1. 节约资源、保护环境和实现经济社会可持续发展的需要

现今全世界都在谋求以循环经济、生态经济为指导，坚持可持续发展战略，从保护人类自然资源、生态环境出发，充分有效利用可再生的、巨大的生物质资源，加工制造生物质材料，以节约或替代日益枯竭、不可再生的矿物质资源材料。因此，世界发达国家都大力利用林业生物质资源，发展林业生物质产业，加工制造林业生物质材料，以保障经济社会发展对材料的需求。

2. 我国实现林农增收和建设社会主义新农村的需要

我国是一个多山的国家，山区面积占国土总面积的69%，山区人口占全国总人口的56%。近年来，国家林业和草原局十分重视林业生物质资源的开发，特别是在天然林资源保护工程实施以后，通过加强林业废弃物、砍伐加工剩余物以及非木质森林资源的资源化加工利用，取得显著成效，大大地带动了山区经济的振兴和林农的脱贫致富。全国每年可带动4500万林农就业，相当于农村剩余劳动力的37.5%。毫无疑问，通过生物质材料学会，沟通和组织全国科研院所，研究和开发出生物质材料成套技术，培育出生物质材料新兴产业，实现对我国丰富林业生物质资源的延伸加工，调整林业产业结构，拓展林农就业空间，增加林农就业机会，提高林农收入，改善生态环境和建设社会主义新农村具有重大战略意义。

3. 实现与国际接轨和参加国际竞争的需要

当前，人类已经面临着矿物质资源的枯竭。因此，如何以生物经济为指导，合理开发和利用林业生物质材料所具有的可再生性和生态环境友好性双重性质，以再生生物质资源

节约或代替金属和其他源于矿物质资源化工材料的研究，已引起国际上广泛重视。为此，世界各国纷纷将生物质材料研究列为科技重点，并成立相应的研究组织，或将科研院所或高等院校的"木材科学与技术"机构更名或扩大为"生物质材料科学"机构，准备在这一研究领域展开源头创新竞争，率先领导一场新的产业革命。

（二）林业生物质材料发展基础和潜力

1. 发展林业生物质材料产业有稳定持续的资源供给

太阳能或者转化为矿物能积存于固态（煤炭）、液态（石油）和气态（天然气）中；或者与水结合，通过光合作用积存于植物体中。对转化和积累太阳能而言，植物特别是林木资源具有明显的优势。森林是陆地生态系统的主体，蕴藏着丰富的可再生资源，是世界上最大的可加以利用的生物质资源库，是人类赖以生存发展的基础资源。森林资源的可再生性、生物多样性、对环境的友好性和对人类的亲和性，决定了以现代科学技术为依托的林业生物产业在推进国家未来经济发展和社会进步中具有重大作用，不仅显示出巨大的发展潜力，而且顺应了国家生物经济发展的潮流。近年实施的六大林业重点工程，已营造了大量的速生丰产林，目前资源培育力度还在进一步加大。此外，丰富的沙生灌木和非木质森林资源以及大量的林业废弃物和加工剩余物也将为林业生物质材料的利用提供重要资源渠道，这些都将为生物质材料的发展提供资源保证。

2. 发展林业生物质材料研究和产业具有坚实的基础

长期以来，我国学者在林业生物质材料领域，围绕天然生物质材料、复合生物质材料以及合成生物质材料方面做了广泛的科学研究工作，研究了天然林木材和人工林木材及竹、藤材的生物学、物理学、化学与力学和材料学特征以及加工利用技术，研究了木质重组材料、木基复合材料、竹藤材料及秸秆纤维复合/重组材料等各种生物质材料的设计与制造及应用，研究了利用纤维素质原料粉碎冲击成型而制造一次性可降解餐具，利用淀粉加工可降解塑料，利用木粉的液化产物制备环保型酚醛胶黏剂等，基本形成学科方向齐全、设备先进、研究阵容强大，成果丰硕的木材科学与技术体系，打下了扎实的创新基础。近几年，我国林业生物质材料产业已经呈现出稳步跨越、快速发展的态势，正经历着从劳动密集型到劳动与技术、资金密集型转变，从跟踪仿制到自主创新的转变，从实验室探索到产业化的转变，从单项技术突破到整体协调发展的转变，产业规模不断扩大，产业结构不断优化，产品质量明显提高，经济效益持续攀升。

3. 发展林业生物质材料适应未来的需要

材料工业方向必将发生巨大变化，发展林业生物质材料适应未来工业目标。生物质材料是未来工业的重点材料。生物质材料产业开发利用已初见端倪，逐步在商业和工业上取得成功，在汽车材料、航空材料、运输材料等方面占据了一定的地位。

随着林木培育、采集、储运、加工、利用技术的日趋成形和完善，随着生物质材料产业体系的形成和建立，相对矿物质资源材料来说，随着矿物质材料价格的不可遏制的高涨，生物质材料从根本上平衡和协调了经济增长与环境容量之间的相互关系，是一种清洁的可持续利用的材料。生物质材料将实现规模化快速发展，并将逐渐占据重要地位。

4. 发展林业生物质材料产业将促进林业产业的发展，有益于新农村建设

中国宜林地资源较丰富，特别是中国有较充裕廉价的劳动力资源，可以通过培育林木生物质资源，实现资源优势和人力资源优势向经济优势的转化，利于国家、惠及农村、富在农民。

发展林业生物质材料产业将促进我国林产工业跨越性发展。我国正处在传统产业向现代产业转变的加速期，对现代产业化技术装备需求迫切。林业生物质材料技术基础将先进的适应资源特点的技术和高性能产品为特征的高新技术相结合，适应了我国现阶段对现代化技术的需求。

5. 发展林业生物质材料产业需改善管理体制上的不确定性

不可忽视的是目前生物质材料产业还缺乏系统规划和持续开发能力。林业生物质材料产业的资源属林业部门管理，而产品分别归属农业、轻工、建材、能源、医药、外贸等部门管理，作为一个产品类型分支庞大而各产品相对弱小的产业，系统的发展规划尚未列入各管理部门的规划重点，导致在应用方面资金投入、人才投入较弱。

（三）林业生物质材料发展重点领域与方向

1. 主要研发基础与方向

具体产业领域发展途径是以生物质资源为原料，采用相应的化学加工方法，以获取能替代石油产品的化学资源，采用现代制造理论与技术，对生物质材料进行改性、重组、复合等，在满足传统市场需求的同时，发展被赋予新功能的新材料；拓展生物质材料应用范围，替代矿物源材料（如塑料、金属等）在建筑、交通、日用化工等领域上的使用；相应地按照材料科学学科的研究方法和基本理念。

2. 重点产业领域进展

林产工业正逐步转变传统产业的内涵，采用现代技术及观念，利用林业低质原料和废弃原料，发展具有广泛意义的生物质材料的重点主题有三方面：一是原料劣化下如何开发和生产高等级产品，以及环境友好型产品；二是重视环境保护与协调，节约能源降低排出，提高经济效益；三是利用现代技术，如何拓展应用领域，创新性地推动传统产业进步。

特种生物质复合材料基本上处于技术开发与产业推广阶段，木基模压汽车内衬件广泛用于汽车业；高附加值层积装饰塑料已应用于特种增强和装饰方面，如奥运会比赛用

枪、刀具装饰性柄、纽扣等；植物纤维复合装饰吸音材料已用于高档内装修，以及公路隔音板等。

二、林业生物质能源

生物质能一直与太阳能、风能以及潮汐能一起作为新能源的代表，由于林业生物质资源量丰富且可以再生，其含硫量和灰分都比煤炭低，而含氢量较高，现在受关注的程度直线上升。

（一）林业生物质能源发展现状与趋势

1. 能源林培育

目前，世界上许多国家都通过引种栽培，建立新的能源基地，如"石油植物园""能源农场"。美国已筛选了 200 多种专门的能源作物快速生长的草本植物和树木；法国、瑞典等国家利用优良树种无性系营造短轮伐期能源林，并且提出"能源林业"的新概念，把 1/6 现有林用作能源林。最有发展前途能源作物是短期轮作能源矮林和禾本科类植物，选择利用的能源树种主要是柳树、杨树、刺槐、巨杉、梧桐等。围绕培育速生、高产、高收获物的能源林发展目标，在不同类型能源林树种选育、良种繁育、集约栽培技术、收获技术等方面取得了一系列卓有成效的研究成果。

2. 能源产品转化利用

（1）液体生物质燃料

生物质资源是唯一能够直接转化为液体燃料的可再生能源，以其产量巨大、可储存和碳循环等优点已引起全球的广泛关注。目前液体生物质燃料主要被用于替代化石燃油作为运输燃料。开发生物质液体燃料是国际生物质能源产业发展最重要的方向，已开始大规模推广使用的主要液体燃料产品有燃料乙醇、生物柴油等。

（2）气体生物质燃料

林业生物质气体燃料主要有生物质气化可燃气、生物质氢气以及燃烧产生的电能和热能。

生物质资源丰富、可再生，其自身是氢的载体，通过生物法和热化学转化法可以制得富氢气体。随着"氢经济社会"的到来，无污染、低成本的生物质制氢技术将有一个广阔的应用前景。

3. 固体生物质燃料

固体生物质燃料是指不经液化或气化处理的固态生物质，通过改善物理性状和燃烧条件以提高其热利用效率和便于产品的运输使用。固体生物质燃料适合于利用林地抚育更新和林产加工剩余物以及农区燃料用作物秸秆。由于处理和加工过程比较简单，投能和成本低，能量的产投比高，是原料富集地区的一种现实选择，欧洲和北美多用于供热发电。固体生物质燃料有成型、直燃和混合燃烧三种燃烧方式和技术。

（1）生物质成型燃料

生物质燃料致密成型技术（BBDF）是将农林废弃物经粉碎、干燥、高压成型为各种几何形状的固体燃料，具有密度高、形状和性质均一、燃烧性能好、热值高、便于运输和装卸等特点，是一种极具竞争力的燃料。从成型方式上来看，生物质成型技术主要有加热成型和常温成型两种方式。生物质成型燃料生产的关键是成型装备，按照成型燃料的物理形状分为颗粒成型燃料、棒状成型燃料和块状燃料成型燃料等形式。

（2）生物质直接燃烧技术

直接燃烧是一项传统的技术，具有低成本、低风险等优越性，但热利用效率相对较低。锅炉燃烧发电技术适用于大规模利用生物质。生物质直接燃烧发电与常规化石燃料发电的不同点主要在于原料预处理和生物质锅炉，锅炉对原料适用性和锅炉的稳定运行是技术关键。

（3）生物质混燃技术

混燃是最近10年来许多工业化国家采用的技术之一，有许多稻草共燃的实验和示范工程。混合燃烧发电包括：直接混合燃烧发电、间接混合燃烧发电和并联混合燃烧发电三种方式。直接混合燃烧发电是指生物质燃料与化石燃料在同一锅炉内混合燃烧产生蒸汽，带动蒸汽轮机发电，是生物质混合燃烧发电的主要方式，技术关键为锅炉对燃料的适应性、积灰和结渣的防治、避免受热面的高温腐蚀和粉煤灰的工业利用。

生物质混合燃烧发电技术具有良好的经济性，但是，由于目前一般混燃项目还不能得到电价补贴政策的优惠，生物质混合燃烧发电技术在我国推广应用，还需要在财税政策方面的改进，才可能有大的发展。

（二）林业生物质能源发展的重点领域

1.专用能源林资源培育技术平台

生物质资源是开展生物质转化的物质基础，对于发展生物产业和直接带动现代农业的发展息息相关。该方向应重点开展能源植物种质资源与高能植物选育及栽培。针对目前能源林单产低、生长期长、抗逆性弱、缺乏规模化种植基地等问题，结合林业生态建设和速生丰产林建设，加速能源植物品种的遗传改良，加快培育高热值、高生物量、高含油量、高淀粉产量优质能源专用树种，开发低质地上专用能源植物栽培技术，并在不同类型宜林地、边际性土地上进行能源树种定向培育和能源林基地建设，为生物质能源持续发展奠定资源基础。能源林主要包括纤维类能源林、木本油料能源林和木本淀粉类能源林三大类。

2.林业生物质热化学转化技术平台

热化学平台研究和开发目标是将生物质通过热化学转化成生物油、合成气和固体碳。

尤其是液体产品，主要作为燃料直接应用或升级生产精制燃料或者化学品，替代现有的原油、汽油、柴油、天然气和高纯氢的燃油和产品。另外，由于生物油中含有许多常规化工合成路线难以得到的有价值成分，它还是用途广泛的化工原料和精细日化原料，如可用生物原油为原料生产高质量的黏合剂和化妆品；也可用它来生产柴油、汽油的降排放添加剂。热化学转化平台主要包括热解、液化、气化和直接燃烧等技术。

3．林业生物质糖转化技术平台

糖平台的技术目标是要开发使用木质纤维素生物质来生产便宜的，能够用于燃料、化学制品和材料生产的糖稀。降低适合发酵成酒精的混合糖与稀释糖的成本。美国西北太平洋国家实验室（PNNL）和国家再生能源实验室（NREL）已对可由戊糖和己糖生产的300种化合物，根据其生产和进一步加工高附加值化合物的可行性进行了评估和筛选，提出了30种候选平台化合物。并从中又筛选出12种最有价值的平台化合物。但是，制约该平台的纤维素原料的预处理以及降解纤维素为葡萄糖的纤维素酶的生产成本过高、戊糖/己糖共发酵菌种等瓶颈问题尚未突破。

4．林业生物质衍生产品的储备技术平台

（1）生物基材料转化

在进行生物质能源转化的同时，开展生物基材料的研究开发亦是国内外研究热点。应加强生物塑料（包括淀粉基高分子材料、聚乳酸、PHA、PTT、PBS）、生物基功能高分子材料、木基材料等生物基材料制备、应用和性能评价技术等方面的研究，重点在现有可生物降解高分子材料基础上，集成淀粉的低成本和聚乳酸等生物可降解树脂的高性能优势，开发全降解生物基塑料（亦称淀粉塑料）和地膜产品，开发连续发酵乳酸和从发酵液中直接聚合乳酸技术，降低可生物降解高分子树脂的成本，保证生物质材料的经济性；形成完整的生产全降解生物质材料技术、装备体系。

（2）生物基化学品转化

利用可再生的生物质原料生产生物基化学品同样具有广阔的前景。应加快生物乙烯、乳酸、1.3-丙二醇、丁二酸、糠醛、木糖醇等乙醇和生物柴油的下游及共生化工产品的研究，重点开展生物质绿色平台化合物制备技术，包括葡萄糖、乳酸、乙醇、糠醛、羟甲基糠醛、木糖醇、乙酰丙酸、环氧乙烷等制备技术。加强以糠醛为原料生产各种新型有机化合物、新材料的研究和开发。

（三）林业生物质能源主要研究方向

1．能源林培育

重点培育适合能源林的柳树、杨树和桉树等速生短轮伐期品种，建立配套的栽培及经营措施；在木本燃料油植物树种的良种化和丰产栽培技术方面，以黄连木、油桐、麻风树、文冠果等主要木本燃料油植物为对象，大力进行良种化，解决现有低产低效林改造技术；改进沙生灌木资源培育建设模式，提高沙柳、柠条等灌木资源利用率，建立沙生灌木资源培育和能源化利用示范区。

2. 燃料乙醇

重点加大纤维素原料生产燃料乙醇工艺技术的研究开发力度，攻克植物纤维原料预处理技术、戊糖己糖联合发酵技术，降低酶生产成本，提高水解糖得率，使植物纤维基燃料乙醇生产达到实用化。在华东或东北地区进行以木屑等木质纤维为原料生产燃料乙醇的中试生产；在木本淀粉资源集中的南方省（自治区）形成燃料乙醇规模化生产。

3. 生物柴油

重点突破大规模连续化生物柴油清洁生产技术和副产物的综合利用技术，形成基于木本油料的具有自主知识产权、经济可行的生物柴油生产成套技术；开展生物柴油应用技术及适应性评价研究。在木本油料资源集中区开展林油一体化的生物柴油示范。并根据现有木本油料资源分布以及原料林基地建设规划与布局，形成一定规模的生物柴油产业化基地。

4. 生物质气化发电／供热

主要发展大规模连续化生物质直接燃烧发电技术、生物质与煤混合燃烧发电技术和生物质热电联产技术；针对现有生物质气化发电技术存在燃气热值低、气化过程产生的焦油多的技术瓶颈，研究开发新型高效气化工艺。在林业剩余物集中区建立兆瓦级大规模生物质气化发电／供热示范工程；在柳树、灌木等资源集中区建立生物质直燃／混燃发电示范工程；在三北地区建立以沙生灌木为主要原料，集灌木能源林培育、生物质成型燃料加工、发电／供热一体化的热电联产示范工程。通过示范，形成分布式规模化生物质发电系统。

5. 固体成型燃料

重点以降低生产能耗、降低产品成本、提高模具耐磨性为主攻方向，开发一体化、可移动的颗粒燃料加工技术和装备，开发大规模林木生物质成型燃料设备以及抚育、收割装备；形成固体成型燃料生产、供热燃烧器具、客户服务等完善的市场和技术体系。在产业化示范的基础上，在三北地区建立一定规模的以沙生灌木为原料的生物质固化成型燃料产业化基地；在东北、华南和华东等地建立具有一定规模的以林业剩余物或速生短轮伐期能源林为原料的生物质固化成型燃料产业化基地。

6. 石油基产品替代

重点研究完全可降解、低成本生物质塑料，用生物质塑料取代石油基塑料；开发脂肪酸酯、甘油、乙烯、乙醇下游产品，以增加生物质产业的领域范围和经济效益。

7.生物质快速热解制备生物质油

重点研究林业生物质原料高温快速裂解、催化裂解液化、高压裂解液化、超临界液化、液化油分离提纯等技术，并开展相关的应用基础研究，在此基础上开发生物质油精制与品位提升的新工艺，提高与化石燃料的竞争力。

8.林业生物质能源相关技术和产品标准研究

根据林业生物质能源利用发展的总体要求，重点制定林业生物质能资源调查、评价技术规定和标准，能源林培育、栽培技术规程，生物质发电、成型燃料等产品标准以及相应的生产技术规程。实现产地环境、生产原料投入监控、产品质量、包装贮运等方面的标准基本配套，建立起具有国际水准的绿色环保的林业生物质能源利用的标准体系程。实现产地环境、生产原料投入监控、产品质量、包装贮运等方面的标准基本配套，建立起具有国际水准的绿色环保的林业生物质能源利用的标准体系。

第五节　森林文化体系建设

生态文化建设是一个涉及多个管理部门的社会系统工程，需要多部门乃至全社会共同协调与配合。森林文化建设是生态文化体系建设的突破口和着力点。

一、森林文化体系建设现状

我国具有悠久的历史文化传承，丰富的自然人文景观和浓郁的民族、民俗、乡土文化积淀，为现代森林文化建设提供了翔实的理论依据和有益的物质基础。中华人民共和国成立以后，特别是改革开放以来，各级党委和政府高度重视林业发展和森林文化体系建设，并在实践中不断得以丰富、发展与创新，积累了许多宝贵的经验。

（一）我国森林文化发展现状与趋势

在全国，由于各地的历史文化、地理区位和民族风俗的不同，森林文化体系建设各具特色，在总体上显示出资源丰富、潜力巨大、前景广阔的特点。

1.资源丰富

我国历史文化、民族风俗和自然地域的多样性，决定了森林与生态文化发展背景、资源积累、表现形式和内在含义的五彩纷呈与博大精深。在人与人、人与自然、人与社会长期共存、演进的过程中，各地形成了丰富而独具特色的森林生态文化。自然生态资源与历史人文资源融为一体，物质文化形态与非物质文化形态交相辉映，不仅为满足当代人，乃至后代人森林生态文化多样化需求提供了物质载体，而且关注、传播、保护、挖掘、继承和弘扬森林文化，必将成为构建生态文明社会的永恒主题。

2. 起步良好

进入 21 世纪以来，党中央、国务院做出了《关于加快林业发展的决定》，加快实施林业重点工程，确立了以生态建设为主的林业发展战略，我国林业建设取得了举世瞩目的巨大成就。近年来，各省（自治区、直辖市）立足本地区实际，贯彻生态建设、生态保护的理念，调整经济社会发展战略和林业发展战略，不断加大生态保护和建设力度，以适应经济社会全面协调可持续发展需要。各省不仅先后出台了贯彻《关于加快林业发展的决定》的意见，而且广东、浙江、福建、湖南等省提出了建设生态省的战略构想，开展了现代林业发展战略研究与规划，林业建设取得巨大成就。以海南省为例。海南依托丰富的人文资源、独特的地域文化和民族文化，率先在全国提出建设生态省的发展思路，为生态建设立法。在《海南生态省建设规划纲要》中指出，"生态文化建设是生态省建设的重要组成部分"。森林与生态文化正在成为社会主义先进文化的重要内容，推动生态建设的强大动力，经济社会发展的朝阳产业和建设生态文明社会的重要基础。

3. 需求强劲

随着国民经济的快速发展，生态形势的日趋严峻，全社会对良好生态环境和先进生态文化的需求空前高涨。这种生态文化需求包括精神层面和物质层面。在生态文化需求的精神层面上，研究、传播和培育生态理论、生态立法、生态伦理和生态道德方面显得尤为迫切。文化是一种历史现象，每一社会都有与其相适应的文化，并随着社会物质生产的发展而发展。先进文化为社会发展提供精神动力和智力支持，同先进生产力一起，成为推动社会发展的两只轮子。生态文化是人与自然和谐相处、协同发展的文化，对生态建设和林业发展有强大的推动作用。在生态文化需求的物质层面上，大力发展生态文化产业，既推动了林业产业发展、促进山区繁荣和林农致富，又满足人们生态文化消费的需要。

4. 潜力巨大

森林与生态文化建设和产业发展的潜力巨大，前景广阔。一是生态文化资源开发潜力巨大。我国历史悠久，地域辽阔，蕴藏着极其丰富的自然与人文资源。在这些资源中，有的是世界历史文化的遗产，有的是国家和民族的象征，有的是人类艺术的瑰宝，有的是自然造化的结晶。这些特殊的、珍贵的、不可再生的自然垄断性资源，不仅有着独特的、极其重要的自然生态、历史文化和科教审美价值，而且蕴藏着丰厚的精神财富和潜在的物质财富。其中相当一部分资源还未得到有效的保护、挖掘、开发和利用；二是生态文化科学研究、普及与提高的潜力巨大；三是生态文化产业的市场潜力巨大。

5. 顺应潮流

建设先进而繁荣的生态文化体系，顺应时代潮流，随着近代工业化进程加快，全球生态环境日趋恶化，引起国际社会的热切关注。世界各国森林经营理论也由传统的永续利用转变为可持续经营，城市森林建设已成为生态化城市的发展方向，传统林业正迅速向现代林业转变。

（二）我国森林文化建设取得的主要经验

1. 政府推动，社会参与

森林生态文化体系建设是一项基础性、政策性、技术性和公众参与性很强的社会公益事业。各级政府积极倡导和组织生态文化体系建设，把生态文化体系建设纳入当地国民经济和社会发展中长期规划，充分发挥政府在统筹规划、宏观指导、政策引导、资源保护与开发中的主体地位和主导作用，通过有效的基础投入和政策扶持，促进市场配置资源，鼓励多元化投入，实现有序开发和实体运作。这既是经验积累，也是发展方向。

2. 林业主导，工程带动

森林、湿地、沙漠三大陆地生态系统，以及与之相关的森林公园、自然保护区、乡村绿地、城市森林与园林等是构建生态文化体系的主要载体，涉及诸多行业和部门。林业部门是保障国体生态安全，实施林业重大生态工程的主管部门，在生态文化体系建设中发挥着不可替代的主导地位和作用。这是确保林业重点工程与生态文化建设相得益彰、协调发展的基本经验。广州市在创建森林城市活动中，以实施"青山绿水"工程为切入点，林业主导，各业协同，遵循"自然与人文相宜，传统与现代相兼，生态建设与文化建设相结合"的原则，精心打造城市生态体系，不仅提升了城市品位和魅力，而且促进了全市生产方式、生活方式、消费观念和生态意识的变化。

3. 宣传教育，注重普及

森林生态文化重在传承弘扬，贵在普及提高。各地通过各种渠道开展群众喜闻乐见的生态文化宣传普及和教育活动。一是深入挖掘生态文化的丰富内涵。如云南、贵州省林业厅经常组织著名文学艺术家、画家、摄影家等到林区采风，通过新闻媒体和精美的影视剧、诗歌散文等作品，宣传普及富有当地特色的生态文化，让广大民众和游客更加热爱祖国、热爱家乡、热爱自然；二是以各种纪念与创建活动为契机开展生态文化宣教普及。各地普遍地运用群众，特别是青少年和儿童参与性、兴趣性、知识性较强的植树节、爱鸟周、世界地球日、荒漠化日等纪念日和创建森林城市活动，潜移默化，寓教于乐；三是结合旅游景点开展生态文化宣传教育活动。例如云南省丽江市东巴谷生态民族村，在景区中设置大量与生态文化有关的景点，向游客传播生态知识和生态文化理念；四是建立生态文化科普教育示范基地。各地林业部门与科协、教育、文化部门联合，依托当地的自然保护区、森林公园、植物园，举办知识竞赛，兴办绿色学校，开办生态夏令营，开展青年环保志愿行动和绿色家园创建活动。

4.丰富载体，创新模式

森林与生态文化基础设施是开展全民生态文化教育的重要载体，也是衡量一个地方生态文明程度的重要标志。

二、森林文化建设行动

生态文化建设是一个涉及多个管理部门的整体工程，需要林业、环保、文化、教育、宣传、旅游、建设、财政、税收等多部门的协调与配合。森林文化是生态文化的主体，森林文化建设是生态文化体系建设的突破口和着力点，由林业部门在生态文化建设中承担主导作用。建议国家成立生态文化建设领导小组，协调各个部门在生态文化建设中的各种关系，确保全国生态文化体系建设"一盘棋"。在林业部门内部将生态文化体系建设作为与林业生态体系建设、林业产业体系建设同等重要的任务来抓，加强领导，明确职责，建成强有力的组织体系和健全有效的工作机制，加快推进生态文化体系建设。

（一）森林制度文化建设行动

为使生态文化建设走上有序化、法制化、规范化轨道，必须尽快编制规划，完善政策法规，构建起生态文化建设的制度体系。

1.开展战略研究，编制建设规划

开展森林文化发展战略研究，是新形势提出的新任务。战略研究的内容应该包括森林文化建设与发展的各方面，尤其是从战略的高度，系统深入地研究影响经济社会和现代林业发展全局与长远的森林文化问题，如战略思想、目标、方针、任务、布局、关键技术、政策保障，指导全国的生态文化建设。建议选择在生态文化建设有基础的单位和地区作为试点，然后总结推广。

2.完善法律法规，强化制度建设

在条件成熟的情况下，逐步出台和完善各项林业法规，如《森林法》《国家森林公园管理条例》《自然保护区法》《古树名木保护条例》《野生动物保护法》等。做到有法可依、有法必依、执法必严、违法必究。提高依法生态建设的水平，为生态文明提供法制保障。

3.理顺管理体制，建立管理机构

结合新形势和新任务的实际需要，设立生态文化相关管理机构。加强对管理人员队伍生态文化的业务培训，提高人员素质。加快生态文化体系建设制度化进程。生态文化体系建设需要规范的制度做保障。建立和完善各级林业部门新闻发言人、新闻发布会、突发公共事件新闻报道制度，准确及时地公布我国生态状况，通报森林、温地、沙漠信息。建立生态文化宣传活动工作制度，及时发布生态文化建设的日常新闻和重要信息。理顺各相关部门在森林文化建设中的利益关系，均衡利益分配，促进森林文化的持续健康发展。

（二）发展森林文化产业行动

大力发展生态文化产业，各地应突出区域特色，挖掘潜力，依托载体，延长林业生态文化产业链，促进传统林业第一产业、第二产业向生态文化产业升级。

1. 丰富森林文化产品

既要在原有基础上做大做强山水文化、树文化、竹文化、茶文化、花文化、药文化等物质文化产业，也要充分开发生态文化资源，努力发展体现人与自然和谐相处这一核心价值的文艺、影视、音乐、书画等生态文化精品。丰富生态文化的形式和内容。采取文学、影视、戏剧、书画、美术、音乐等丰富多彩的文化形态，努力在全社会形成爱护森林、保护生态、崇尚绿色的良好氛围。大力发展森林旅游、度假、休闲、游憩等森林旅游产品，以及图书、报刊、音像、影视、网络等生态文化产品。

2. 提供森林文化服务

大力发展生态旅游，把生态文化建设与满足人们的游憩需求有机地结合起来，把生态文化成果充实到旅游产品和服务之中。同时，充分挖掘生态文化培训、咨询、网络、传媒等信息文化产业，打造森林氧吧、森林游憩和森林体验等特色品牌。有序开发森林、湿地、沙漠自然景观与人文景观资源，大力发展以生态旅游为主的生态文化产业。鼓励社会投资者开发经营生态文化产业，提高生态文化产品规模化、专业化和市场化水平。

（三）培育森林文化学科与人才行动

中国生态文化体系建设是一个全新的时代命题，也是历史赋予现代林业的一项重大历史使命。

1. 培育森林文化学科

建议国家林业和草原局支持设立专项课题，组织相关专家学者，围绕构建人与自然和谐的核心价值观，加强生态文化学术研究，推动生态文化学科建设。在理论上，对于如何建设中国特色生态文化，如何在新的基础上继承和发展传统的生态文化，丰富、凝练生态价值观，需要进一步开展系统、深入的课题研究。重点加强生态变迁、森林历史、生态哲学、生态伦理、生态价值、生态道德、森林美学、生态文明等方面的研究和学科建设。支持召开一些关于生态文化建设的研讨会，出版一批学术专著，创办学术期刊，宣传生态文化研究成果。

2. 培养森林文化人才

加强生态文化学科建设、科技创新和教育培训，培养生态文化建设的科学研究人才、经营管理人才，打造一支专群结合、素质较高的生态文化体系建设队伍。各相关高等院校、科研院所和学术团体应加强合作，通过合作研究、合作办学等多种形式，加强生态文化领域的人才培养；建立生态文化研究生专业和研究方向，招收硕士、博士研究生，培养生态文化研究专业或方向的高层次人才；通过开展生态文化项目研究，提高理论研究水平，增强业务素质。

3. 推进森林文化国际交流

扩大开放，推进国际生态文化交流。开展生态文化方面的国际学术交流和考察活动，建立与国外同行间的友好联系；推动中国生态文化产业的发展，与国际生态文明接轨，提高全民族的生态文化水平；加强生态文化领域的国际合作研究，促进东西方生态文化的交流与对话；推进生态文化领域的国际化进程，在中国加快建设和谐社会中发挥生态文化应有的作用。

（四）开展森林文化科普及公众参与行动

1. 建设森林文化物质载体

建立以政府投入为主，全社会共同参与的多元化投入机制。在国家林业和草原局的统一领导下，启动一批生态文化载体建设工程。改造整合现有的生态文化基础设施，完善功能，丰富内涵。切实抓好自然保护区、森林公园、森林植物园、野生动物园、湿地公园、城市森林与园林等生态文化基础设施建设。充分利用现有的公共文化基础设施，积极融入生态文化内容，丰富和完善生态文化教育功能。广泛吸引社会投资，在有典型林区、湿地、荒漠和城市，建设一批规模适当、独具特色的生态文化博物馆、文化馆、科技馆、标本馆、科普教育和生态文化教育示范基地，拓展生态文化展示宣传窗口。保护好旅游风景林、古树名木和各种纪念林，建设森林氧吧、生态休闲保健场所，充分发掘其美学价值、历史价值、游憩价值和教育价值，为人们了解森林、认识生态、探索自然、休闲保健提供场所和条件。

2. 开展形式多样的森林文化普及教育活动

拓宽渠道，扩展平台，加强对生态文化的传播。在采用报纸、杂志、广播、电视等传统传播媒介和手段的基础上，充分利用互联网、手机短信、博客等新兴媒体渠道，广泛传播生态文化；利用生态文化实体性渠道和平台，结合"世界地球日""植树节"等纪念日和"生态文化论坛"等平台，积极开展群众性生态文化传播活动。特别重视生态文化在青少年和儿童中的传播，做到生态文化教育进教材、进课堂、进校园文化、进户外实践。继续做好由政府主导的"国家森林城市""生态文化示范基地"的评选活动，使生态文化理念成为全社会的共识与行动，最终建立健全形式多样、覆盖广泛的生态文化传播体系。

3. 发展森林文化传媒

建设新的传播渠道，发挥好各类森林文化刊物、出版物、网络、广播电视、论坛等传媒的作用，加强森林文化的宣传普及。编辑出版生态文化相关领域的学术期刊、书籍，宣传生态文化研究成果；鉴于《生态文化》已有，建议再创建《森林文化》杂志；开展生态文化期刊发展战略和编辑出版的理论、技术、方法研究；组织期刊发展专题研讨会、报告会等学术交流活动；评选优秀期刊、优秀编辑和优秀论文；开展生态文化期刊编辑咨询工作；向有关部门反映会员的意见和要求，维护其合法权益；宣传贯彻生态文化期刊出版的法令、法规和规范，培训生态文化期刊编辑、出版、编务人员；举办为会员服务的其他非营利性的业务活动。

4. 完善森林文化建设的公众参与机制

把森林文化建设与全民义务植树活动、各种纪念日、纪念林结合起来，鼓励绿地认养，提倡绿色生活和消费。通过推行义务植树活动、志愿者行动、设立公众举报电话、奖励举报人员、建立生态问题公众听证会制度等公众参与活动，培育公众的生态意识和保护生态的行为规范，激励公众保护生态的积极性和自觉性，在全社会形成提倡节约、爱护生态的社会价值观念、生活方式和消费行为。推动"国树、国花、国鸟"的法定程序，尽快确定"国树、国花、国鸟"。各地也可开展"省树、省花、省鸟""市树、市花、市鸟"等活动。

第三章　林业科技成果转化与推广

第一节　林业科技成果

一、林业科技成果概述

（一）林业科技成果的含义与属性

1. 林业科技成果的含义

林业科技成果是林业科学技术研究成果的简称。它是指林业科技人员在科研活动中通过观察思考、调查分析和科学实验等创造性活动所取得的符合客观规律，具有认识自然和改造自然，认识社会或改造社会价值的一切新的科学理论、新的技术构思和方案等，通过组织鉴定、专家评审，具有一定创新水平，能够推动林业科学技术进步，产生显著效益的林业科技理论、先进技术、科技产品等科技劳动产物的总称。从广义上讲，林业科技成果包括林业现代科学技术体系各层次研究活动的一切有价值结果。因此，林业科技成果不仅包括林业科学理论研究成果，而且也包括林业应用研究和技术开发的成果，既包括硬科学的成果，也包括软科学的成果。

科技成果是科学与技术的统一体，既含有认识自然的一面，又含有改造自然的一面。科学成果必须具有新的发现和学术价值，技术成果必须具备发明创新和应用价值，这是科技成果的本质内涵。

2. 林业科技成果的属性

（1）科学性与可重复（验证）性。林业科技成果的科学性须从科研报告的资料完整程度、推理或设计方案的严密程度，论证方法或实验手段的先进程度以及结论的管理程度等四个方面来进行判别，这就是说，每一项成果必须具有独立完整的内容并形成全套资料，其研究方法或实验手段应是先进可靠的，其结论必须经得起重复验证，不是偶然性的结果；（2）创新性与先进性。林业科技成果的创新性是指研究结果是前人没有的或国外虽有但未公开而国内没有的新的技术方法（理论观点），是对国外或国内已有成果的一种创新和超越，而不是重复和照抄；其学术水平或技术水平与国外（或国内）同类成果相比是先进的；（3）适应性和时效性。适应性是指成果在生产上的适应范围，要求成果必须与社会环境（包括经济环境、制度环境和自然环境等）相适应。我国地域辽阔，各地自然条件千差万别，经济生产条件也很不平衡，具有普遍适应性的成果易转化。适应性狭窄的成果，转化成本高，规模效益小，较难转化。时效性是指任何一项林业科技成果的科学性、先进性都是相对的，随着科技的不断发展，新的科技成果必将代替旧的成果。与无形成果相比，物化态有形成果的时效性更为突出。这是因为物化成果的科技含量赋予在一定的载体中，这种载体一旦被新的所取代，它的作用也随之消逝，无法将其中有价值的部分剥离出来。例如一台林机具或一个苗木品种，一旦被更新的林机具或苗木品种取代，就不会再发挥作用；（4）实用性。林业科技成果的实用性是指研究结果具有社会效益和经济效益。理论性研究成果的实用性主要表现在它对促进科学技术的发展，促进社会生产力的发展，保护自然资源，改善生态环境，保障人民生命安全，提高生活质量等方面的社会效益。应用技术研究成果的实用性主要是指其新产生的直接经济（社会）效益，及其推广应用后所产生的二次（间接）经济（社会）效益，或称为社会经济效益；（5）必须通过一定形式确认林业科技成果要经过组织评审（或鉴定）以取得同行专家的确认，或经过权威机构验收，或是由市场及其他形式的社会认可。

（二）林业科技成果的类型与特点

1. 林业科技成果的类型

根据林业科技成果管理和研究的需要，对科技成果必须实行科学的分类。目前，国际上对自然科学（技术）研究活动分为三类，即基础研究、应用研究和发展研究（或称开发研究和实验发展），建成为研究与发展活动。我国参照国际上对科学技术研究工作的分类，也基本上分为以上三大类。

基础研究，是以发现自然现象、特性和规律及发展科学理论为目标的研究。联合国教科文组织把基础研究分为两类。一类是纯粹基础研究（或称自由理论研究），是指没有应用目标的纯理论研究，例如原子结构的研究；另一类是定向基础研究（或称应用基础研究），是指集中在某一给定的目标上，对某一范围的自然现象、特征和规律，或某一领域的科学理论进行探索研究。例如根据原子结构的原理对核裂变进行研究。基础研究的成果属于科学理论成果，评价这类成果价值的标准主要是其创新程度，学术水平、难度与社会效益。

应用研究，是为应用目的创造新的科学知识，也就是说把基础研究的成果应用于创造新技术、新产品、新工艺、新方法等为目标所进行的科学原理研究。这类研究成果有的是科学理论成果，例如根据核裂变原理对核能利用进行研究的成果；有的是突破性的重大发明，例如半导体晶体管的发明。评估这类成果价值的标准主要是其创新程度，学术水平、难度，社会效益或经济效益。

发展研究，是运用新的科学知识（原理理论）来研究或开发新材料、新设备、新产品、新工艺等的研究。它主要不是探求新知识，而是应用新知识和已知的原理去开发新技术、新工艺、新产品等。这类研究的成果是应用技术成果。评估这类成果价值的标准主要是其创新程度，技术水平、难度，经济效益和社会效益（包括二次经济效益）。

软科学是近年来新兴的一门高度综合性的学科，横跨自然科学和社会科学两大领域。软科学的研究内容：一类是软科学本身的理论性研究；另一类是为各级决策部门服务的应用研究，这类研究成果或是科学理论成果，或是应用技术成果。评估这类成果价值的标准主要是其创新程度，学术水平、难度，社会效益以及社会经济效益（即二次效益）。

2. 根据国际对科技成果分类

结合我国实际情况，科技成果可做如下分类：

（1）科学理论研究成果

①纯粹基础研究成果

这类成果是指没有应用目标的纯理论研究成果。

②应用基础研究成果

这类成果是围绕一个给定的目标，对某一范围的自然现象、特征和规律，或某一领域的科学理论进行探索研究而获得的成果。

③应用理论研究成果

这是在应用研究中，为探索应用基础研究成果的应用领域和应用方向所进行的科学理论研究所取得的成果。

以上三种成果的共同特点都是属于理论性研究成果，这类成果表现形式是论文、研究报告或专著。

（2）应用技术研究成果

应用技术研究成果是指技术发表及其他技术研究的成果。这类成果具有实用性和社会经济效益。

①重大发明成果

这类成果是指在应用研究过程中在理论上有突破性进展，从而取得重大的发明。这类成果往往是一些基础性发明，这些基础性发明又成为建立新兴产业的技术基础。这类成果是重大的发明成果，可以申请发明专利。

②开发（发展）研究成果

这类成果是运用在应用研究中获得的新理论和新知识，通过科学实验或中间试验，研制出新技术、新材料、新产品、新工艺和新方法等。这类成果大部分可以申请专利。

③重大技术开发成果

这类成果是指因生产上的需要而进行的某项综合性的重大技术开发工程所取得的科研成果，一般是重大技术攻关项目的成果。

由于这类科研项目一般是大型技术工程，周期较长，因而在研究项目的进展过程中取得的具有独立应用价值或学术意义的阶段性研究成果，可以算作阶段性科技成果。

④技术改进成果

凡任何个人或集体提出有关改进生产的合理化建议和技术改进项目，经过实验研究和实际应用，使某一单位的生产、工作取得显著效益的，都属技术改进成果。技术改进成果包括五方面的内容：产品改进、品种的改良和发展方面；工艺技术改进方面；工具、设备、仪器、装置的改良方面；更有效地利用原材料、燃料和动力等方面；设计、统计、计算等技术改进，这类成果中的小发明、小创造可以申请实用新型专利。

⑤消化和吸收引进技术的成果

凡在消化和吸收引进国内外技术的过程中进行了创造性的劳动并有某些新的创造及具有显著经济效益的，是消化和吸收引进技术的成果。这类成果中属于发明创造的也可以申请专利。

⑥推广应用新成果

凡是在科技成果的推广应用过程中产生了新的发明创造（新方法、新技术、新用途、新材料、新设备等），并在生产和应用中产生经济或社会效益的，属推广应用新成果。其中符合专利条件的可申请专利。

（3）软科学研究成果

软科学是指在现代科学技术高度综合、高度分化的发展趋势下，一些自然科学与社会科学互相渗透而形成的交叉科学，例如管理科学（含系统工程）、城市科学、环境科学、预测科学和人才学等等。软科学研究中取得的具有创造性、先进性、实用性及具有经济效益或社会效益的结果，都是软科学的研究成果。

①软科学理论研究成果

凡在软科学研究中提出具有创见和有较高学术水平的新理论（观点、方法等）为软科学理论研究成果。例如林业科技管理的软科学理论研究成果可包括：有创见、有学术水平的现代科技管理理论；为了发展本国、本地区的科学技术向有关领导部门提供具有科学依据又切实可行的科技发展战略和政策的论著；为发展某一科技领域或开展某一有较大社会价值或经济价值的研究课题而提出新观点、新论据的科技情报调研报告；等等。

②软科学应用技术成果

凡利用软科学的理论研究成果，应用于实际并取得社会效益和经济效益的技术方法或实施方案，为软科学应用技术成果。例如，科技管理的软科学应用技术成果包括：具有实用价值和社会经济效益的科学预测和技术预测的技术和方法等；为组织重大综合性科技项目而进行的可行性研究和组织项目实施的技术；为评价科技项目而提出具有科学依据又切实可行的指标体系；为科技成果推广和应用，促使科技成果转化为生产力而提出和采用的具有创造性和社会经济效益的措施和方法；等等。

3.进一步分类

科技成果管理部门为了制定成果管理的政策和各项具体管理措施，或者对科技成果的有关情况进行统计分析，需要在上述分类的基础上从科技成果的不同角度进一步分类，或称为二级分类。林业科技成果的分类方法较多，常见的有：

（1）按成果产生的来源分类

①科研成果

它是科学研究的结晶，是为了解决生产或科学发展中的问题所确立的课题，经过周密的设计，采用科学方法和手段，遵循必要的程序进行试验、研究、调查、分析所获得的成果，其体现为新理论和新技术。

②推广成果

是指推广应用现有科学技术，在林业生产或科技进步等方面取得了显著效益。这类成果在技术的创新性方面不一定明显，但应用面广，直接效益显著。

（2）按成果的性质分类

①理论性成果

它是通过研究发现某种自然规律，揭示自然的本质，阐明某种自然现象和特征，或探明应用技术的机理等，是一种发现性成果。揭示出来的新知识，可用于解释自然和为人类改造自然提供理论依据。

②技术性成果

是指科学研究中创造出来的、能够用于改造自然的新手段、新方法、新工艺类的成果。可分为"硬件"和"软件"性成果。"硬件"如培育出的林木新品种、新工具、新材料、新农药、新设施等，"软件"一般指新的操作方法、工艺流程、规程、程序、配方等，许多成果则是"硬件"和"软件"相结合而存在的。技术性成果还包括形成技术的基础性工作，如品种资源的调查、收集、整理、保存和评价等，一般都能直接用于生产和推进林业科技进步。

③效益性成果

是指由推广应用现有科学技术产生效益形成的成果。将科技成果和基础科技知识用于某地区、某领域、某部门、某单位、某林农而产生的经济、社会和生态效益。效益大小，所采取的措施和推广使用中对科学技术的改进、完善和提高等，都是成果的评价因素。

（3）按成果的表现形式分类

①硬科学成果

硬科学成果是指以具体事物如树木、野生动物等为对象，研究它们的性质、结构和运动规律，控制它们所必需的方法和手段，并用于发展科学、技术和生产等的成果。

②软科学成果

是指研究人们使用硬科学，制订生产计划、科技发展目标以及实现目标的系统工程的成果。如规划、设计、程序、计划、关系协调、战略、对策等。包括整个"人—事—物"系统的整体结构、运动规律及优化控制原理、原则、方法和过程的成果。一般表现形式为研究报告、实施方案、图表及各种文字资料等。软科学成果的理论性和应用性往往是融为一体的，不像硬科学成果那样有明显的理论性和应用性之分。

（4）按成果的研究进程分类

①阶段性成果

是指组成复杂、环节多、难度大的综合性重大科技项目，在进行过程中完成的某一阶段所取得的成果，它是该项目的重要组成部分和最终完成该项目的必经途径，标志着该项目在研究过程中取得的某种进展和突破，对该项目全部完成起着重要作用，而且在理论或技术上有单独使用价值的成果。

②终结性成果

是指完成最终目标所取得的成果。具有完整性和系统性，标志着研究任务的全面完成和课题结束。

（5）按成果内涵的复杂程度分类

①单项成果

是指由单项理论或技术构成的成果。涉及的应用范围相对狭窄，是一个科研项目的某一方面。

②综合性成果

是指由内在联系密切的多因素组成的成果。如理论与技术相结合的成果；两种以上技术（方法）组成的系列技术成果；从不同侧面共同解决某个问题的成果。

（三）林业科技成果的特点

1. 出成果周期长

由于林业生产具有周期长、季节性强的特点，加之试验研究需要多个生产环节重复验证，必须经历小区经验、中间试验、区域试验和生产试验等步骤，而且程序严格，这就决定了林业科研出成果的周期较长。一般完成一项成果平均需10年以上，最长的40年以上。出成果的周期也因学科、专业特点，科技人员素质、科研手段、条件和科技管理水平等因素的不同而不同。

2. 成果适用范围具有区域性

林业地域广阔，林业生产种类繁多，各地域的气候、地形、土壤等条件以及林业组成千差万别，任何一项成果只能适应某一地区或某些地区，不同成果适宜地域范围也不同，表现出成果应用具有明显的区域性。

3. 成果具有易扩散性

林业科技成果在产生和生产应用中容易扩散，不易控制。林业科技成果属于知识产品，除具有其他知识产品同样的特征外，还由于林业研究程序、林业生产方式，决定了一般应用研究的林业科技成果，必须经过大范围试验，因此在取得成果之前已被广泛接触，难以保密。并且林业科技成果，如一个品种、一项技术要拿到适宜现场示范，很容易被参观者掌握和再生产。

4. 成果的社会公益性

林业科技成果的效益是很大的，就其具体的经济效益而论，它为广大生产者所享有。林业科技成果虽具有商品的属性，但又不能完全按商品属性进入市场参与流通，实行等价交换，或待价而沽，必须以服务社会的效益为前提。

第二节　林业科技成果转化

一、林业科技成果转化的概念

林业科技成果转化有广义和狭义之分。广义上的林业科研成果转化，是指林业科技成果由林业科研部门向生产领域转移，成果形态不断发生质变，经过推广物化阶段，实现商业化、产业化，形成现实生产力，进而推广应用产生经济效益的过程。包括基础性研究成果转化为应用性研究成果，应用性成果转化为发展性成果，应用性和发展性成果在生产中推广应用形成生产力。狭义上的林业科技成果转化是指成果物化。实现商业化、产业化的过程，是指林业科技成果在科技部门内部、科技部门之间、科技领域到生产领域的运动过程，是广义转化过程的前半段或一部分。广义转化过程的后半段，是指对具有实用价值的应用性、开发性林业科技成果进行推广应用，使其在生产领域发挥作用，形成生产能力并取得规模效益的运作过程，通常被称为林业科技成果推广。任何一种林业科技成果，只要被林农或林业企业认可并用于生产，就实现了该成果向现实生产力的转化。

从科技成果商品化的角度来看，林业科技成果转化是指将成果作为产品进行销售或将成果作为资本进行产业化。

林业科技成果转化根据需求者的类型可以分为向林业企业转化和向农林户转化（林业科技成果推广）。

二、林业科技成果转化的要素、条件及影响因素

（一）林业科技成果转化的要素

（1）林业科技成果供给方具有从事科技成果研究开发能力的人员与机构，或成果转化人员与机构；（2）林业科技成果包括基础性研究成果、应用性研究成果和发展性研究成

果，主要是林业应用技术研究成果。林业应用技术研究，主要是将已有的理论和发现应用于特定的应用技术研究，多数林业科技成果都在这一基础上进一步提出了新的理论或看法，改进了技术或工艺，或者培育出了新品种等；（3）林业科技成果需求方林业科技成果的应用者，将科技成果应用于林业生产经营活动中，是科技成果经济价值、社会价值或生态价值的最终实现者、受益者；（4）林业科技成果转化环境影响成果转化的制度环境（如政治体制、经济体制、科技体制等）、自然环境（如气候条件、生产条件等）、社会环境（如生产方式、信息传播渠道、文化背景、风俗习惯等）等；（5）林业科技成果转化手段进行成果转化的方式、方法，包括所需的器材设备等。

（二）林业科技成果转化的条件

林业科技成果转化是一项复杂的技术工程和社会工程，是个多层次、多要素、多领域的动态系统。林业科技成果能否转化为现实生产力，不仅取决于内部环境和条件等方面的因素（如成果产生系统、成果扩散系统和成果采纳系统），而且也受外部环境和条件等因素（如政策环境、社会经济和自然环境等）的制约。因此，林业科技成果的转化需要相应的社会、经济、技术的支撑系统，其中包括：国家政策法规、社会观念（科技意识、传统观念）、投资环境、产业技术基础（劳动者素质、生产手段、管理水平）、科技成果状况（科技成果的创新能力、技术储备状况等）、专业服务水平（如中介、示范、咨询、教育培训组织等）以及市场需求（如企业对技术需求和对成果的消化吸收能力等）。加速林业科技成果转化，不仅要提高科技成果的转化率，更重要的是要促进那些对全局有重大影响的成果尽快取得规模效益。成果转化是成果的再创造过程，也是涉及科技、经济与社会等诸多因素的复杂过程，要实现林业科技成果的有效转化必须具备相应的条件。

（三）影响林业科技成果转化的因素

影响林业科技成果转化的因素很多，主要有地理环境因素、经营因素、技术因素、采用者因素、政府政策以及林业家庭社会组织机构等。这些因素既影响林业科技成果传播的速度，又影响林业生产者采用的累计百分比。

1. 地理环境因素

不同地区的土壤、水分、温度、光照、降雨量等都是林业科技成果传播的制约因素。如一个速生优质树种，若没有相应的水肥条件是推广不开的，同样，平原地区由于效能方便、土地平坦、服务机构健全，林业科技成果就会很快传播开来；而在山区，交通不便，林农文化素质低，经济条件差，科技成果推广难度就大，推广速度相对就慢一些。

2. 经营因素

林业生产者的经营条件对林业科技成果的传播影响很大，经营条件比较好的林业生产者具有一定规模的土地面积，有比较齐全的机械设备、资金较雄厚、劳力较充裕、经营林业有多年的经验、文化素质多较高，同社会各方有较好的且广泛的联系，他们对林业科技成果持积极态度，注意科技成果信息，容易接受新的科技成果措施。目前，林业一家一户搞经营，这种小规模的生产方式，对推广林业科技成果不能不说是一种限制因素。所以，要从各方面指导和帮助林业生产者改善经营条件，适度扩大经营规模，促进林业科技成果的尽快转化。

3. 技术因素

林业科技成果的技术性质与科技成果转化关系很密切，立即见效的技术比较简单易学，转化时间短，如施用新化肥、新农药。相反，难度较大或带有危险性的技术，往往需要较多的知识、经验和技能，对林业生产者的科学文化素质要求也较高，不具备相应的条件，林业科技成果也就难以转化。如高产优质综合栽培技术、病虫害综合防治技术等，都要求林业生产者具有相关的基础知识和经验，因而也就难以转化。此外，如果新技术与过去习惯的技术不协调，也会影响林业科技成果的转化，如在一个地区要引入一个先进技术，但先进技术一般都有一定的适用条件和范围，不是所有的先进技术都适用，那么，不适用的技术则很不容易推广。

4. 林业生产者素质

林业生产者素质，包括文化知识、技能、思想、性格、年龄和经历等都在不同程度上对林业科技成果的转化有影响。从林业社会群体看，林农素质又与地区的经济文化发展状况密切相关，不同经济文化状况地区的林农，采用科技成果的独立决策能力有很大差别。经济文化比较发达的平原地区的林农与山区林农相比，独立决策能力要高 1 倍以上。林农的年龄在很大程度上可以反映其文化程度、求知欲望，对新事物的态度、经历及在家庭中的决策地位。

5. 政策因素

政府对林业及林业大政方针，对林业科技转化都有重大影响。林业开发政策、土地经营使用政策、林业建设政策、对农林产品实行补贴及价格政策、供应生产资料的优惠政策、农林产品加工销售的鼓励政策、林业三定政策、"谁种谁有"政策等都对林业科技成果的转化产生重大影响，例如，我国在林业实行联产承包责任制政策后，尤其是全面推进集体林权制度改革以来，极大地调动了林农采用科学技术的积极性，采用林业技术的需求迅速增加，通过林业科技致富的热情不断高涨。

6. 家庭及其他社会因素

林业的家庭结构关系，常常会对采用科学技术成果的决策产生一定影响。一般年轻人当家，易接受新科技成果；而老年人当家则较难。家庭经济计划对采用科技成果也有影响，有的着重准备资金扩大再生产，有的把钱用来盖房办婚事。林业供销、信贷、交通运输等部门对技术推广的支持配合，林农之间相互合作，推广人员同各业务部门的关系，与林农的关系，也都影响着林业科技成果的转化。

三、林业科技成果转化的过程与特征

不同层次的科技成果，转化过程是不同的。应用基础研究成果，一般可以进一步物化为应用技术成果。在一般情况下，从事应用基础研究的科研工作者所取得的成果，可以转让给从事应用技术研究和教学的科技工作者，对从事发展研究的科技人员也有指导作用。应用技术研究成果包括物质技术成果和方法技术成果，一般需要经过发展研究才能更有效地应用于林业生产，也可直接向林业企业或林农转化推广。发展研究成果一般直接应用于林业生产，主要是推广应用于林农，也向林业企业转化推广。

1. 林业科技成果转化的过程

（1）直接转化

科技成果直接由林业科技系统的林业科研单位和林业大专院校提供给林业生产系统中的林农或林业企业。这个转化过程没有中间环节，科技成果在林业科技系统中已经完成了试验到熟化的转变，可以直接应用于林业生产。林农和林业企业可以直接与科技成果的研究单位沟通，进行信息反馈。整个转化过程从成果供给方开始，到成果需求方，再返回成果供给方。

（2）间接转化

林业科研单位与林业大专院校所提供的试验成果，虽然在理论上已经成熟，但是某些生产指标或技术规程还尚未成熟，与直接应用于生产的要求还存在一定差距，如果直接投入生产过程可能会存在较大风险，还需要经过中试、熟化、组装、配套、示范等过程，使其形成完全成熟的科技成果，再进行产业化转化或推广普及。完成该环节的职能主体主要是科技中介系统。科技中介系统是林业科技成果间接转化的必要条件，如果没有中介系统承担科技成果的后续熟化，科技成果就不能转化为现实生产力。需求方做出采用科技成果的决策后，会在成果使用过程中提出疑问或要求，并将其反馈给中介系统，再由中介系统反馈给成果供给方，形成新的科研立项方向或目标。这样就完成了一次成果转化过程。

无论直接转化还是间接转化，转化过程都是一个循环上升的过程。特别是林业科技成果转化过程，不是从成果供给方经过中间环节到成果需求方就中止的单向转移过程，而是从成果供给方经间环节到成果需求方，再返回成果供给方开始新的转化的循环过程。其中每一次转化过程结束都是下一次转化过程的开始，整个转化过程中存在着成果流动、信息流动、资金流动、产权流动。每一次转化过程完成后，林业科技成果的价值会在林业产业系统中实现，进而推动林业经济的发展。同时，林业产业系统会对林业科技系统提出科技成果改进或新科技成果产出的要求，新一轮的成果转化又开始。

林业科技成果在转化过程中表现出不同的指标。应用基础研究成果的主要指标：一是在刊物上发表论文；二是被科研和教学部门采用。应用技术研究成果的主要指标：一是在刊物上发表论文；二是被推广部门认可并推广应用。发展研究成果的主要指标：一是技术潜力得到发挥；二是使用范围明显扩大；三是使用速度快；四是经济效益显著。

从转化过程来看，林业科技成果转化的关键部分是应用技术成果。应用技术成果直接应用于生产，经过发展研究和推广工作可以大幅度地提高经济效益。应用基础研究和发展研究也不容忽视。忽视应用基础研究影响应用技术研究的发展，忽视发展研究影响应用技术的推广。

2. 林业科技成果转化的特征

根据林业科技成果转化的内涵，林业科研成果转化过程具有如下总体特征：

（1）综合配套性

林业科技成果转化过程不仅表现为一个连续运行的过程，还是一个各种要素综合作用的过程。要完成一次科研成果转化过程，需要科研成果、劳动、资本、信息、组织、市场需求、制度环境等各种资源的综合配套。在不同的林业科技成果转化过程中，各种资源以及相应的行为主体之间的配套关系，没有一个标准化的模式。但是，任何转化过程都必定取决于科研成果、市场需求、资本投入的新组合。因此，科研成果提供者、新产品和新技术使用者、资本投入者、中介者和实现上述组合的组织者，是转化过程中最为重要的利益主体。

（2）区域性

林业科技成果转化的区域性是指成果转化对地理区域和社会区域有一定的要求。林业科技成果的特点决定了林业科技成果转化具有明显的区域要求。首先，林业科技成果本身要符合和适应区域的自然条件的要求。其次，要符合社会条件的要求，如地方科技政策、市场建设、贮藏运销、技术基础、科技服务等。一项林业科技成果在这个区域转化效果显著，在其他区域并不一定有同样的效果。

（3）周期性

任何一项科技成果都有一定的使用周期（也称为市场寿命周期、生命周期、生命期），具有淘汰速度快的特点。林业科技成果的生命周期一般可分为五个时期，即自然扩散期、示范期、发展期、成熟期、衰减期。

不同的林业科技成果，由于科技水平、竞争能力、推广质量以及成果研制周期、技术更新周期不同，其有效生命期也不同。据研究，林业科技成果的有效生命周期一般是5~8年，是很短暂的。由于林业科技需求是一种派生需求，林业科技成果会随着林产品市场寿命周期的变化而变化，如果某一林产品在一个地区进入衰退期，那么与之相关的技术很可能也被淘汰。如科技成果不能及时转化，错过了市场需求时期，就很难再进入林业生产领域。

林业科技成果生命周期中的发展期和成熟期，是林农心理接受的兴奋期，也是推广转化的最佳时期。要紧紧抓住最佳推广转化期，及时进行推广转化，充分发挥林业科技成果的技术经济效益。

四、林业科技成果转化机制与方式

（一）林业科技成果转化机制

林业科技成果转化运行机制是指林业科技成果转化系统中，各个转化主体为了使林业科技成果实现从研究领域向生产领域的转化，所形成的技术移动运行方式，以及系统各组成部分相互作用、相互联系、合理制约、相互协调的过程和方式。它将各种转化因子加以合理配置，以提高转化效率，它是保证科技成果转化为生产力的有效途径。我国林业科技成果转化常见的运行机制如下：

1. 科研、教学、推广三结合的运行机制

林业科研、教学、推广部门通过共同承担项目的方式，转化科技成果所形成的科、教、推三结合运行机制。在计划经济时代，此机制是我国林业科技成果转化的重要方式，三者既有分工，又有合作，对我国林业经济的快速发展起到了巨大的推动作用，并创造了辉煌的成就。今后相当长一段时间仍然是我国林业科技成果转化的一种运行机制。随着投入机制，转化系统自身积累与发展机制的形成，加上市场和计划共同调控的作用，科、教、推三结合运行机制将会得到更为科学的整合，并继续发挥林业科技成果转化的主体作用。

2. 技术、行政、物资三结合的运行机制

（1）科技攻关联合体

是在一些涉及对国民经济产生重大影响的重点项目执行过程中常采用的形式。通常是成立两个项目小组，一个是项目协调领导组，一个是项目技术执行组。领导小组由行政主管领导牵头，有关部门领导参加，负责项目执行过程中协调及领导工作。技术执行组由有关专家组成，负责各专题的技术攻关。两个小组各尽所长、优势互补，密切配合、协调行动，层层分解任务，科学合理分配科研经费及科技力量，并采用奖罚机制，严格考核、科学管理。有利于实现人才、技术和资金的高度集中，有利于调动领导、科技人员、推广人员和林农的积极性，能够取得良好的经济和社会效益。

（2）集团承包服务体

由地方行政领导牵头，三林（林业科研、林业教学、林技推广）和林资供销部门以及金融保险等部门参加，组成林业技术承包服务集团，开展林业科技成果的转化与推广。这种运行机制，由于行政领导的参与，能够把物质投入的基础作用、技术人员的桥梁作用、行政领导的保证作用有机地结合起来，真正实现行政、技术、物资相结合，有利于科技措施的落实，也便于政府对林业生产的领导，促进了林业推广和林业的发展。

3. 林业科技园区的运行机制

林业科技园区产业特色鲜明，科技含量高，示范带动作用良好，按市场机制运作，与市场经济体制有着良好的适应性，呈现出旺盛的生命力。林业科技园区主要在苗木工程、林药工程、温室栽培工程等方面，从事以林业高新技术为核心的现代生物技术的开发与应用。林业科技园区研究、开发、生产的范围大致有以下方面：引进、收集优良林果苗木等，进行改良、驯化、选择后，投入批量生产，向社会有偿提供种苗。引进或自己研究建立智能化、标准化大棚设施，从事无土栽培生产，向社会提供应时、无污染的名、优、特、稀林果产品，或为设施栽培提供预备苗等。利用组织培养技术，对苗木等进行脱毒快繁新品种的研究开发，向社会提供脱毒和转基因种苗。林业科技园区不但具有研究开发层面上的转化功能，而且具有非常显著的示范带动作用，应用者不但可购到新的物化技术，还可以学到使用技术，推动科技成果转化的效果良好。

4. 企业、基地、农林户三结合的运行机制

林业现代化程度愈高，林业产品的商品率也越高。随着市场经济和林业产业化发展，林业企业得到了较快的发展，企业、基地、农林户三结合的运行机制逐步形成。企业、基地加农林户的运行机制，是一种市场经济体制下林业科技成果转化的良好运行机制。

5. 林农合作组织加农林户的运行机制

集体林权制度改革开展以来，集体所有的林地通过不同方式逐渐分包到户，林农个体成为林地经营的主体。林农合作组织是指以家庭承包经营为基础，以林农为主要成员，围绕某个专业或产品组织起来的，在技术、资金、信息、购销、加工、储运等环节，开展互助合作的经济和技术组织，是林农进行自我服务、自我发展、自我保护的一种行之有效的组织形式和经营模式。它是同类林产品的生产经营者或同类林业生产经营服务的提供者、利用者，自愿联合成立的"民办、民管、民受益"的互助性经济组织。新修订的《农业技术推广法》明确规定"国家鼓励和支持发展农村专业技术协会等群众性科技组织，发挥其在农业技术推广中的作用"。

6. 技术转让的运行机制

林业技术转让是指林业技术（成果）通过一定方式，从持有者向需求者的转移。林业科技成果的转让方式主要有有偿转让、无偿转让和计划转让等，林业科技成果可通过技术市场、技术承包、技术培训、技术咨询等途径实现转让。林业科技成果可分为物化成果和非物化成果两大类，物化的科技成果，如新品种、新机械等，可直接以商品的形式进行市场交易；非物化的科技成果，如新技术、新方法等，可通过技术承包、技术咨询、技术转让等方式实现商品化。服务性、公益性的林业科技成果，如林业区划、品种资源、病虫测

报、气象预报等，一般是无偿提供，也可以商品的形式进行交易转让。获得专利权的技术成果，专利权人可以采取多种方式许可他人使用。技术转让要签订国家科技部制定的技术转让合同。

7. 技术入股的运行机制

技术入股是指技术持有人（或者技术出资人）以技术成果作为无形资产作价出资（以资本投入）公司的行为。技术成果入股后，技术出资方取得股东地位，相应的技术成果财产权转归公司享有。《中华人民共和国促进科技成果转化法》和原国家科委和国家工商行政管理局《关于以高新技术成果出资入股若干问题的规定》的发布，为技术入股提供了法律政策保障，有利于激发技术出资人的入股积极性，有效调动技术出资人积极实现成果的转化。但是，技术成果的出资入股不同于货币、实物的出资，因为技术成果不是一个客观存在的实物，要发现其绝对真实价值相当困难，而且对其过高过低的评价均会损害出资方的利益，引起各种纠纷。技术入股是就林业高技术向企业转移而言，林业高新技术需要经过科技行政主管部门认定。

8. 科技孵化器促进的运行机制

科技孵化器就是加速高科技企业或高科技项目产业化发展能力的机构。说白了就是促进成果产业化，就是成果发明出来了，要使之在产业当中能够使用。每年清华大学通过局级鉴定的，就有1500多项成果，而每年被企业买走的还不到20项，比例非常低。我们的孵化器就是要提高这个比例。你那里有成果，通过孵化工作把它尽快用到生产上，这就是科技孵化器。我国加强科技孵化体系建设方向：①提高资源组织能力，充分利用外部资源，实现各种要素的聚集、优化和升值。作为一种特殊形式的中介机构，科技孵化器的基本任务是为被孵化企业提供各种外部资源的服务。②建立和完善科技孵化器公共技术服务平台。③拓宽和健全融资渠道，着力填补市场空白。④建立多层次科技孵化载体，提高孵化速度和成功率。⑤明确功能定位，完善运营机制。

一般而言，科技企业孵化器以培育科技型企业和企业家作为自身的主要目标，同时还有促进高新技术产业的发展和创造新的就业机会的使命。因此，孵化器具有承担社会公共利益的责任，政策性孵化器应当是以政府投资为主体，以社会公共利益为己任，以市场化方式运作，能够实现财务平衡的社会经济组织。

9. 生产力促进中心服务的运行机制

生产力促进中心是一种非营利性的科技服务实体。以中小企业和乡镇企业为主要服务对象，组织科技力量（技术、成果、人才、信息）进入中小企业和乡镇企业，以各种方式为企业提供服务，促进企业的技术进步，提高企业的市场竞争能力。生产力促进中心是国家创新体系的重要组成部分，是社会主义市场经济条件下，深化科技体制改革，推动企业尤其是中小企业技术创新的科技中介服务机构。作为科技中介机构，生产力促进中心的宗旨是把为林业企业服务、为区域的林业科技创新服务、搭建政府与林业企业、企业与企业之间的桥梁和纽带、促进林业科技成果向现实生产力转化作为自身的重要使命，依靠政府，面向企业，组织社会科技力量，为广大中小企业提供综合配套服务，协助其建立技术创新机制，增强技术创新能力和市场竞争力，从而提高社会生产力水平，使经济发展保持旺盛的活力。

（二）林业科技成果转化机制与方式

根据商品交换方式在林业科技推广上的应用，从以前国内实际运行来看，林业科技成果作为商品转化为生产力的交换服务方式有以下几种：

1. 经营服务方式

这种方式是把物化形态和知识形态的技术结合起来，转移出售给林农，使良种良法、良方良药送到林业生产者手中，即所谓"既开方，又卖药"。这种经营服务方式有以下好处：一是符合自愿互利原则和等价交换原则；二是林业生产者欢迎新技术与物资配套服务，新技术转化速度快；三是比较容易实现其交换价值；四是既促成了林业生产者进行新成果的转化，又壮大了技术推广部门的经济实力。

2. 技术承包方式

这种方式是以合同形式把科技人员与林业生产者的经济利益联系起来的经济交换形式，实际上是交换知识性技术商品的一种形式，被承包者从成果转化为生产力产生的经济效益中拿出一小部分奖励承包者。

3. 技术咨询、培训、资料等服务方式

这种方式是一种知识形态的商品交换服务方式。由于人们的观念问题，还没有把这类服务作为商品看待，也没有进入发展林业商品经济的轨道，故目前普遍推行收取一定的技术服务费的办法有一定的难度，林业生产者习惯于政府部门的无偿服务。

4. 建立生产与技术联合体的方式

这种方式是先进技术成果与生产结合，把知识形态的技术商品转化为物化形态的技术商品，共担风险、共享利益的一种技术服务方式。具体形式是由技术部门提供先进技术成果，负责技术指导，实行技术入股，生产单位提供生产条件和资金，产品由双方共同经销，利润按贡献大小比例分成，这种方式的技术商品容易进入流通领域，按价值规律进行交换，推动林业科技成果的转化。

5. 产业化经营方式

在市场经济、商品经济迅速发展的条件下，林业科技成果只有通过产业化经营，才能充分显示其活力。

五、林业科技成果转化的途径

目前，我国林业科技成果的转化主要依靠以下五种途径向林业转化：

（一）林业开发研究

近年来兴起的林业区域综合开发研究是科技成果快而好地转化为生产力的最佳途径。从组织管理上看，它的显著特点是以系统科学观点和做法促进林业科技成果的转化。在开发过程中，把多项"软""硬"技术综合组装，发挥效益。但是，以开发项目形式进行的林业开发，多数由上级政府筹集资金和组织科技力量投入某一地区，其开发面积与全国性的开发地区相比甚小，国家不可能向所有待开发地区投入资金和人力，主要依靠地方组织人力、物力实施开发，林业开发项目最终目标是起示范和带动作用，在开发中参与成果转化的人员大都是省、地（市）农林水科研单位和大专院校的科研人员，以及各级农、林、水推广机构的科技人员。

（二）林业推广机构

目前我国林业科技成果的转化主要依靠各级政府的林业科技推广机构来完成，通过普及新技术、引进新品种、培训林农、建立示范点等工作使大批科技成果传播到基层林业单位和林农手中。

（三）大众传播

现在电视、广播、电影、报纸杂志等已成为宣传转化林业科技成果的有效途径。一项林业新技术通过新闻媒介介绍宣传推广，林农的早认识率可达70%以上，可见利用现代化通信设备推广林业科技成果也是目前有效途径之一。

（四）林业技术市场

林业技术市场具有五大功能，即交易功能、交流功能、推广功能、开拓功能、教育功能。技术市场对促进林业科技和林业经济的结合，加速科技成果转化为现实生存力显示出强盛的生命力，通过技术市场十分有利于林业科技成果在生产领域中的应用。

（五）中试生产基地建设

成果产出单位与成果应用单位紧密结合建立中试生产基地，把试验、示范和推广相结合，进行高产、稳产、低耗、高效为中心内容的配套技术的研究和成果推广，这不仅可以促进林业科技成果转化为生产力，而且也可以带动一批林业企业的技术改造。例如，中央与地方建立的林业科技示范区就是组织科研、教学与生产单位，把一些科技成果组装配套综合开发，从而进行科技成果转化为生产力的试验研究和推广应用，取得了较大的经济和社会效益。

六、林业科技成果转化的动力因素

林业科技成果的转化是个多层次、多要素、多领域的动态系统。它需要一个相应的运行机制将各种转化因子加以合理配置，以提高转化效率。

（一）变供应型科研为需求型科研

加速林业科技成果转化必须从转变科研模式入手。要通过压缩纵向开发研究课题，加大风险投资，驱动大多数科研人员自觉以市场需求为导向，从课题立项、中试、生产，直到产业化都与生产紧密结合，提高成果自身的成熟性、先进性、适用性、配套性和高效益性；要通过税收、贷款刺激和法律手段等宏观调控措施使企业以市场需求为动力，自觉追求科技进步，加大科技投入。

（二）确立企业的技术开发主体地位

目前林业企业普遍处于困难时期，但越是困难时期，越要重视科技开发。林业企业要自觉增强"科技兴企"的使命感和紧迫感，在目前自身经济实力尚不雄厚的情况下，可通过产学研联合开发和引进、吸收、消化等形式加大技改和产品更新换代速度，走高度集约经营之路。只有确立了企业的技术开发主体地位，才能使林业科技的投入得到较稳定的经费来源，反过来则又能促进企业的发展。

（三）形成有效的技术扩散机制

从行业特点出发，形成有效的林业技术扩散体制主要有如下几个途径：一是通过政府行为，创造一个全国性的、有秩序的、信息交流手段先进的、管理体制完善的、政策配套和法规健全的技术市场，来加强企业界、科研界和金融界的联系；二是坚持完善县一级，稳定乡一级，强化村一级的原则，全面构筑起从县林技推广中心、乡（镇）林业站、林业技术员、科技示范户直至广大农户间顺畅有序的推广服务体系和信息网络；三是强化教育和培训体系，通过电视、广播等宣传工具和印发科技小册子，组建民间协会或团体，举办林农实用技术培训等形式，提高林农的自身素质和科技兴林意识；四是办好国家林业工程技术中心，提高本行业科研成果的系统化、工程化水平和配套能力。

（四）加强宏观调控，加快人才培养，确保科技投入

根据林业的特点，政府在成果转化中仍有十分重要的作用。政府应继续加强财政支持，坚持稳住一支精干的科研力量，从事林业基础研究和高新技术研究。要采取优惠政策，多形式化解林业企业的"历史包袱"，加快建立现代林业企业制度。广开筹资渠道，广泛吸纳社会和国外资金，大幅度增加科技投入和科技贷款规模，保证对科技的投入要高于国家对林业投入的增长比例。逐步建立科技基金制度，健全风险投入机制，积极探索林业生态和社会效益补偿制度。为适应林业自身发展和社会主义现代化建设的需要，还必须加快培养造就千百万年青一代的科技人才。

第三节　林业科技成果推广

一、林业科技成果推广方式

根据联合国粮农组织的分类，世界上现行的林业推广方式有八种，即一般推广方式、产品专业化推广方式、培训和访问推广方式、群众性推广方式、项目推广方式、林业系统开发推广方式、费用分摊推广方式以及教育机构推广方式。我国现行的林业科技成果推广方式主要有以下几种：

（一）项目推广

项目推广是政府有计划、有组织地以项目的形式推广林业科技成果，是我国目前林业推广的重要形式。林业科技成果包括国家和各省、市（县）每年审定通过的一批林业科技新成果，林业生产中产生但尚未推广应用的增产新技术，以及从国内外引进、经过试验示范证明经济效益显著的林业新技术。

林业推广项目的实施，是一项复杂的系统工程，一般需要组织和动员教学、科研、推广等方面的科技人员和本级行政领导参加，组成技术指导和行政领导两套领导班子。技术指导小组负责拟定推广方案及技术措施；行政领导小组主要协调解决项目实施过程中的各种问题，做好林用物资供应及科技人员的后勤服务工作。

（二）技术承包

技术承包是各级林技推广、科研、教学单位，利用自身的技术专长和科研优势，充分发挥科技人员的能动性，通过与生产单位或林农在自愿、互惠、互利的基础上签订技术承包合同，运用经济手段和合同形式保证技术应用质量的一种推广方式，是联系经济效益计算报酬的有偿服务方式。其核心是科技人员对技术应用的成败负有经济责任。运用经济手段、合同形式，把科技人员与生产单位或林农的责、权、利紧密结合，是一种经济责任制推广技术的创新方式，有利于激发和调动林业推广主体和受体双方的积极性，增强科技人员的责任心，从而把各项技术推广落到实处，是加快林业科技成果推广的有效途径。技术承包的内容主要是一些专业性强、难度大、林农不易掌握的新技术，或新引进的技术和成果。

（三）技术、物资结合

技术与物资结合是一种行之有效的推广方式，是"林业技术推广机构兴办企业型的经营实体"的产物。随着市场经济的发展，技物结合方式的内涵发生了变化。林业技术推广机构兴办企业型的经营实体已成为历史，这类经营实体在全国范围内保留下来的很少，"立足推广搞经营，搞好经营促推广"已经过时。保留下来的或科研单位兴办的经济实体，也完全按企业机制运作，推广服务的功能逐步弱化甚至消失。

（四）企业带动

兴办林业产业化龙头企业，依靠企业带动加速林业科技成果转化与推广。林业产业化是以市场为导向，以经济效益为中心，以主导产业、产品为重点，优化组合各种生产要素，实行区域化布局、专业化生产、规模化建设、系列化加工、社会化服务、企业化管理，形成种养加、产供销、贸工农、农工商、农科教一体化经营体系，使林业走上良性发展轨道的现代化林业经营方式。龙头企业带动是其基本类型。

（五）林业开发

林业开发主要是指运用林业科技新成果、新技术对林业生产的某一个领域进行专项林业技术开发和对某一个地区进行综合林业技术开发，迅速提高该领域的科技含量和该地区的林业科技水平与林业生产能力，从而形成新产业、新产能、新基地。林业科技是林业开发的主要手段，是林业开发的核心。

林业开发主要是按照"两高一优"林业发展的要求，满足广大林农对林业高新技术的需要。林业开发的主体主要是当地政府、林技推广部门、林业科研和教育部门，林业企业、林农经济合作组织、林业专业协会都可以进行林业开发。多采用农贸结合、建立基地、综合服务、推广技术的开发模式。林业开发可有效地促进名、特、优、新、稀农产品的生产。

（六）技术与信息服务

随着信息技术、网络技术、电信技术和林业经济的高速发展，现代媒体传播成为重要的林业技术推广方式之一。利用电视节目传播林业科学技术已经比较普遍，从中央到地方各级电视台基本都设有农林方面的频道或栏目，很受林农和林业技术人员的欢迎。广播电台也设有农林科技节目。利用电话进行技术咨询，是一种效率高、速度快、传播远的沟通方式，可以直接请教有关专家，有许多县市林业技术推广部门开设了林业服务热线，林农遇到疑难问题，可以及时得到解答。互联网在传播林业科技信息方面，更显得威力无比。越来越多的林业专家系统的建立，其系统性、灵活性、高效性更是培训高科技林农的首选方式。只有对林业信息化做到真重视、真投入、真使用，才能使信息化真正为广大林农提供便捷高效的服务平台、为各级林业部门提供规范透明的管理平台、为各级领导提供科学现代的决策平台。

二、提高林业科技成果推广效率的基本途径

（一）完善多元化的技术扩散机制

1. 推广主体多元化

就是把各种推广组织有机结合起来，发挥各自优势，公平合理竞争，同时又能互相合作，形成网络。全国已形成较为完善的林业科技的推广网络，以政府各级推广机构为主体，政府与民间推广组织相结合，各类学校、科研机构、企业、民间组织在林业推广工作中发挥的作用越来越大。要对林业科技推广网络进一步优化，重点解决林业科研、教学、推广脱节的问题，加强多元化推广组织之间有效的合作，充分发挥学校、科研机构、企业、民间组织的林业推广作用，形成有效的技术扩散机制。

2. 促进三林（林业科研、林业教育、林业科研）结合

林业科研、林业教育、林业推广是发展林业大支柱，是林业科技的三支主要力量，三者之间既有各自的功能和优势，又互相依存、互相补充、互相促进、不可分割，也不可替代。把"三林"各自的优势有机结合起来，这样有利于发挥"三林"的整体功能和综合效益，有利于推进林业科技进步，加快我国林业由传统林业向现代化林业转化、由自给林业向商品林业转化的进程。互相交流信息、密切沟通联系是"三林"结合的重要手段，"三林"之间要互相尊重、相互了解、民主协调，为"三林"结合创造良好的环境条件。

3. 充分发挥民间推广组织的作用

近年来，林业中已经出现了许多民间科技推广服务组织，形成了技术协作、综合服务、经济实体和科研开发四种功能形态。在市场经济条件下，民间科技推广服务组织为林农提供市场信息、先进技术、生产资料、农副产品销售等服务，具有一定的优越性，它由林农自己组织管理，交易和管理成本低，扎根于林农之中，了解林农之需求，为林农所欢迎。国家行政林业推广组织应当积极推进与民间推广组织的合作，各级党组织和政府部门也应积极鼓励、支持、扶植林业各种民间推广服务组织的健康发展，制定相应的法规和政策，促进这些组织形式由低级向高级发展。

（二）促进农林户积极采用林业新技术

林农素质低、经济力量薄弱，风险躲避的意识较强，对于林业新技术、新成果的有效需求明显不足。应加大政府投入，开发林业的人力资源，提高林农的整体素质，缩小工林业产品的剪刀差，提高林业的比较效益，增加林农的经济收入，使林农有实力采用新技术，有能力运用新技术，从根本上扭转林业科技成果有效需求不足的局面。

应把提高林农采用林业新技术的能力作为重点，切实加强林农教育和培训工作。进一步搞好林业新型林农培训工作，进一步加强林农职业教育，通过短期培训、科技讲座、自

学、函授、"绿色证书"培训等方式，迅速提高成年林农科学文化素质和林业技能水平，从根本上解决林农采用新成果、新技术的能力。

进一步完善林农运用科技新成果的激励和扶助政策。如使用新的科技成果的风险保护政策，使用新的科技成果配套的资金、物资扶持政策，以及使用新的科技成果增产奖励政策等。现在国家及各级政府实行的粮食直补、良种推广补贴、新型农机具推广补贴、农资补贴、土地流转、林业保险、能繁母猪补贴（保险）、扶贫小额贷款等激励和扶助政策，都极大地调动了林农采用新成果、新技术的积极性和运用新成果、新技术的自觉性。

林业科研机构要根据林农的需求，大力开发省工、节本的轻简型林业新技术，重点开发那些投资省、收益快的小型林业新技术，以适应目前农林户经营规模较小的特点。建立并完善与市场经济相适应的林业科技成果评审制度，改善林业科研导向，提高林业科研的针对性、实用性、有效性，保证林业科技新成果、新技术的有效供给，从而激发林农对新成果、新技术的有效需求。

（三）加强林业推广网络建设

政府林业技术推广机构是林业技术推广的主体，要用创新的管理观念、创新的管理原则和创新的管理方法加强林业技术推广机构功能性建设，加强林业推广政策和制度建设，完善林业技术推广体系，创新林业推广方式，增强政府林业技术推广机构的活力，努力改变我国林业技术推广效率不高的落后局面。

要进一步完善监督机制、学习机制、激励机制、保障机制，调动推广人员的积极性和责任感。创造一个尊重知识、尊重人才，不断学习、不断进行知识更新的氛围，引入竞争上岗、资格认证、定期培训等制度，造就出一支高素质、能协作、善合作的林业推广队伍。各级人民政府应当采取措施，保障和改善从事林业技术推广工作的专业科技人员的工作条件和生活条件，改善他们的待遇，保持林业技术推广机构和专业科技人员的稳定。

（四）加强信息服务体系的建设

当前林农所急需的，首先是信息，其次才是技术。林业推广部门必须适应市场的需要，直接、及时地掌握林农的需求，帮助林农搜集、整理、分析、加工选择和应用信息，既要帮助他们解决种什么、养什么的问题，又要帮助他们解决如何种、如何养的问题，还要帮助他们解决到什么地方卖，怎么卖好价钱的问题，最终实现林业增效、林农增收、林业发展。

林业推广部门必须适应林业国际化的需要，加强林业推广的信息基础设施及网络建设，对林农展开广泛的咨询服务，服务内容要从产中技术拓展为林业、林农需求的全过程。具体咨询内容至少应包括：市场信息、生产预测、灾害诊断、资源开发利用、技术引进、结构产业调整及优化、林业人才培训等。

建立农技热线服务中心，开通农技服务电话热线，是技术咨询服务的一种好方法。通过热线电话，技术人员及时解答林农和基层技术人员提出的有关问题，遇到电话中不能解决的难题，组织有关方面的专家到现场"会诊"，对一些较重大的技术问题，服务中心协调有关的技术人员进行现场指导。农技热线服务中心成为科技与推广、推广与林农、企业与推广、企业与林农的桥梁。林业推广的路径缩短，工作效率提高。

利用因特网进行林技推广和信息服务。林业推广、林业科研、林业教育、林业气象（兴农网）、林业信息、技术市场等网站建设门类齐全，已逐步形成巨大的林业网络系统。如何利用网上资源搞好林业技术推广，是县乡林业推广机构的一个新课题。县级推广部门应不断建立健全林业技术推广网，通过网络，建立推广人员与林业专家和林农的连接。建设计算机网络咨询系统，实现推广人员与林业专家和林农的互动，从而加快林业新技术、新成果、新信息的传播。

建立专家音像咨询服务系统。经过多年的发展，林业广播电视和电话网络资源有了很好的基础，许多省、市（地）、县（市、区）实施了"林业电波入户"工程，发挥了广播电视和电话网络覆盖面广、传播速度快的优势，大大提高了林业推广效率，深受林农欢迎。林业推广部门应与林业科研、林业教育部门合作，充分利用已有的广播电视和电话网络资源，建立专家咨询系统，制作高质量、林农易接受、群众喜闻乐见的推广节目，以强化林业推广信息的传播频率，增加信息数量，提高信息质量，为林农提供更快、更好的信息服务。

（五）加强政府的财政支持与宏观管理

对于社会公益性的林业推广服务，必须有稳定的经费保障。近年来，《林业技术推广法》中关于政府对林技推广投入的规定，在许多地方没有能够得到落实。确保政府投入的稳定性、连续性和递增性，是法律的规定，是林业技术推广事业发展的需要，必须落到实处，否则难以保障林业技术推广工作的正常开展。

国家应当制定相应的政策与法律，对各类林业推广组织的活动进行调控，建立公平合理的竞争机制，发挥多元化林业推广主体的整体功能。

三、提高林业科技成果推广绩效的策略

分析我国林业的形势与现状，情况还不容乐观，主要是林业的经济效益还比较差，生态效益还不够明显，林业科技的发展还相对滞后，科技成果的转化与推广还受到种种制约，林业还没有完全成为林农脱贫致富奔小康的主导产业等。这些都是影响和制约我国现代林业建设的主要因素。我国每年均有为数不少的林业科技成果，但是真正应用于生产和社会实践，直接转化为现实生产力，形成规模生产能力的却不多。这种技术落后与技术浪费并存的局面，一直是制约我国林业科技和林业持续发展的关键问题，也是今后我国林业可持续发展所必须要解决的重要问题。

（一）林业科技成果推广的政策体制策略

保护生物多样性、森林景观、森林文化遗产和提供森林产品的根本任务，肩负着优化生态环境、促进经济发展的双重使命。由此为林业科技推广提供了有利的条件，希望国家有关行政管理部门在制定政策时应充分考虑林业的新定位，对于林业科技推广的主要经费应纳入各级政府的财政预算，辅助经费应该成立风险投资基金到证券市场融资。与此同时，严肃财经纪律，一定要保证专款专用，不得挪作他用。进一步加强政府和部门的组织、协调、引导和指导作用，制定法规，确定向科技成果推广的优惠政策，运用法律手段，为成果推广保驾护航。林业科技推广机构的管理体制亦值得商榷。在美国，林业科技推广机构是与联邦林务局平行的，称之为联邦林业技术推广局。我国的林业推广机构可否效行，使之更能够加强宏观管理。国家级和省级林业科技推广机构的主要任务应该是制定和提供有关推广工作的条例、技术规程及标准，制定科技推广的经费预算报告，召开大型推广项目的研讨会（经验交流会），评估（验收）推广成果，监控推广过程；而地（州、市）、县林业科技推广机构的主要任务应该是负责具体项目的实施，建立各种典型的试验、示范基地，组织林业科技推广的人员培训（短期）和开展各种技术咨询。各级领导要增强科技意识，在实际工作中落实"科学技术是第一生产力"的思想，像抓工业开发项目一样，把林业科技成果转化列入领导重要议事日程，亲自组织林业科技成果的示范推广工作。同时，亲自培植成果示范点、示范厂、示范林，发挥示范带头作用。

（二）林业科技成果推广转化策略

科学技术是生产力。科学技术要成为生产力必须通过推广使其进入生产过程，科学技术是生产力才具有实际意义；同时，科技成果的实用性及其水平的高低是成果能否被推广应用的关键所在。如何使林业科技成果与林业生产力有机结合，解决好研究开发与推广转化的供求矛盾，走出林业科技自身小循环，步入社会主义林业市场经济大循环，使林业科技成果尽快转化为生产力已成为当务之急。也可以说，林业科技成果本身是制约林业科技推广的一个极为重要的因素。

林业科技成果相当大的部分是属于公益型和知识型，其他少数成果又存在区域性强、效益稳定性差、保证性差且与林业生产脱钩或者成熟度不高等问题。目前，由于推广部门急功近利，对公益型成果不想推广，加之推广试验、示范的经费不足，推广这些成果就更无积极性了。还有林农对林业科技成果推广存在抵触情绪，因为他们不能得到某种合理的经济补偿，就不可能冒险去采用林业科技成果，这也与林业生产本身存在许多不确定的风险如风灾、雪灾、冰灾、地质灾害等有关。

（三）林业科技成果推广经费策略

没有一定的经费投入，科技成果就难以转化为生产力。我国林业科技推广经费虽然逐年有所增加，但由于基数太低，增加有限，不能满足需要，加之投入的一大部分要用于基础设施，投入第一线的就不多了。近几年，由于地方财政的困难，推广部门特别是县、乡两级都不同程度地存在着经费不足的问题，有的地方甚至是"有钱养人（发工资），无钱工作"，经费低投入状况成为制约科技发展的重要原因。改变这种状态，一方面国家要继续加大推广经费投入力度，改变以往重科研、轻推广的不合理做法，使基础性研究、应用性研究、技术开发和成果转化形成合理的投资比例。据报道，国外在这方面的投资比例为$1 : 10 : 100$，而我国三者间比例严重失调，技术开发与成果转化的经费不足，比例太低，应尽快予以调整。除政府投资外，根据林业的产业性，还必须加大企业、地方和社会有关部门及林农的投入，增加贴息贷款，争取国际资助等，形成一个多元化、多渠道、多形式的投入体系，提高投资水平。另一方面，作为科技成果转化主体的推广部门，还要依靠自身的技术优势，结合推广搞开发，搞服务，通过开展经营，服务和兴办经济实体，增强推广部门自身的活力，促进推广工作的正常进行。

（四）林业科技成果推广的人才策略

近年来，在"科学技术必须面向经济建设"的方针指导下，我国林业科研单位不断调整研究方向，扩大开发研究比重，取得了一批具有一定应用价值的科技成果。但是，由于科技人员对科技成果推广重视程度不够，这些成果并没有完全转化为现实生产力，而更多的还是被作为展品和样品储存起来。科技人员不重视推广工作，一是受长期以来重科研轻推广观念的影响，认为成果研制成功就是完成任务，转化推广是政府部门的事情，而没有主动和自觉地把成果作为一种商品向外推销；二是在职称和奖励等方面，科技人员从事推广工作还远远比不上从事科研工作的待遇高，这在一定程度上也影响了推广工作的开展。

科研成果在生产中推广应用既是科研工作的出发点，也是科研工作的最终归宿。一项科研工作的成功与否，不仅在于它能否成功地通过成果鉴定，能否通过科技人员的创造性劳动推广和应用到生产中去，并且给企业带来真正好的社会和经济效益。就是说，成果不能转化为生产力，科研本身就没有实践意义。因此，科技人员必须转变观念，强化推广意识，像重视研究一样重视推广，要主动出击寻找用户，并且在成果推广中提供产前、产中、产后的全面性技术服务。只有这样，科研成果才能得到生产单位的认可。管理部门也应制定一些相应的激励政策，在职称和奖励等方面解除科技人员的后顾之忧，使他们觉得从事推广与从事科研具有同样的光荣感和使命感。

除了科研人员不重视推广以外，另一个因素是林农文化素质低，无法接受新成果。长期以来，由于我国农村的教育事业发展缓慢和落后，导致农民受教育程度偏低，文化科技素质不高，因而接受林业科技成果的能力比较差。近几年来，随着市场经济体制的逐步建立和完善，二、三产业的日渐兴起，一些文化科技素质较高的青壮年农民，纷纷弃乡投城，进入二、三产业，因而直接从事林业生产的农民的文化素质正在向低层次滑坡，如不采取有效措施，将对林业科技成果在农村的转化推广造成更加不利的局面。

（五）林业科技成果推广管理策略

一项科技成果出来后，其转化、推广需要由该成果的开发人员承担，开发人员一方面要准备承接新的科研项目，一方面又要进行推广工作。由于精力、能力、兴趣的原因，结果是能推广的推广，不能推广的便中途夭折。有些从事科技成果推广工作的人员素质不够高，缺乏事业心和责任心。有些科研单位往往组织一些局外人去搞推广应用，令这些不熟悉该项成果的推广人员手足无措，不知如何是好。少数应该承接科技成果推广应用的单位和个人，为了图省事，不担风险，索性拒绝科技成果的推广和应用，特别是对一些公益性的林业科技成果。

（六）林业科技成果推广企业接受策略

森工企业一要强化科技意识，把克服困难的思路从外部引向内部，变伸手向国家要钱要物，为向科技要办法、要效益、要出路；二是变急功近利短期行为，为吸引科技力量发展经济，积蓄后劲；三要在普遍提高劳动者科学、文化素质的基础上，培养一支既懂生产又懂科研的技术力量，不断增强企业自身的造血机能；四是从实际出发，通过实施科学管理和调整经济结构，实现从粗放经营向集约经营、从单纯依靠资源型向产品质量效益型的转变。此外，管理部门也要建立一种促进企业技术进步的机制，把企业技术进步作为考核企业好坏、企业领导者政绩的重要指标纳入企业目标管理。只有当企业把技术进步作为自身经济生活中的一种内在需求时，科技成果推广工作才会有广阔的市场。也只有这样，企业才能摆脱困境，逐步走上协调、稳定、发展的轨道。

（七）林业科技成果推广经营规模策略

林区农民经营规模小，经济实力差，推广应用林业科技成果的动力和后劲不足。林业科技成果的流向主要是农村。当前存在的主要问题是经营规模小，推广应用林业科技成果的效益不明显，加上林业生产的周期长、见效慢，导致林区农民追求科技成果的欲望淡薄，积极性不高，缺乏推广应用林业科技成果的动力和后劲。此外，还有奖罚力度太小，激励机制不力，一些应该配套的政策没有相应跟上，等等，也是个中原因之一。

林业科技成果不能很好地、尽快地转化和推广应用，其原因固然很多，但根本的原因是面向经济、科技与经济结合，面向市场经济、适应市场经济需求的问题没有很好地解决。尽快改变这种制约因素与不利局面，已成当务之急。

所以林业科技成果推广应用必须打牢基础，注重实效，并在此基础上发展适度规模经营。针对当前农村林业分散经营的局面，应采取必要的扶持措施，积极发展适度规模经营。全国各地可根据各自的资源优势，结合基地建设或大型林业工程项目，统筹规划，推动联合，培育林业、果树、桑蚕、加工等支柱产业，努力提高专业化生产程度和规模效益。

林业科技成果推广与转化应用工作是一个需要依靠诸多系统支撑、合作、协力的多维立体结构。它不仅是一项科技活动，需要科研人员提供先进、适用的科技成果，推广人员坚持不懈的努力，广大林户的紧密配合，而且需要各级领导的积极扶持和支持，在政策、体制、宣传、法律、经济、市场等方面提供良好的环境，构筑有利于科技成果推广与转化的空间。

林业科技推广工作任重道远，必须认清形势，充分利用现有的林业科技成果，切实增加对林业科技推广的资金投入，健全林业科技推广的体系，在技术革命的推动下，使高新技术成果迅速向现实生产力转化，增强林业物质和经济的积累，做到林业科技推广与知识经济同步，使林业在国民经济中发挥重要作用。

第四节　林业科技成果转化与推广的评价

一、林业科技成果转化程度与效率的评价

林业科技成果转化的评价主要是对林业科技成果转化的程度和效率进行评价，衡量和评价林业科技成果转化的程度和效率的指标主要有：转化率、推广度、推广率和推广指数等。

（一）转化率

林业科技成果转化率，是指已转化成果项数占成果总项数的百分比。计算公式为：

成果转化率（R）＝实际成果转化数正常转化周期 ÷ 科技成果数实际转化周期 ×100%

一般实际转化周期≥正常转化周期，若实际转化周期＜正常转化周期，表明成果不够成熟。

（二）推广度

推广度是评价单项技术（科技成果）推广程度的一项指标，以已推广规模占应推广规模的百分比表示。计算公式为：

推广度 = 已推广规模 ÷ 应推广规模 ×100%

推广规模：指推广应用的范围、数量大小。其单位因对象而异：面积为平方米、亩、公顷等，机械仪器数量为台、件、套等，苗木数量为株、棵等。

已推广规模：以推广实际统计数为准。

应推广规模：成果应用时应该达到、可能达到的最大局限规模。是一个估计数，它是根据某项成果的特点、水平、内容、作用、适用范围，与同类成果的竞争力及其与同类成果的平衡关系所确定的。

推广度在 0 ~ 100% 之间变化。一般情况下，一项成果在有效推广期内的年推广应用情况（年推广度）变化呈抛物线状态，即推广度由低到高，达到顶点后又下降，最后降至为零，表明停止推广。根据某一年实际推广规模算出的推广度，为该年度的推广度，即年

推广度；有效推广期内各年推广度的平均值称为成果的平均推广度，也即一般所说的某一个成果的推广度。

成果群体中各成果推广度的平均值为成果群体的推广度。

（三）推广率

也称为覆盖率，是评价多项林业科技成果推广程度的指标，是指已推广的科技成果数占科技成果总数的百分比。计算公式为：

推广率＝已推广的科技成果项数 ÷ 总的科技成果项数 ×100%

转化率不一定等于推广率，如前所述，林业科技成果向农林户转化为林技推广，追求的是成果普及和大范围、大规模的扩散，推广的社会效益大于经济效益、间接效益大于直接效益；而林业科技成果向林业企业转化的重点在于成果的应用及其使用价值的实现，转化的经济效益和直接效益更显著。

（四）推广指数

成果推广度和推广率都只能从某个角度反映成果的推广状况，不能全面反映某单位、某地区、某系统（部门）在某一时期内的成果推广的全面状况。推广指数同时反映成果的推广度和推广率，可以全面地反映成果推广状况。计算公式为：

推广指数 $=\sqrt{推广度 \times 推广率} \times 100\%$

（五）平均推广速度

平均推广速度是评价推广效率的指标，指成果的推广度与使用年限的比值。计算公式为：

平均推广速度＝成果推广度 – 成果使用年限

（六）林业科技进步贡献率

科技进步是一个不断创造新知识、发明新技术并推广应用于生产实践，进而不断提高经济效益和生态效益的动态发展过程。林业科技进步有狭义与广义之分，狭义的林业科技进步是指林业科学的科技进步，即硬技术的进步；广义的林业科技进步除了包括狭义的林业科技进步的全部内容外，还包括林业管理水平、决策水平与智力水平等软技术的进步。一个时期的林业科技进步率的计算公式为：

林业科技进步率＝林业总产值增长率 – 物质费用产出弹性 × 物质费用增长率 – 劳动力产出弹性 × 劳动力增长率 – 林地产出弹性 × 林地增长率

在计算全国林业科技进步贡献率时，公式中的物质费用、劳动力和林地的产出弹性，被分别确定为 0.55、0.20 和 0.25。

为了从总体上衡量林业科技成果的应用效果，评价林业科技进步水平，通常需要测算科技进步对林业经济增长的贡献份额，即林业科技进步贡献率。广义的林业科技进步贡献率的计算公式为：

林业科技进步贡献率＝林业科技进步率 ÷ 林业总产值增长率

伴随着林业科技的发展，现代林业不断产生新的飞跃，林业科技进步对林业经济增长的贡献份额越来越大。

二、林业科技成果推广应用效益的评价

（一）经济效益

林业科技成果转化后，一般可产生显著的经济效益。通过三种途径实现：一是节本增效，即单位面积或规模产出值相同，但产投比高于被替代的技术（以下简称对照）；二是节本、增产、增效，也就是既减少成本，又提高产量，效益显著高于对照；三是增本增效，即投入稍大于对照技术，产品产量却大幅度提高，效益随之增加。每项新技术成果的经济效益，必须高于准备取代的对照技术，这是衡量成果质量的第一标准。

1. 经济效益的评价指标

林业科技成果经济效益的评价指标主要有：

（1）新增总产量

新增总产量 = 单位面积增产量 × 有效推广面积

单位面积增产量 = 新技术成果单位产量 – 对照单位面积产量

（2）新增纯收益

新增纯收益 = 新增总产值 – 科研费 – 推广费 – 新增生产费

新增总产值 = 单位面积 × 有效使用面积

（3）科技投资收益率

科技投资收益率 = 新增纯收益 /（科研费 + 推广费 + 新增生产费）

当新增生产费是 0 或负数时，节约的生产费计入新增纯收益，则上式变为：

科技投资收益率 =（新增纯收益 + 节约的生产费）/（科研费 + 推广费）

2. 经济效益评价的基础数据和取值方法

林业科技成果经济效益评价中涉及的基础数据必须科学合理且准确无误。在计算过程中涉及的基础数据主要如下：

（1）对照

对新技术成果进行经济效益评价，必须选择当前林业生产中最有代表性的同类当家技术为对照。其功能性质、各项费用、主副产品质量、产值的取值范围和项目、对比条件、计算单位和方法、价格、时间因素与推广的新技术要有可比性。

（2）有效使用年限和经济效益计算年限

使用年限是林业新技术发挥作用的时间，经济效益计算年限是指推广林业新技术经济效益最佳和较高时期，各类推广技术经济效益计算年限不同。

（3）有效使用面积

是指在经济效益计算年限内确实发挥了经济效益的累计推广面积。计算公式为：

有效使用面积 = 推广面积 – 因灾害等原因失败或减产面积

若不能确切统计因灾害等原因失败或减产的面积时，可用下式计算：

有效使用面积 = 推广面积 × 保收系数

保收系数 =（常年播种面积 – 常年因灾害失败或减产面积）÷ 常年播种面积

（4）单位面积增产量

是指推广的新技术与对照比较，单位面积的新增产量。数据的取值要通过多点试验和大面积多点调查取得。

（5）单位面积增产值

指推广应用单项技术与对照比较，单位面积上主产物和副产物增加的产值。一般只计算主产物单位面积增产值。

单位面积增产值 = 主产物单位面积增产值 + 副产物单位面积增产值主产物单位面积增产值 = 主产物单位面积增产量 × 单价

计算单位面积增产值时，应注意本季和前季产值的变化；注意产品品质的变化，应按优质优价计算，各种价格以国家公布的为准。

科研部门投入某项新科技成果的研究费用，推广部门难以掌握。据四川省农业科学院研究，发展中国家科研费与推广费的比例一般为 3 : 7，可以按此比例推算。推广费用可根据实际投入计算。

（6）新增生产费

指农林户应用新技术比应用旧技术（对照）所增加的投入总额。新增生产费通常包括人工、种苗、肥料、农药、林机、水电等项费用的增加。人工费用主要包括整地施肥、病虫防治、灌溉排水、栽培收获等抚育管理用工费用。农林户应用新技术的投入总额比应用旧技术（对照）减少，为节约生产费。

新增生产费总额 = 单位面积新增生产费 × 使用面积

节约生产费总额 = 单位面积节约生产费 × 使用面积

节约生产费应计入新增纯收益。单位面积新增或节约生产费用，一般通过区试或多点调查获得。

（二）生态效益

生态效益是指人们在生产中依据生态平衡规律，使自然界的生物系统对人类的生产、生活条件和环境条件产生的有益影响和有利效果，它关系到人类生存发展的根本利益和长远利益。生态效益的基础是生态平衡和生态系统的良性、高效循环。林业科技成果转化与推广强调生态效益，就是要使林业生态系统各组成部分在物质与能量输出输入的数量上、结构功能上，经常处于相互适应、相互协调的平衡状态，使林业自然资源得到合理的开发、利用和保护，促进林业和林业经济持续、稳定发展。

生态效益和经济效益综合形成生态经济效益。在人类改造自然的过程中，要求在获取最佳经济效益的同时，也最大限度地保持生态平衡和充分发挥生态效益，即取得最大的生态经济效益。以前林业生产只追求经济效益，不重视生态效益，致使林业生态系统失去平衡，部分资源遭受破坏，已经影响到林业的可持续发展。

改善生态条件是林业科技成果的基本效能之一。林业科技成果转化，都应考虑维护生态系统的整体性，生物的多样性，改善生态环境，提高生态效益，提高可持续发展的能力。林业科技成果转化的结果，应该有助于人类更加科学有效地处理好当前利益与长远利益、局部利益与全局利益、宏观利益与微观利益、经济效益和生态效益之间的关系；科学开发利用无限资源，节约利用有限资源，使林业永远处在一个良性循环的可持续发展的生态环境中。这既是林业科技成果转化的最高目标，也是林业科技成果转化必须遵循的原则。

有机氯农药对全球的病虫害防治和粮食增产做出了巨大贡献，经济效益十分显著，生态效益却是负值，有机氯农药残留对生态环境造成严重污染。生物农药代替化学合成的农药，虽然对病虫的防治效果还不如化学农药，经济效益相对较差，但给人类却带来了良好的生态效益。

生态效益主要是指对环境的保护与改善作用，主要包括：森林覆盖率、提高水土保持力（减少水土流失）、增强水源涵养力、防治土壤退化（减少土壤沙化、盐渍化）、改善生态环境（减少土壤、水体污染）、减少固体废弃物和有害物质、提高土壤肥力（改善土壤质量）、提高宜林地利用率、提高林业水资源利用率、提高能量产投比、增强林业的抗灾能力等。

（三）社会效益

社会效益是指林业科技成果转化与推广对社会需求，尤其是对林业、林区、林农需求的满足程度及其产生的政治和社会影响。也就是说，在获得经济效益、生态效益的基础上，为社会发展所做的贡献，对社会发展影响的程度。

林业科技成果转化的社会效益，是建立在经济和生态效益基础之上的更高形式的综合性效益。广大林业推广工作者，在从事科技成果推广转化过程中，采用试验、示范、咨询、培训、授课、科技大篷车等形式，将新的知识、新的技术或信息，源源不断地传播输送给广大林农，使他们的科技文化素质不断提高，从事林业经营的决策能力、操作管理技能也随之得到提高，而林农又是林业生产力中最为活跃的主体，这就形成了从生产力转化到新的生产力的自然循环。

林业科研成果的应用与推广所产生的社会效益，集中体现在促进林业社会协调发展和促进林农发展两方面。促进林业社会协调发展主要包括：促进林业科技进步、促进林业经济增长方式的转变、促进林业栽培结构和林业产业结构的合理调整、促进相关产业的发展、改善林业生产条件、增加总供给以满足人们的生活需求、提供就业机会、促进社会稳定等。促进林农发展主要包括：创造扶贫效果、促进林业劳动力转移、增加林农收入、提高林农科技文化素质、改善林农生活质量、提高林农生活水平等。

从广义的角度讲，把林业科技成果转化为现实生产力，更好地服务生态文明建设，是林业系统贯彻落实科学发展观的迫切需要，在生态文明深入人心、生态建设跨越式推进、森林和植被覆盖率大幅度提升的今天，林业科技在生态建设和保护中的支撑作用会显得越来越重要，只有搞好科技兴林，才会有生态建设的飞跃发展和生态安全的基本保障。

第四章 我国林业经济的发展

第一节 林业经济规模现状

一、森林资源及评价

（一）森林资源

中国森林资源呈现六个重要特点和变化：

一是森林面积、蓄积持续增长，全国森林覆盖率稳步提高。

二是天然林面积、蓄积明显增加，天然林保护工程区增幅明显。

三是人工林面积蓄积快速增长，后备森林资源呈增加趋势。

四是林木蓄积生长量增幅较大，森林采伐逐步向人工林转移。

五是森林质量有所提高，森林生态功能不断增强。随着森林总量的增加、森林结构的改善和质量的提高，森林生态功能进一步得到增强。

六是个体经营面积比例明显上升，集体林权制度改革成效显现。

（二）对我国森林资源现状的评价

第七次全国森林资源清查结果表明，我国森林资源进入了快速发展时期。重点林业工程建设稳步推进，森林资源总量持续增长，森林的多功能多效益逐步显现，木材等林产品、生态产品和生态文化产品的供给能力进一步增强，为发展现代林业、建设生态文明、推进科学发展奠定了坚实基础。

1. 森林资源总量不足

生态问题依然是制约我国可持续发展最突出的问题之一，生态产品依然是当今社会最短缺的产品之一，生态差距依然是我国与发达国家之间最主要的差距之一。

2. 森林资源质量不高

森林可采资源少，木材供需矛盾加剧，森林资源的增长远不能满足经济社会发展对木材需求的增长。

3.林地保护管理压力增加

征占用林地有所增加，局部地区乱垦滥占林地问题严重。

4.营造林难度越来越大

（三）加强我国森林资源保护和发展的对策措施

以科学发展观为指导，以兴林富民为宗旨，紧紧围绕建设生态文明，加快造林绿化步伐，全面推进森林经营，加强森林资源保护管理，着力增加森林总量，提高森林质量，增强森林功能。

（1）全面推进森林经营，着力提升森林质量和效益；（2）立足国内增强木材供给能力，维护国家木材安全；（3）实行严格的林地保护制度，保障林业发展空间；（4）大力增加森林固碳总量，提高林业应对气候变化能力；（5）加强森林资源管理基础建设，提升森林资源保护管理水平。

二、林业产业发展现状及趋势

（一）林业产业发展现状

新中国成立 70 多年来，特别是改革开放以后，随着国民经济和社会的发展，我国林业产业的发展由小到大、由缺到全、由弱渐强，目前已形成涉及国民经济第一产业、第二产业、第三产业的多个门类、多种产品的复合产业群体，已成为国民经济的重要基础产业和极具潜力的朝阳产业，在国民经济和社会发展中具有独特优势，发挥着重大作用。我国林业产业一直保持强劲的发展势头，产业规模不断扩大。

（二）我国林业发展的政策重点

我国林业发展的主要政策重点体现在加强重点工程政策扶持，深化林业产权制度改革，加快推进森林、林木和林地使用权的合理流转，放手发展非公有制林业，深化重点国有林区和国有林场、苗圃管理体制改革，实行林业分类经营管理，加强对林业发展的金融支持，减轻林业税收负担等八方面。

1.加强重点工程的政策扶持

第一，在天保工程上，国家投资近千亿元，全面停止长江上游、黄河上中游地区的木材生产，大幅度调减东北内蒙古等重点国有林区的木材产量。大力加强森林资源保护，杜绝超限额采伐。第二，对退耕还林工程，国家无偿向退耕户提供粮食和现金补助。第三，对三北、长江等防护林工程，国家提供一定的种苗和造林补助。第四，速生丰产林是以发

挥经济效益为主，以地方投资、企业投资、民间投资、外资等投入为主，国家给予政策性
贴息贷款扶持，并在种苗和病虫害防治等方面给予适当补助。国家的农业综合开发资金，
对经济林、花卉等示范基地，给予适当补助。

2.深化林业产权制度改革

要明晰产权，尽快核发林权证。已经划定的自留山，由农户长期无偿使用，不得强行
收回。自留山上的林木一律归农户所有。对能够绿化而不能及时造林绿化的要采取措施限
期绿化。分包到户的责任山，要保持承包关系的稳定。承包户不愿意继续承包的，可以交
回集体经济组织另行处理。对于目前仍由集体统一管理的山林，要区分情况，分类指导，
积极探索一些有效的经营形式，比如实行分户承包经营、拍卖等。

3.加强对林业发展的财政、金融支持

国家对林业实行长期限、低利息的信贷扶持政策，具体贷款期限根据林木的生长周期
由银行和企业协商确定，并视情况给予一定的财政贴息。国家要求有关金融机构对个人造
林育林，适当放宽贷款条件，扩大面向农户和林业职工的小额信贷和联保贷款。林业经营
者可依法以林木抵押申请银行贷款。

4.减轻林业税费负担

取消了原木、原竹的农业特产税。取消对林农和其他林业生产经营者的各种不合理收
费。改革育林基金征收、管理和使用办法，征收的育林基金逐步全部返还给林业生产经营
者，基层林业管理单位因此出现的经费缺口由财政解决。

5.加快推进森林、林木和林地使用权的合理流转

各种社会主体都可以通过承包、租赁、转让、拍卖、协商划拨的形式参与。林业资源
可以作为一种特殊商品买卖。森林、林木和林地使用权可依法继承、抵押、担保、入股和
作为合资、合作的出资或条件。积极培育林木市场，开展森林资源的资产评估。规范流转
程序，加强流转管理。

6.放手发展非公有制林业

国家鼓励各种社会主体跨所有制、跨行业、跨地区投资发展林业。凡是有能力的农
户、城镇居民、科技人员、私营企业主、外国投资者、企事业单位，都可以合伙参与林业
开发。非公有制林业具有合法地位。在对待公有制林业和非公有制林业上，要实行统一的
税费政策、资源利用政策和投融资政策。

7.实行林业分类经营管理体制

在充分发挥森林多方面功能的前提下，按照主要用途的不同，将全国林业区分为公益
林业和商品林业两大类，分别采取不同的管理体制、经营机制和政策措施。公益林业要按

照公益事业进行管理，以政府投资为主，吸引社会力量共同建设。目前纳入国家重点生态公益林的资金由中央预算支付，商品林业要按照基础产业进行管理，主要由市场配置资源，政府给予必要扶持。

8. 实行森林生态效益补偿基金制度

中央森林生态效益补偿基金是对重点公益林管护者发生的营造、抚育、保护和管理支出给予一定补助的专项资金。基金的补偿范围为国家林业和草原局公布的重点公益林林地中的有林地，以及荒漠化和水土流失严重地区的疏林地、灌木林地、灌丛地。

（三）我国林业经济发展趋势

从林业产业大国迈向林业产业强国，是我国林业产业发展的必然趋势。目前，我国正处于一个新的历史发展时期，各种社会因素对林业产业的发展必将产生重大影响。

全面建设小康社会，日益增长的社会需求将拉动林业产业快速发展。我国已进入全面建设小康社会阶段，社会的生产结构和消费结构将发生较大变化。林产品具有天然、绿色、环保、可再生及可循环的特点，完全适应这种消费趋势的变化，林产品的需求将不断增长。首先，它表现为对木材消费的增加。在这个阶段，人们的消费重点将由吃和穿转到住和行上来，住房面积的扩大、装修标准的提高和家具使用的增加，必将对木材消费提出巨大需求。其次，它表现为对绿色林产品需求的增加。包括经济林产品、竹产品、森林食品、花卉等等。林产品产于自然，很少污染，含人体所需的维生素、氨基酸和多种有机成分等，是健康食品的首选。最后，它表现为对森林旅游多种需求的增加，精神消费需求的增加，回归自然，享受自然成为时尚，而森林旅游是最好的选择。

随着世界经济一体化，世界市场有待我们去开拓。按照比较经济学观点，在生产要素中，谁具有比较优势，谁就能获取比较效益，谁就能占有市场。我国劳动力数量多，素质高，且价格相对便宜，从而劳动力密集产品具有比较优势。正是基于这一点，我国将成为世界制造中心。林业产业，特别是林产工业如胶合板、家具生产等多属劳动密集型行业，中小型企业居多，可以吸纳大量劳动力，制造出具有明显价格优势的出口产品。

进入新世纪，我国经济社会发生了重大变化，从总体上看，我国城乡经济融合加快、城乡要素流动加快、城乡体制改革加快的发展趋势已经形成，我国总体上已经进入了以工促农、以城带乡的新阶段。我国财政收入的快速增长，为反哺林业提供了良好的物质基础。

我国人均林产品消费水平较低，具有较大的市场潜力，客观的需求为林业产业的发展提供了广阔的空间。《中共中央国务院关于加快林业发展的决定》明确提出："适应生态建设和市场需求的变化，推动产业重组，优化资源配置，加快形成以森林资源培育为基础、以精深加工为带动、以科技进步为支撑的林业产业发展新格局。鼓励以集约经营方式，发展原料林、用材林基地，积极发展木材加工尤其是精深加工，延长产业链，实现多次增值，提高木材综合利用率。"同时要求："突出发展名特优新经济林、生态旅游、森林食品、珍贵树种和药材培植以及野生动物驯养繁殖等新兴产品产业，培育新的林业经济增长点。"这为建设比较发达的林业产业体系指明了方向，我国林业产业必将迎来一个快速发展的新时期。

我国林业产业由大变强的过程中，将呈现以下变革：

林区经济结构由资源主导型向技术主导型转变。过去我国林区经济是"独木经济"，主要靠砍木头支撑林区经济。随着经济社会的发展，人们回归自然的情结和自身保健意识的不断增强，森林资源的多功能价值越来越被人们重视。森林旅游、花卉产业、森林食品和森林药材等新兴产业快速崛起，已成为林业产业发展中的新的经济增长点。

资源配置方式由政府主导型向市场主导型转变。无论是营造林还是木材加工利用，都不再按计划经济模式配置资源，而是按市场机制去配置。在经济发展中，以可再生资源代替不可再生资源是必然的选择，市场配置将提高资源配置的效率。

经济增长方式由粗放型向集约型转变。林业产业属资源约束型产业，要提高生产效率，使有限的资源得到充分利用，实现最大限度的增值，必须加大产品的科技含量，走集约化经营的道路。林业产业，特别是高增值的人造板、木浆造纸生产，规模效益明显，规模化生产是必然趋势。

发展模式由单一国有型向多元混合型转变。非公有制经济是我国社会主义市场经济的重要组成部分，是推动我国经济发展的重要力量，"必须毫不动摇地鼓励、支持和引导非公有制经济的发展"。近几年的实践表明，林业产业的发展得益于非公有制林业的迅猛发展，非公有制林业已迸发出强大的生命力。

由利用一种资源、一个市场向利用两种资源、两个市场转变。要适应改革开放的新形势，走出去，到资源富集地区建立和开发原料林基地，发展高技术含量、高附加值产品，去拓展世界市场。

第二节　林业区域布局

按照国家推进形成主体功能区的要求，以重点工程为依托，加快构筑东北森林区、西北风沙区、东部沿海区、西部高原区、长江、黄河、珠江、中小河流及库区、平原农区、城市森林等十大生态屏障，形成维护国土生态安全的保障体系。

一、东北森林屏障

范围包括长白山、张广才岭、小兴安岭、大兴安岭以及三江平原地区。以天然林保育为重点，加强天然林保护；开展森林抚育和低效林改造，提高森林生态系统整体功能；加强自然保护区建设；保护高纬度湿地资源，遏制湿地围垦和改造，加强自然湿地保护；加强森林防火，提高预警监测、火情快速处理能力；保护该区域高纬度永久冻土资源。

二、北方防风固沙屏障

范围包括内蒙古中西部、辽宁西部、吉林西部、河北北部、北京北部、山西、陕西、甘肃西部及东北部、青海北部、新疆和宁夏。以治理风沙危害和水土流失为重点，在保护现有植被和生物多样性、加大防控鼠兔害基础上，封飞造、乔灌草相结合，因地制宜，开展植树造林、退耕还林等生态修复；在条件合适的地区建设沙化土地封禁保护区；加强自然保护区建设；实施生态补水，维护湿地生态功能。

三、东部沿海防护林屏障

范围包括我国东南沿海地区。以营造沿海防护林为重点，建设以消浪林带、海岸基干林带、纵深防护林为主的综合防护林体系，形成多层次海岸保护带；加强自然保护区建设；保护滨海湿地。

四、西部高原生态屏障

范围包括青藏高原及东南缘和黄土—云贵高原地区。在青藏高原及东南缘地区，以保护修复为重点，全面加强对天然林、原生植被、生物多样性和三江源头高寒湿地及祁连山水源涵养区、甘南重要水源补给区等生态系统的保护，以及川西北沙化治理；在黄土—云贵高原地区，突出水土流失综合治理、退化森林修复和石漠化综合治理，建设以林草植被为主体、布局合理、结构稳定、功能完善的防护林体系。

五、长江流域生态屏障

范围包括青海、西藏、甘肃、四川、云南、贵州、重庆、陕西、湖北、湖南、河南、安徽、江西、江苏、山东、浙江、福建、上海等18个省份。以长江防护林、天然林保护和退耕还林等工程为依托，以突出涵养水源、防治水土流失为主要目的，积极推进植树造林、森林抚育和低效林改造，加快森林生态系统功能恢复的步伐；加强流域内自然保护区建设和湿地保护与恢复；突出长江上中游和洞庭湖、鄱阳湖地区和三峡库区、丹江口库区及沿线的治理，重点构筑三峡库区周边和南水北调源头及沿线生态屏障。

六、黄河流域生态屏障

范围包括青海、四川、甘肃、宁夏、内蒙古、陕西、山西、河南、山东等9个省份。依托天然林资源保护、退耕还林、"三北"防护林体系建设等重点工程，以突出涵养水源、防治水土流失为主要目的，积极推进植树造林、森林抚育经营，加快森林生态系统功能恢复的步伐，加强流域内自然保护区建设和湿地保护与恢复。

七、珠江流域生态屏障

范围包括江西、湖南、云南、贵州、广西和广东6个省份。依托珠江防护林、天然林保护、退耕还林等重点工程，加强水源涵养林建设，治理水土流失及石漠化；保护浅海湿地滩涂，修复湿地生态功能；加强自然保护区建设，保护珍稀野生动植物资源。

八、中小河流及库区生态屏障

范围包括流域面积200平方千米以上有防洪任务的中小河流重点河段，存在病险隐患的中小水库。以防护林体系建设、天然林资源保护、退耕还林（草）等工程为依托，以植树造林、保护和恢复湿地等生物措施积极防治水土流失，涵养水源和净化水质。加强自然保护区建设，提高中小河流及库区周边生态系统稳定性。

九、平原农区生态屏障

在广大平原农区，特别是粮食主产区，大力建设农田防护林，以保障粮食增产和改善农村生产生活环境为目标，将东北平原、黄淮海平原、华北平原等作为重点建设区域，加快建设农田林网，大力开展村屯绿化美化。

十、城市森林生态屏障

范围包括全国大中小城市和乡镇。以推动身边增绿，使广大城乡居民共享生态建设成果为目标，通过发展城市森林，构建远山、近郊和城区相联结，水网、路网和林网相融合，以森林为主体，城市和乡村一体化的生态系统。

第三节　森林资源投资与森林经营模式

一、森林资源投资及其特点

投资，一般指经营营利性事业时预先垫付的货币资金或实物资产。投资的方式是多种多样的，如新建工厂的投资称为新投资，扩大生产规模的投资称为再投资；按经营目的又可分为政策性投资与经济性投资，前者不以营利为目的，而后者则是直接地以谋取利润为目的；按投资在再生产过程中的作用可分为建设性投资、追加性投资和移向性投资；按投资所构成的企业资金的性质可分为固定资产投资和流动资金投资；按投资回收期的长短又可分为短期投资、中期投资和长期投资。

投资，在会计学上的定义是指为取得可持续使用一个会计期间以上的资产的支出，也有的学者把具有费用和收入，持续一个会计期间以上的项目称为投资。要进行生产，就必须有支出，也就是说离不开投资。森林资源的生产和利用也是这样，由于林业资源生产周期长或进行林业资源利用的资产寿命长等的原因，决定了大多数的森林资源投资都是长期投资。按投资对林业资源的影响和作用的不同，森林资源投资又可分为森林资源生产性投资和森林资源利用性投资。广义的森林资源投资应是包括其投资全部内容的以上两方面。森林资源利用性投资是为提高森林资源经营企业利润，增加社会财富，提高森林资源利用效益和国民经济总体效益，面向林业资源的开发利用而进行的资金的预先投入，其最终目的是为了获得较好的经济效益。因而森林资源利用投资和其他社会生产投资一样，必须以经济收益，即利润最高为决策指标。由于森林资源的生产活动同其他社会生产活动具有明显的区别，致使森林资源的投资(仅指林业资源生产性投资，以下同)具有其独特的特点。

（一）森林资源的生产与再生产是与土地资源直接联系的

这一特点决定了森林资源投资的效果和经济效益受土地资源的规模和生产能力的限制，在较好立地条件下可以得到较高的收益费用比值。而相同投资条件的不同收获，可能不是由于经营管理水平的差异，而是由于立地条件的差异造成的，从而使得森林资源投资分析和评价较复杂。

（二）森林资源投资具有见效慢、收益低且投资风险大的特点

由于森林资源主体林木资源再生产周期较长，且初始投资大，直到林木成熟的整个生产过程中，中间产出很少，因而整个投资过程的资金积压时间长。再加上森林在整个生产

过程中，可能受到各种自然灾害的侵袭，投资收益可能因为灾害而毁于一旦，因而风险较大。低收益高风险的特点使得林业资源投资竞争能力较弱。

（三）森林资源的投资具有直接收益低、间接效益大的特点

由此决定了在进行森林资源投资决策时，不能仅考虑直接的经济效益。同时，国家也必须根据社会的需要，对一些以提供间接效益为主要目的的服务性公益林业实行政策性投资。

二、森林的经营模式

森林经营模式对林业的发展具有重要的战略意义。各国林业专家都在不断地研究这个问题，各种森林经营模式在不断完善。现在，世界各国的国有林是实行多种形式的森林经营模式。

（一）森林经济、社会和生态三大效益一体化经营模式

这种模式被称为德国林业经营模式。20世纪50年代前，德国实行森林永续利用的经营模式，战后确定为林业与森林工业统一经营模式。20世纪60年代后期，德国国有林实行多功能森林经营；实行经济效益、社会效益和生态效益一体化的经营模式，即保证森林的永久性、持续性和均匀性的利用效果，满足人民对木材和林产品的长远需求，永久保证森林对气候、水土、空气的保护效益及游憩；企业以最小的开支取得最大的经济效益；尽可能保证森林发挥最大的生态效益，以及通过改善森林结构确保其经济效益。这种林业经营模式曾被许多国家所青睐。

（二）森林多效益主导利用经营模式

所谓"森林多效益主导利用经营模式"，即以某一林种发挥某一效益为主，兼顾其他方面效益的经营模式。法国、新西兰、澳大利亚、苏联、中国等林业经营皆属此模式。法国20世纪60年代国有林采取了森林多效益主导利用的经营思想，70年代开始由全面经营向三大模块经营模式转化，即向木材培育、公益森林和多功能森林转化。这种经营模式取得了良好效果。20世纪80年代以后，新西兰国有林经营向森林多效益主导利用经营方向转移，把国有林分为商业性林和非商业性林两种经营形式。澳大利亚80年代以来，已把77%的天然林划为生态环境效益为主的非生产林，而森林经济利用重点则转向人工林，进行分类经营。这是澳大利亚林业发展战略的一个重要转移。

（三）森林多效益综合经营模式

这种模式的特点是，以森林永续利用理论为指导，充分发挥森林多种效益，实行综合经营，属于前两种经营模式的中间类型，瑞典、美国、日本、印度等国林业皆属此类型。

瑞典林业经营的传统思想是森林永续生产，实行森林多效益的经营方针，即在发挥森林生态、社会效益的前提下，获取森林经济效益。日本进入20世纪70年代，国有林采取提高森林生产力，充分发挥森林生态效益和社会效益的经营方针，到80年代调整为森林多效益综合经营的模式。印度进入80年代，采取了一种"生态林业"战略，即森林经济效益要服从于森林生态效益，重点发展社会林业。实质上，它也是一种森林多效益综合经营的模式。

（四）世界林业经营模式发展趋势

到21世纪，尽管各国林业均采用可持续发展理论，但是由于各国国情、林情不同，受国家总发展战略所制约，不可能采用同一种经营模式，现在不行，将来也不行。现在世界各国实行的三大经营模式，到21世纪将在森林可持续发展理论的指导下继续发展和完善，仍将在很长一段时间内实行多种经营模式。但从全球来看，许多国家国场林有向森林多效益综合经营模式和森林多效益主导利用经营模式发展的趋势。

三、中国林业发展战略和经营模式的选择

我国领土面积广大，包括地球上所有气候带，地势多样，自然条件复杂，社会发育程度不一，经济条件也相差甚大。因此，在这样一个大国里，各地林业不可能，也不应该采用同样的发展战略和经营模式。片面地强调全国林业采用某一个统一的林业发展战略和经营模式或学习照搬某一个国家的林业经营模式是不符合实际的，也是行不通的。就全国而言，我国林业应制定一个森林多效益综合经营发展战略和经营模式。各地区（片）林业应根据各自的特点，因地制宜，在全国林业总发展战略制约下，制定出适合本地区的森林多效益主导利用的林业发展战略和经营模式。

新中国成立后，很长一段时间我国基本上是学习苏联的森林经营方式，即以森林多效益为指导思想，以永续利用为原则，进行分类经营。我国《森林法》把全国森林按照不同用途划分为五大类：防护林、用材林、经济林、薪炭林和特种用途林。长期以来，我国林业建设是实行以营林为基础，普遍护林、大力造林、采育结合、永续利用的方针。尽管我国林业取得了一些成绩，但这种林业经营思想和模式已远远落后于形势发展的需要。我国是一个少林国家，用材林森林资源急剧下降，水土流失严重，生态环境日趋恶化，必须制定一个森林多效益综合经营林业发展战略，即从单效益转向多效益的林业。21世纪森林可持续发展理论将在林业生产中起主导作用，随之林业发展战略要转移，即发达国家林业将实行可持续发展战略，发展中国家也将向可持续发展战略转移，同时将不断完善乡村林业；林业经营模式将向多样化发展，即森林经济、社会和生态三大效益一体化经营、森林主导利用经营和森林多效益综合经营三大模式仍将并存，在森林可持续发展理论指导下，

三大经营模式将不断完善和发展。

我国林业应根据国土辽阔、自然条件复杂、社会经济条件发育程度不一的特点，以国家发展战略为指导，制定一个以森林生态为基础，以森林持续发展为原则，森林多效益综合经营发展战略和经营模式。各地区在森林多效益综合经营发展战略的指导下，研制具有各自特点的森林多效益主导利用发展战略和经营模式，从而形成一个多种林业经营模式的具有中国特色的林业发展战略。

四、我国林业产品的发展途径

（一）低碳经济发展已经成为人类文明发展的必然

低碳经济一词最早正式提出是英国能源白皮书《我们未来的能源：创建低碳经济》，是指在可持续发展理念的指导下，通过技术创新、制度创新、产业转型、新能源开发等多种手段，尽可能地减少煤炭、石油等高碳能源消耗，减少温室气体排放，达到经济社会发展与生态环境保护双赢的一种经济发展形态，是以低能耗、低污染、低排放为基础的经济模式，是人类社会继农业文明、工业文明之后的又一次重大进步，是国际社会应对人类大量消耗化学能源、大量排放二氧化碳和二氧化硫引起全球气候灾害性变化而提出的能源品种新概念，实质是解决提高能源利用效率和清洁能源结构问题，核心是能源技术创新和人类生存发展观念的根本性转变。发展低碳经济是一种经济发展模式的选择，它意味着能源结构的调整、产业结构的调整以及技术的革新，是中国走可持续发展道路的重要途径。

（二）森林是最重要的碳汇和碳源

森林是陆地生态系统的主体，森林在生长过程中，通过光合作用，可将排放到大气中的二氧化碳吸收后以生物量的形式固定下来，这就是森林的碳汇功能。森林每生长 1 立方米木材，大约吸收 1.83 吨二氧化碳，放出 1.62 吨氧气。造林就是"固碳"，绿化等同于"减排"。林业本身涵盖一、二、三产业。第一产业是林业产业，在创造财富的同时也是发展低碳经济；第二产业是环保材料制造加工业，其产品可替代不可再生资源，减少资源消耗及二氧化碳排放量；第三产业是绿色生态旅游及服务行业，在改善人民生活环境与质量的同时，同样创造价值。因此，从经济角度讲，发展林业就是提高绿色 GDP 比重，为社会创造财富。发展林业产业可以提供新兴绿色能源。森林是仅次于煤炭、石油、天然气的第四大战略性能源资源，具有可再生、可降解的特点，而且还有"不与人争粮、不与粮争地"，一次种植后可持续利用的优势，是大有希望的新兴绿色能源。发展林业产业可以助推经济协调效应。在应对气候变化，实施林业减缓措施时，不仅能够以较低成本达到减少排放和增加碳汇目的，而且这些减缓措施本身能与适应气候变化、推进经济社会可持续发展形成协同效应，带来诸如增加就业、增加收入、生物保护、流域保护、可再生能源和减贫等多种效益。总之，加快林业产业发展，对维护国家生态安全具有重要意义；是建设资源节约型、环境友好型社会的客观需要；是促进经济社会可持续发展，实现兴林富民的必然途径。

（三）人们对食品的生态性、营养性要求增强

经过 40 多年的改革开放，我国经济社会实现了快速发展。总体上已经进入小康居民消费阶段。"民以食为天，食以安为先"，马斯洛需要层次理论揭示，人们在生存需要得到满足后，安全的需要将会更加突出，随着人们食品安全意识不断提高，对食品的生态性、安全性、营养性要求也越发增强。森林食品可以向消费者提供的效用包含了两大功能因素：使用性能以及超越使用性能而与消费品相关的安全性能。森林食品产业区域发展推进策略研究态、营养功能，森林食品的二元价值结构和超越基本价值的消费偏好特征，使消费者对食品的效用评价从注重温饱逐步转变为越来越注重健康、营养、环境和文化的心理满足。

（四）森林食品产业发展符合林业经济发展方式转变

森林食品培育在提供果品、食物、油料等森林食品的同时，还具备净化空气、保持水土、涵养水源等生态功能。森林食品培育将林业的生态、经济、社会效益统一起来，是平衡长期与近期效益的重要途径，也是实现我国粮油安全、生态安全和长期稳定和谐发展的不断增强的必然需求，在国民经济发展中占有重要地位。另外，随着森林主体资源的逐渐衰减，林区将由采伐林木资源向培育保护森林资源转型，由单一型林业经济向复合型林区经济转型，从而实现森林资源的永续利用。于是，森林食品产业是最具有发展潜力的林区接续产业。

第五章　植物保护技术

第一节　植物病害的基本知识

一、植物病害的概念

植物由于致病因素的作用，其正常的生理和生化功能受到干扰，生长和发育受到影响，因而在生理或组织结构上出现种种病理变化，呈现出各种不正常状态即病态，甚至死亡，这种现象称为植物病害。在自然情况下，植物病害形成的过程涉及植物、病原和环境三方面，呈一种三角关系，即"病害三角"关系。

在植物病害形成过程中，植物会出现一系列的病理变化过程。首先是生理机能出现变化，以这种病变为基础，进而出现细胞或组织结构上不正常的改变，而后在形态上产生各种各样的症状。而植物本身由于遗传原因有时出现病变，如白化苗、先天不孕等，称为遗传性疾病，它与外界致病因子无关。由于虫伤、雹伤、风灾、电击及各种机械损伤对植物造成的破坏，没有一个逐渐变化的病理过程，因而称为伤害。

（一）植物病害的概念

植物由于致病因素（包括生物和非生物因素）的作用，其正常的生理和生化功能受到干扰，生长和发育受到影响，因而在生理或组织结构上出现种种病理变化，发现各种不正常状态即病态，甚至死亡，这种现象称为植物病害。植物病害形成的过程涉及植物、病原和环境三方面，呈一种三角关系，即"病害三角"。

（二）植物病害的症状

植物受病原物侵染或不良环境团聚影响后，在组织内部或外表显露出来的异常状态，称为症状。症状通常可分为病状和病征。病状是指植物自身外部表现出的异常状态，病征是指病原物在植物病部表面形成的构造。不同的病害可有相似的症状，而同一病害发生在寄主不同部位、不同生育期、不同发病阶段和不同环境条件下，也可表现不一样的症状。病毒性病害只有病状，而没有病征，人无法肉眼看到病毒的组织。

1. 植物病状类型

（1）变色

植物患病后局部或全株失去正常的绿色或发生颜色变化，称为变色。如黄化、花叶、红叶。

（2）坏死

植物的细胞和组织受到破坏而死亡，称为坏死。如叶枯、枝枯、茎枯、穗枯等。

（3）腐烂

植物细胞和组织发生较大面积的消解和破坏，称为腐烂。腐烂和坏死有时很难区别。

（4）萎蔫

植物由于失水而导致枝叶萎垂的现象称为萎蔫，萎蔫有生理性和病理性之分。

生理性萎蔫是由于土壤中含水量过少，或高温时过强的蒸腾作用而使植物暂时缺水，若及时供水，则植物可以恢复正常。病理性萎蔫是指植物根或茎的维管束组织受到破坏而发生供水不足所出现的凋谢枯萎现象，如黄萎、枯茎、青枯等。多不能恢复，导致植物死亡。

（5）畸形

由于病组织或细胞生长受阻或过度增生而造成的形态异常称为畸形。植物发生抑制性病变，生长发育不良，植物可出现矮缩、矮化，或叶片皱缩、卷叶、藏叶等病状。

2. 植物病征类型

（1）霉状物

病部形成各种毛绒状的霉层，其颜色、质地、结构变化较大，如霜霉、青霉、绿霉。

（2）粉状物

病部表面白色或黑色的粉层。分别是白粉病和黑粉病的病征。

（3）锈状物

病部表面形成小范状突起，破裂后做出白色或铁锈色的粉状物。

（4）索状物

患病植物的根部表面产生紫色或深色的菌丝索，即真菌的根状菌索。

（5）脓状物

潮湿条件下在病部产生黄褐色的脓状物，即菌脓。

（三）植物病害的类型

1. 侵染性病害

由微生物寄生而引起的、具有传播性的病害，可通过空气、雨水、动物、器械等传播。

2. 非侵染性病害

由非生物因素，即由于不适宜的环境条件而引起的植物病害，称为非侵染性病害：这类病害没有病原物的侵染，不能在植物个体间互相传染，所以也称非传染性病害或生理性病害。

引起非浸染性病害发生的环境因素很多，包括温度水分、光照、土壤、栽培管理措施等。例如营养元素缺乏形成缺素症，土壤水分不足形成旱害，低温造成的冻害，光照过弱或过强形成黄化。农药使用不当形成肥害或药害。

二、植物病害的病原生物

（一）病原真菌

真菌在自然界分布很广，数量大，已描述的种类约有一万属。在植物病害中，80%以上的病害都是由真菌引起的，几乎每种植物都有几种真菌性病害。因此，在植物病理学中植物病原真菌十分重要。

1. 真菌一般形状

无根茎叶，不含叶绿素，也不含维管束组织，按功能结构不同分为营养体和繁殖体。营养体绝大多数为丝状体，少数为单细胞或原质团。有细胞壁和真正的细胞核。

（1）真菌的营养体

真菌进行营养生长的菌体称为营养体，典型的营养体由纤细的丝状体构成，单根丝状体称为菌丝，菌丝不断生长分支，许多菌丝聚集在一起称为菌丝体，菌丝的长度是无限的管状。菌丝一般分为两类，一类为无隔菌丝，另一类是有隔菌丝。菌丝在培养基生长的形态称为菌落。

（2）真菌的繁殖体

当真菌的营养生长进行到一定时期时，真菌就开始转入防治阶段，真菌繁殖的基本单位为孢子，其功能相当于高等植物的种子。任何产生孢子的组织和结构统称为子实体，其功能相当于高等植物的种子。任何产生孢子的结构和组织统称为子实体，其功能相当于高等植物的果实。真菌的繁殖方式分为无性和有性两种。

①常见的无性孢子主要有以下几种：

a. 游动孢子

形成于游动孢子囊内。游动孢子囊由菌丝或孢囊梗顶端膨大而成。游动孢子无细胞壁，具 1～2 根鞭毛，释放后能在水中游动。

b. 孢囊孢子

形成于孢子囊内。孢子囊由孢囊梗的顶端膨大而成。孢囊孢子有细胞壁，无鞭毛，释放后可随风飞散。

c. 分生孢子

分生孢子产生于由菌丝分化形成的分生孢子梗上，顶生、侧生或串生，形状、大小多种多样，单胞、双胞或多胞，无色或有色，成熟后从孢子梗上脱落。

②有性繁殖的孢子类型

有性繁殖是指经过减数分裂、两个单倍体细胞再融合形成新后代的繁殖方式。

a. 卵孢子

它是由两个异型配子体——雄器和藏卵器接触后，雄器的细胞质和细胞核经授精管进入藏卵器内的卵球中，并与卵球内的细胞核进行核配，最后受精的卵球发育成厚壁的、二倍体的卵孢子。

b. 接合孢子

它是由两个同型配子囊以配子囊结合的方式融合成一个细胞，并在此细胞中进行质配和核配后形成的厚壁孢子。

c. 子囊孢子

它是子囊菌的有性孢子。通常是由两个异型配子囊——雄器和产囊体相接后，经质配、核配和减数分裂而形成的单倍体孢子。子囊孢子着生在无色透明、棒状或卵圆形的囊状结构即子囊。每个子囊中一般形成八个子囊孢子。

d. 担孢子

担子菌的有性孢子。通常是直接由"+""−"菌丝结合形成双核菌丝，以后双核菌丝的顶端细胞胀大成棒状的担子。在担子内的双核经过核配和减数分裂，最后在担子上产生四个外生的单倍体的担孢子。

真菌产生有性孢子的结构叫有性子实体，有性子实体类型有子囊盘、子囊壳、子囊完、子囊腔等。

2. 真菌的生活史

真菌的生活史是由孢子—营养生长—繁殖阶段—散发孢子的过程，是从孢子萌发开始，经过一定的营养生长和繁殖阶段，最后又产生同一种孢子的过程。真菌的典型生活史包括无性和有性两个阶段。无性阶段也称无性型，往往在生长季节可以连续多次产生大量的无性孢子，这对病害的传播起着重要作用。真菌的有性阶段也称有性型，一般在植物生长或病菌侵染的后期产生，其作用除了繁衍后代外，主要是度过不良环境，并作为翌年病害再侵害的来源。

3. 真菌的主要类群及其所致病害

关于真菌的分类系统，学术界历来观点不一，但目前多采用安思沃斯系统，将真菌分为黏菌门和真菌门。黏菌的营养体是变形体或原质团，真菌的营养体典型的是菌丝体。根据营养体和无性繁殖及有性生殖的特征，将真菌分为五个亚门，即鞭毛菌亚门、接合菌亚门、子囊菌亚门、担子菌亚门和半知菌亚门。

（1）鞭毛菌亚门

鞭毛菌亚门包括 1100 种低等真菌，其形态差异很大。典型特征是营养体多数为无隔的菌丝体，少数为原质团或非丝状的单细胞。无性繁殖产生游动孢子囊和游动孢子，有性生殖主要形成卵孢子或休眠孢子。这类真菌大多是水生的，水域或潮湿的环境有利于其生长发育。根据游动孢子的鞭毛类型、数目及着生位置等特征，主要分为四个纲：根肿菌纲、壶菌纲、丝壶菌纲和卵菌纲。其中，与农作物病害有关的属均属于卵菌纲。

绵霉属：孢子囊棍棒形，具层出现象，游动孢子在孢子囊内呈多行排列，具两游现象。藏卵器内含多个卵孢子。绵霉属的真菌多数腐生，少数弱寄生，广泛存在于池塘、水田和土壤中，如引起水稻烂秧的稻绵霉。

腐霉属：孢囊梗菌丝状。腐霉属的真菌多生于潮湿肥沃的土壤中，危害多种农作物幼苗的根部和茎基部，引起腐烂，如引起多种植物猝倒病的瓜果腐霉。

疫霉属：孢囊梗分化不显著至显著。疫霉属真菌寄生性较强，多为两栖或陆生，可引起多种作物的疫病，如引起马铃薯晚疫病的致病疫霉。

霜霉属：霜霉属为专性寄生菌，菌丝体在寄主组织的细胞间隙扩展，产生丝状、囊状或裂瓣状吸器，进入寄主细胞内吸收养分。霜霉属真菌是鞭毛菌亚门中的最高等类群，均为陆生，引起多种作物的霜霉病，如引起十字花科植物霜霉病的寄生霜霉。

（2）接合菌亚门

营养体多为无隔菌丝体，无性繁殖产生孢囊孢子，有性生殖产生接合孢子，故称为接合菌。接合菌在自然界分布较广，均为陆生，多数腐生，少数弱寄生。该亚门分两个纲，接合菌纲和毛菌纲。其中，能够引起重要农作物病害的均属于接合菌纲。

根霉属：菌丝分化出假根和匍匐丝，孢囊梗单生或丛生，与假根对生，顶端着生球状孢子囊，内有许多弛囊孢子。此属的真菌大多为腐生菌，分布广泛，有些是植物的弱寄生菌，可引起贮藏薯类等的腐烂，如引起甘薯软腐病的匍枝根霉。

（3）子囊菌亚门

子囊菌亚门真菌大多是陆生，营养方式有腐生、寄生和共生，有许多是植物病原菌，可引起植物病害。子囊菌主要特征是营养体为发达、有隔膜的菌丝体，少数（如酵母菌）为单细胞，许多子囊菌的菌丝体可以形成菌核、菌索、子座等机构，有性生殖产生子囊和子囊孢子。子囊大多产生在由菌丝形成的包被中，形成具有一定形状的子实体，称为子囊果。根据是否形成子囊果及子实体层、子囊果的类型和子囊的特征等，将子囊菌分为六个纲，分别是半子囊菌纲、不整囊菌纲、核菌纲、腔菌纲、盘菌纲、虫囊菌纲。除虫囊菌纲外，其余五个纲的真菌均与植物病害有关。

①半子囊菌纲

本纲为子囊菌中的原始类群，子囊散生，没有子囊果，无性繁殖主要是裂殖或芽殖，不产生真正的分生孢子。子囊不是由产囊丝产生，而是由接合体或菌丝细胞直接形成。绝大部分腐生，仅少数寄生于高等植物上。与植物病害关系较大的是外囊菌属，子囊长圆筒形，平行排列在寄主表面，不形成子囊果，子囊孢子芽殖产生芽孢子。外囊菌都是蕨类和高等植物的寄生物，常引起叶片皱缩、枝条丛生和果实肿大等畸形症状，如引起桃缩叶病的畸形外囊菌等。

②不整囊菌纲

子囊果为闭囊壳，子囊在壳内散生。由于子囊壁很早胶化和消解，所以在成熟的子囊果中往往只能看到分散的子囊孢子。许多不整囊菌纲真菌的无性阶段很发达，产生大量的分生孢子，在自然界经常可看到的是它们的无性阶段，如常见的曲霉属和青霉属真菌。此纲中有些真菌可以引起种子和谷物的霉烂，如指状青霉和意大利青霉可引起柑橘腐烂。

③核菌纲

此纲是子囊菌最大的纲，特征是子囊果为有完整包被和固定孔口的子囊壳，孔口的内侧有一层菌丝状的缘丝。典型子囊壳的下部呈球形或近球形，上部有一个或长或短的喙。

白粉菌目：高等植物的专性寄生菌，引起植物的白粉病。菌丝体表生，无色透明（少数为褐色），以吸器伸入寄主表皮细胞中吸收养分。此菌的菌丝体、分生孢子梗及分生孢子均在寄主表面形成白粉层，故称白粉病。此目只有一个科，即白粉菌科，分属的依据是闭囊壳外附属丝的形态和闭囊壳内子囊的数目。

白粉菌属：闭囊壳内有多个子囊，附属丝菌丝状，如二胞白粉属引起烟草、芝麻、向日葵等白粉病。

单丝壳属：闭囊壳内产生一个子囊，附属丝菌丝状，如单丝壳引起瓜类、豆类等多种植物白粉病。

布氏白粉菌属：闭囊壳上的附属丝不发达，呈短菌丝状，闭囊壳内含多个子囊，如禾布氏白粉菌引起禾本科植物白粉病。

球壳目：是核菌纲最大的目，子囊果为子囊壳，内生束生或整齐排列的子囊，子囊间的作物病虫害防治大都有侧丝，壳口有缘丝。球壳目真菌大都腐生，也有不少寄生，引起重要的作物病害的主要有：

长喙壳属：子囊壳具长颈，子囊散生，在子囊壳内不形成子实层，子囊之间无侧丝，子囊壁早期溶解，如引起甘薯黑斑病的甘薯长喙壳。

赤霉属：子囊壳散生或聚生，壳壁蓝色或紫色。子囊棍棒状，内含8个子囊孢子。子囊孢子梭形、无色，2～四个隔膜，如引起小麦、大麦及玉米等多种禾本科植物赤霉病的玉蜀黍赤霉和引起稻恶苗病的藤仓赤霉。

顶囊壳属：子囊壳埋生于基质内，顶端有短的喙状突起。子囊棍棒状，内含8个子囊孢子，成熟时囊壁易消解。子囊孢子细线状，多细胞，如引起水稻、小麦、大麦等禾谷类作物全蚀病的禾顶囊壳。

黑痣菌属：假子座生于叶组织中，子座顶部与寄主的表皮愈合成为黑色光亮的盾状盖。子囊壳埋生于盾状盖下面的假子座内，有孔口。子囊壳圆筒形，子囊间有侧丝。子囊孢子椭圆形，单细胞，无色，如引起多种禾本科植物黑痣病的禾黑痣菌。

麦角菌属：危害禾本科植物小穗形成菌核，菌核萌发产生有长柄的头状子座。子囊壳着生于子座内，子囊长筒形，子囊孢子丝状，如引起禾本科植物麦角病的麦角菌。

④腔菌纲

子囊果为子囊腔，即子囊果壁是子座性质的，顶端孔口也是子座溶解而形成的，多数子囊腔内子囊束生或平行排列，有的子囊间有子座溶解而来的丝状残余物即拟侧丝。腔菌与核菌不同的另一特征是子囊为双囊壁，而核菌的子囊为单囊壁。本纲分为五个目，其中与作物病害有关的多属于座囊菌目和格孢腔菌目。

座囊菌目：子座束生在有多个子囊腔的子囊座内或假囊壳内。子囊棍棒状或短圆筒状，双囊壁，无拟侧丝。

球腔菌属：子囊座着生在寄主叶片表皮层下，子囊初期束生，后平行排列。子囊孢子椭圆形，无色，双细胞，大小相等，如引起花生叶斑病的落花生球腔菌和引起瓜类蔓枯病的瓜类球腔菌。

格孢腔菌目：子囊座内有单个子囊腔（假囊壳）。子囊长圆柱形，有拟侧丝。棍棒状或短圆筒状，双囊壁，子囊孢子一般是多隔的或砖隔的（也有单细胞或只有一个隔膜的）。

黑星菌属：假囊壳大多在病植物残余组织的表皮下形成，上部有黑色、多隔的刚毛。子囊圆筒形，平行排列。子囊孢子椭圆形，双细胞，大小不等，如引起苹果黑星病的苹果黑星菌和引起梨黑星病的梨黑星菌。

核腔菌属：子囊座顶端有刚毛。卵圆形或长圆形的子囊孢子砖隔状，褐色，如引起大麦条纹病的麦类核腔菌和引起大麦网斑病的圆核腔菌。

旋孢腔菌属：子囊孢子多细胞，线形，无色或淡黄色，互相扭成绞丝状排列，如引起大、小麦根腐病、叶斑及种子黑点病的禾旋孢腔菌和引起玉米小斑病的玉蜀黍旋孢腔菌。

⑤盘菌纲

子囊果为子囊盘，有柄或无柄，盘内为排列整齐的子实层（子囊和侧丝）。有的盘菌子囊顶部有囊盖，通过打开囊盖释放子囊孢子。有的子囊没有囊盖，子囊孢子从子囊的孔口或裂口释放，一般不产生分生孢子。盘菌大多为腐生菌，只有少数是植物寄生菌。盘菌分七个目，与作物病害有关的主要是柔膜菌目。

柔膜菌目：子囊盘有柄或无柄，质地柔软。子囊棍棒形或圆筒形，无囊盖，子囊间有侧丝。

核盘菌属：菌丝体可以形成菌核，具长柄的褐色子囊盘产生在菌核上。

子囊圆筒状或棍棒状，子囊孢子椭圆形或纺锤形，单细胞，无色。菌核有两种，一种是全部由菌丝体形成的真菌核。一种是菌丝体和寄生组织结合形成的假菌核，如引起油菜等菌核病的核盘菌。

（4）担子菌亚门

担子菌是真菌中最高等的一个亚门，寄生或腐生，其中包括许多人类食用和药用的真菌。主要特征是营养体为发达的有隔菌丝体，有单核（初生菌丝）和双核（次生菌丝）的不同阶段。双核菌丝体可以形成菌核、菌索和担子果等机构。许多担子菌在双核的次生菌丝上形成锁状联合，可作为识别担子菌的标志。担子菌一般没有无性繁殖，即不产生无性孢子。有性生殖除锈菌外，通常不形成特殊分化的性器官，而由双核菌丝体的顶端细胞直接产生担子和担孢子。

根据担子果的有无、担子果的开裂类型及担子的有隔或无隔，将担子菌分为三个纲，主要特征如下。

冬孢菌纲：无担子果，在寄主上形成分散或成堆的冬孢子。高等植物上的寄生菌。

层菌纲：有担子果，裸果型或半被果型。担子形成子实层，担子是有隔担子或无隔担子。大都是腐生菌，极少数是寄生菌。

腹菌纲：有担子果，被果型。担子形成子实层，担子是无隔担子。其中与作物病害有关的主要是冬孢菌纲的黑粉菌目和锈菌目。

黑粉菌目：双核菌丝体的中间细胞形成冬孢子（习惯称作厚垣孢子），许多冬孢子聚集成黑色粉状的孢子堆。担子有隔或无隔，担孢子直接生于担子上，不能强力弹射。兼性寄生，引起植物的黑粉病，引起重要农作物病害的主要有：

尾孢黑粉菌：冬孢子堆产生于寄主子房内，半胶状或粉状。冬孢子产生在菌丝末端的细胞内，孢子形成后菌丝残留物在孢子外形成一柄状结构。冬孢子表面布满齿状突起，如引起水稻粒黑粉病的稻粒黑粉病菌。

轴黑粉菌属：菌丝体包被在孢子堆外面，孢子堆中间有寄主维管束残余组织形成的中轴，如引起高粱散黑穗病的高粱轴黑粉菌。

腥黑粉菌属：粉状或带胶合状的孢子堆大都产生在植物的子房内，常有腥味。冬孢子萌发时，产生无隔膜的先菌丝，顶端产生成束的担孢子，如分别引起小麦的两种腥黑粉病的小麦网腥黑粉菌和小麦光腥黑粉菌。

条黑粉菌属，冬孢子结合成外有不孕细胞的孢子球，冬孢子褐色，不孕细胞无色，如引起小麦秆黑粉病的小麦条黑粉菌。

叶黑粉菌属：孢子堆埋生在叶片、叶柄或茎组织内，不呈粉状。圆形光滑的冬孢子单生或少数粘生在一起，如引起水稻叶黑粉病的稻叶黑粉菌子和冬孢子萌发。

黑粉菌属：孢子堆外面无膜包围，冬孢子散生，表面光滑或有纹饰，萌发时产生有横隔的担子，担子侧生担孢子，有的萌发直接产生芽管，如引起小麦散黑粉病的小麦散黑粉菌。

锈菌目：活体寄生菌，以吸器深入寄主细胞内吸取养分，不产生担子果。锈菌生活史中可产生多种类型的孢子，最多的有五种。因锈菌在植物感病部位常看到黄色铁锈状物（孢子堆），故称锈病。有些锈菌单主寄生，有的则在两种亲缘关系很不相近的植物上才能完成生活史，即转主寄生。

柄锈菌属：冬孢子双细胞，有柄。夏孢子单细胞。

禾柄锈菌不同的专化型分别引起大麦、小麦、黑麦及燕麦等禾本科植物的秆锈病。

单胞锈菌属：冬孢子单胞，球形或椭圆形，顶壁厚，有芽孔。夏孢子单细胞，有刺或瘤状突起，如引起菜豆锈病的瘤顶单胞锈菌。

栅锈菌属：冬孢子单细胞，无柄，排列成整齐的一层。夏孢子表面有刺，如引起亚麻锈病的亚麻栅锈菌。

层锈菌属：冬孢子单细胞，无柄，不整齐地排列成数层。夏孢子表面有刺，如引起枣树锈病的枣层锈菌。

（5）半知菌亚门

半知菌亚门的真菌，很多是腐生的，也有不少种类是寄生的，引起多种植物病害。由于半知菌的生活史只发现无性态，未发现有性态，所以称为半知菌或不完全菌。当发现其有性态时，大多数属于子囊菌，极少数属于担子菌。因此半知菌和子囊菌的关系很密切。半知菌主要特征是：菌丝体发达，有隔膜。无性繁殖产生各种类型的分生孢子。有性态尚未发现。

半知菌的繁殖方式是从菌丝体上分化出特殊的分生孢子梗，由产孢细胞产生分生孢子，孢子萌发产生菌丝体。分生孢子梗分散着生在营养菌丝上或聚生在一定结构的子实体中。

半知菌亚门根据分生孢子的有无、形态、无性子实体和产孢细胞的类型等性状分为芽孢纲、丝孢纲和腔孢纲三个纲，其主要特征如下：

芽孢纲：营养体是单细胞或发育程度不同的菌丝体或假菌丝，产生芽孢子繁殖。

丝孢纲：营养体是发达的菌丝体，分生孢子不产生在分生孢子盘或分生孢子器内。

腔孢纲：分生孢子产生在分生孢子盘或分生孢子器内。其中，与作物病害有关的主要是丝孢纲和腔孢纲真菌。

①丝孢纲

分生孢子梗散生、束生或着生在分生孢子座上，梗上着生分生孢子，但分生孢子不产生在分生孢子盘或分生孢子器内。此外，有些种类除产生厚垣孢子外，不产生分生孢子。丝孢纲真菌大多数是高等植物的重要寄生菌，有些是人体的寄生菌或工业上的重要真菌。

梨孢属：分生孢子梗无色，细长，很少有分枝，顶端以合轴式产生全壁芽生式分生孢子，呈屈膝状。分生孢子梨形至椭圆形，2~三个细胞，如引起稻瘟病的灰梨孢。

粉孢属：菌丝体表生。分生孢子梗直立，顶部产生体生式的分生节孢子（粉孢子）。分生孢子串生，单胞，无色。引起白粉病，为大多数白粉菌的无性阶段，如引起小麦白粉病的串珠状粉孢菌。

曲霉属：分生孢子梗直立，顶端膨大成圆形或椭圆形，上面着生1~2层放射状分布的瓶状小梗，内壁芽生式分生孢子聚集在分生孢子梗顶端呈头状。大多腐生，有些种可用于发酵，是重要的工业微生物。黑曲霉可引起洋葱的曲霉病及大豆、玉米等种子的曲霉病。

尾孢属：菌丝体表生。分生孢子梗褐色，全壁芽生合轴式产孢，呈屈膝状，孢痕明显加厚。分生孢子针形、倒棒形、鞭形，无色或淡色，多隔膜，基部脐点黑色，加厚明显，如引起甜菜褐斑病的甜菜生尾孢。

链格孢属：分生孢子梗深色，以合轴式延伸。顶端产生倒棍棒形、椭圆形或卵圆形的分生孢子，褐色，具横、纵或斜隔膜，顶端无喙或有喙，单生或串生，如引起棉花轮纹斑病的大孢链格孢。

凹脐蠕孢属（德氏霉属）：分生孢子梗粗壮，顶部合轴式延伸。分生孢子内壁芽生孔生式，圆筒状，多细胞，深褐色，脐点凹陷于基细胞内。分生孢子萌发时每个细胞均可伸出芽管，如分别引起大麦条纹病和大麦网斑病的大麦条纹病菌、大麦网斑病菌。

离蠕孢属：分生孢子梗形态与产孢方式与德氏霉属相似。分生孢子通常呈长梭形，直或弯曲，深褐色，脐点位于基细胞内。分生孢子萌发时两端细胞伸出芽管，如引起玉米小斑病的玉蜀黍离蠕孢。

凸脐蠕孢属：分生孢子梗形态与产孢方式与德氏霉属相似。分生孢子梭形至圆筒形或倒棍棒形，直或弯曲，深褐色，脐点强烈突出。分生孢子萌发时两端细胞伸出芽管，如引起玉米大斑病的玉米大斑病菌。

丝核菌属：菌核褐色或黑色，形状不一，表面粗糙，菌核外表和内部的颜色相似。菌丝多为直角分枝，褐色，在分枝处有缢缩，如引起棉花等多种植物立枯病和水稻纹枯病的立枯丝核菌。

小核菌属：菌核圆形或不规则形，表面光滑或粗糙，外表褐色或黑色，内部浅色，组织紧密，如引起花生等植物白绢病的齐整小核菌。

镰孢属：大型分生孢子多细胞，镰刀形；小型分生孢子单细胞，椭圆形至卵圆形。分生孢子为内壁芽生式，如引起多种禾本科植物赤霉病的禾本科镰孢菌（麦类赤霉病菌）。

②腔孢纲

分生孢子产生在分生孢子盘或分生孢子器内。

炭疽孢属：分生孢子盘生在寄主表皮，有时生有褐色、具分隔的刚毛。分生孢子梗无色至褐色，产生内壁芽生式的分生孢子。分生孢子无色，单胞，长椭圆形或新月形，如引起多种果树和蔬菜炭疽病的胶孢炭疽菌。

茎点霉属：载孢体为分生孢子器。分生孢子梗极短。分生孢子单细胞，很小，卵形至椭圆形，如引起甜菜蛇眼病的甜菜茎点霉。

叶点霉属：形态与茎点霉属相似。寄生性较强，主要危害叶片，引起叶斑病，如引起棉花褐斑病的棉小叶点霉。

壳针孢属：分生孢子多细胞，细长筒形、针形或线形，直或微弯，无色，如引起小麦颖枯病的颖枯壳针孢。

壳二孢属：分生孢子卵圆形至圆筒形，双细胞，无色，如引起黄瓜蔓枯病的黄瓜壳二孢。

4. 植物真菌病害的特点和防治要点

真菌所致的病害几乎包括所有的病害症状类型。除具有明显的病状外，其主要的标志是在被害部或迟或早都会出现病症，如各种色泽的霉状物、粉状物、菌核、菌索等。一般根据这些子实体的形态特征，可以直接鉴定出病菌的种类，如病部尚未长出真菌的繁殖体，可用湿纱布或保湿器保湿 24h，霉状物等就会长出来，再做检查和鉴定。必要时要做人工接种试验。

真菌引起的病害种类繁多，其中子囊菌、半知菌引起的病害居多。这类病害主要是通过风雨两种媒介传播，病株、病死残体、带菌的种子、种薯、块根、块茎等繁殖材料是真菌病害的主要侵染来源。防治这类病害应加强管理，清除侵染来源。另外，化学防治也是真菌病害防治的重要手段。

（二）植物病原原核生物

1. 形状和结构

是一类只有核区，没有核膜，有细胞壁的单细胞生物，俗称细菌。其形态有球状、杆和螺旋状等。植物病原细菌无叶绿素，结构简单，属异养生物。原核生物多以裂殖的方式繁殖。

2. 植物病原原核生物的主要类群及其所致病害

与植物病害有关的原核生物分属于三个门，即薄壁菌门、厚壁菌门和软壁菌门，而疵壁菌门是一类没有进化的原细菌或古细菌。薄壁菌门和厚壁菌门的成员有细胞壁和细胞膜，常称为真细菌，软壁菌门的成员没有细胞壁，也称菌原体。

（1）薄壁菌门

细胞壁薄，厚度为 7 ~ 8nm，细胞壁中含肽聚糖量为 8% ~ 10%，革兰氏染色反应阴性。重要的植物病原细菌有土壤杆菌属、欧文氏菌属、假单胞菌属、劳尔氏菌属、黄单胞菌属和木质菌属等。

①土壤杆菌属

菌体短杆状，大小为 0.6 ~ 1.0 μm×1.5 ~ 3.0 μm，鞭毛 1 ~ 6 根，周生或侧生。好气性，代谢为呼吸型。革兰氏染色反应阴性，营养琼脂上菌落圆形、隆起、光滑，灰白色至白色，质地黏稠，不产生色素。氧化酶反应阴性，过氧化氢酶反应阳性。DNA 中 G+C 的摩尔分数为 57% ~ 63%。该属细菌都是土壤习居菌，代表病原菌是根癌土壤杆菌，其寄主范围极广，可侵害 90 多科 300 多种双子叶植物，尤以蔷薇科植物为主，引起桃、苹果、葡萄等的根癌病。

②欧文氏菌属

菌体短杆状，大小为 0.5 ~ 1.0 μm×1 ~ 3 μm，一般有多根周生鞭毛。革兰氏染色反应阴性。兼性好气性，代谢为呼吸型或发酵型。营养琼脂上菌落圆形、隆起，灰白色。氧化酶反应阴性，过氧化氢酶反应阳性。DNA 中 G+C 的摩尔分数为 50% ~ 58%。重要的植物病原菌有胡萝卜软腐欧文氏菌，其寄主范围很广，可侵害十字花科、禾本科、茄科等多种植物，引起肉质或多汁组织的软腐，如大白菜软腐病。

2．植物病毒的主要类群和所致病害

（1）烟草花叶病毒属

典型种为烟草花叶病毒（TMV）。烟草花叶病毒的寄主范围较广，自然传播主要通过病汁液接触传播：对外界环境的抵抗力强，其体外存活期一般在几个月以上，在干燥的叶片中可以存活 50 多年。烟草花叶病毒可引起烟草、番茄等植物的花叶病。

（2）马铃薯 Y 病毒

这是植物病毒中最大的一个属。主要以蚜虫进行非持久性传播，绝大多数可通过机械传播，个别可以种传。是一种分布广泛的病毒，主要侵染茄科植物如马铃薯、番茄、烟草等。引起下部叶片轻花叶，上部叶片变小、花叶、皱缩下卷，背面叶脉上有少量条斑。

（3）黄麻花叶病毒属（CMV）

典型种是黄瓜花叶病毒。主要依赖多种蚜虫以非持久性方式传播，也可经汁液接触而传播。CMV 寄主范围很广，自然寄主有 67 个科 470 种植物，因而有人称其为植物的"流感性病毒"。

3．植物病毒的防治

由于植物病毒的寄主范围广，对化学药剂抵抗性较强，所以与其他侵染性病害比较在防治上存在一定的复杂性和局限性。目前的防治途径主要有以下几方面：选用无病繁殖材料；减少侵染来源；防治媒介昆虫；培育抗病抗蚜品种。

（四）植物病原线虫

线虫又称蠕虫，是一类低等的无脊椎动物，在数量和种类上仅次于昆虫，居动物界第二位。线虫分布很广，通常生活在土壤、淡水、海水中，其中很多能寄生在人、动物和植物体内，引起病害。危害植物的称为植物病原线虫或植物寄生线虫，或简称植物线虫。植物受线虫危害后所表现的症状，与一般的病害症状相似，因此常称线虫病。习惯上都把寄生线虫作为病原物来研究。

1．形态和结构

植物线虫一般呈两端尖细的线形，长 0.3 ~ 12mm，宽为 0.01 ~ 0.05mm。雌、雄成虫多数同形——即雌虫和雄虫都为线形，有的线虫雌雄异形——即雄虫为蠕虫形，雌虫为梨形或柠檬形，如小麦孢囊线虫。

线虫的虫体有体壁和体腔两部分。体壁的最外面是一层平滑而有横纹或纵纹或突起不透水的表皮层，俗称角质层；里面是下皮层，再下面是使线虫运动的肌肉层。角质层是由下皮层产生的，线虫每蜕皮一次，老的角质膜脱落同时形成新的角质层。体腔内有消化系统、生殖系统、神经系统和排泄系统，其中消化系统和生殖系统比较发达。消化系统是一直通管道，肠而终于肛门。

植物寄生线虫的口腔内有一个针刺状的器官称作口针，口针能穿刺植物的细胞和组织，并且向植物组织内分泌消化酶，消化寄主细胞中的物质，然后吸入食道，因此口针是植物寄生线虫最主要的标志。

线虫的生殖系统非常发达，性的分化十分明显。雌虫有一个或两个卵巢，连接输卵管、受精囊、子宫、阴道和阴门。雌虫的阴门和肛门是分开的。雄虫有一个或两个精巢，连接输精管和泄殖孔（生殖孔和肛门的共同开口）。泄殖孔内有一对交合刺，有的还有引带和交合伞等。

2. 个体发育和生态

线虫的一生经卵、幼虫和成虫三个时期。成熟的成虫经交配后雄虫即死亡，雌虫在土壤或植物组织内产卵。卵椭圆形，孵化后即为幼虫。幼虫一般有四个龄期，第一龄幼虫是在卵内发育的，所以从卵内孵化出来的幼虫已经是第二龄。许多植物线虫的二龄幼虫对不良环境具有较强的抗性，因而常是侵入寄主和越冬的虫态。线虫完成生活史的时间长短不一，在环境条件适宜的情况下，线虫完成一个世代一般只需要 3 ~ 4 周，如温度低或其他条件不合适，则所需时间要长一些。线虫在一个生长季节里大都可以发生若干代，发生的代数因线虫种类、环境条件和危害方式的不同而异。

线虫基本上是一类水生动物，活动状态的线虫长时间暴露在干燥的空气中将很快死亡。不同线虫种类其发育最适温度不同，但一般在 15 ~ 30℃ 之间均能发育，在 40 ~ 50℃ 的热水中 10min，即可被杀死。植物线虫都有一段时期生活或存活在土壤中，所以，土壤的环境条件对线虫的生长、发育有很大的影响。在土壤环境中，温度和湿度（水分条件）是影响线虫的重要因素，土壤的温、湿度高，线虫活跃，体内的养分消耗快，存活时间较短；在低温低湿条件下，线虫存活时间就较长。土壤长期淹水或通气不良可缩短它的存活期。但是许多线虫可以休眠的状态在植物体外长期存活，如土壤中未孵化的卵，特别是卵囊和胞囊中的卵存活期更长。

线虫大都生活在土壤的耕作层中，从地面到 15cm 深的土层中线虫较多，特别是在根周围土壤中更多。这主要是由于有些线虫只有在根部寄生后才能大量繁殖，同时植物的根，尤其是新根的分泌物，对线虫有很强的吸引力，或者能刺激线虫卵孵化。

3. 寄生性和致病性

植物病原线虫都是专性寄生的，可分为外寄生和内寄生两种方式。外寄生线虫的虫体大部分留在植物体外，仅以头部穿刺到寄主的细胞和组织内吸食，类似蚜虫的吸食方式；

内寄生线虫的虫体进入组织内吸食，有的固定在一处寄生，但多数在寄生过程中是移动的。有的线虫在发育过程中其寄生方式可以改变，有些外寄生的线虫，到一定时期可进入组织内寄生，即使是典型的内寄生线虫，在幼虫整个虫体进入植物组织之前，也有一段时间是外寄生的。

4. 植物病原线虫的主要类群及其所致病害

线虫属于动物界线虫门。根据侧尾腺口的有无，分为侧尾腺口纲和无侧尾腺口纲。植物线虫主要属于侧尾腺口纲中的垫刃目，其中能够引起重要作物病害的主要有下列几属：

（1）粒线虫属

雌、雄虫均为线形，虫体较长，垫刃型食道，口针较小。模式种为小麦粒线虫，也是该属最主要的植物病原线虫。粒线虫属线虫大都寄生禾本科植物的地上部，破坏茎、叶或子房形成虫瘿，如小麦粒线虫。

（2）茎线虫属

雌、雄虫均为线形，垫刃形食道。模式种是起绒草茎线虫，是危害最严重和常见的种。茎线虫属线虫可以危害地上部的茎叶和地下的根、鳞茎和块根等，有的可以寄生昆虫、某些真菌和培养的蘑菇等。受茎线虫危害的症状主要是组织坏死，有的可在根上形成瘤肿，如甘薯茎线虫。

（3）拟滑刃线虫属

雌、雄虫均为线形，滑刃型食道，口针较长。其中重要的有菊花叶线虫、贝西拟滑刃线虫和草莓叶芽线虫等。该属线虫可以寄生植物和昆虫，危害植物的有各种危害状，其中有些重要的种主要危害叶片和幼芽，所以也将它们称作叶芽线虫。

（4）异皮线虫属又称胞囊线虫属

雌雄异型，雄虫细长，雌虫柠檬形，有突出的阴门锥。雌虫成熟后角质层变厚、变深褐色，体内充满卵，称作胞囊。模式种为甜菜胞囊线虫，其中重要的有甜菜胞囊线虫、燕麦胞囊线虫和大豆胞囊线虫等。主要危害植物的根部，有时也称作根线虫。

（5）根结线虫属

雌、雄异形，雄虫线形，雌虫梨形。阴门周围的角质膜形成特征性的花纹，叫作会阴花纹，是鉴定"种"的重要依据。后期雌虫常将卵产在尾部体外的胶质卵囊。其中最重要的有四个种：南方根结线虫、北方根结线虫、花生根结线虫和爪哇根结线虫。该属线虫危害多种植物根部，形成瘤状根。

5. 植物线虫病的症状特点

植物线虫对植物造成破坏主要来自食道腺的分泌物。食道腺的分泌物，除去有助于口针穿刺细胞壁和消化细胞内含物便于吸收外，大致还可能有以下影响：刺激寄主细胞的增大，形成巨型细胞或合胞体；刺激细胞分裂形成瘤肿和根部的过度分枝等畸形；抑制根茎顶端分生组织细胞的分裂；溶解中胶层使细胞离析；溶解细胞壁和破坏细胞。由于上述各方面的影响，植物受害后可表现各种病害症状，所以植物受害后可表现局部性症状和全株性症状。

地上部的症状有顶芽、花芽坏死，茎叶卷曲或组织坏死及形成叶瘿或穗瘿等；地下部的症状在根部，有的生长点破坏使生长停滞或卷曲，有的形成瘤肿或丛根，有的组织坏死或腐烂。在地下茎上，可使细胞破坏，组织坏死、引起整个块茎腐烂；全株性症状有植物生长衰弱、矮小、发育缓慢、叶色变淡，甚至萎黄、似缺肥营养不良的现象。

6. 植物线虫病的防治要点

（1）植物检疫

有些重要的线虫在我国尚未发现，或在国内虽有发生，但仅限于局部地区，为了防止这些线虫病害传入我国或在国内病区扩大，在引种和调运种子、种薯等繁殖器官时，要严格做好检疫。

（2）轮作、间作和施肥

植物寄生线虫主要在土壤中存活，且大多为活养生物。它们在土壤内的群体密度及组成，明显地随植物的不同而波动。选用高抗性或免疫的品种与感病植物轮作或间作，可以收到较好效果。

施用有机肥能相对地抑制根结线虫、异皮线虫等属及其他危害植物的线虫的侵染和繁殖。有机肥引进和刺激了捕食线虫的真菌或其他肉食者，以及在植物中发生一种产生轻微抗性的变化，从而收到防治效果。

（3）种植材料处理

植物的寄生线虫中，有些是在球茎、鳞茎、种子、种薯等中越冬或越夏，并通过这些种植材料传播。通过热处理或化学药剂处理，可以将某种种植材料表面或内部的线虫杀死，但两种处理方法，必须谨慎使用。因为水温太热或在药剂中处理的时间太长，均可影响植物生长。

（4）土壤处理

土壤是线虫活动的主要场所，土壤处理是防治植物线虫病的传统方法。土壤处理通常有药剂处理和热处理两种方法。目前常用的杀线虫剂有克线磷、呋喃丹、涕灭威等。热处理土壤多采用干热法，温室可用蒸汽加热土壤。

第二节　植物病虫害综合治理

一、植物病虫害综合防治的概念和策略

人们一直在寻找一种理想的防治病虫害的方法，人工合成有机杀虫剂和杀菌剂等药剂出现后使化学防治成为防治病虫害的主要手段。但是化学农药经过长期大量使用后，产生的副作用越来越明显，不仅污染环境，而且使病虫害产生抗药性，大量的天敌等有益生物被杀死。人们终于认识到依赖单一方法解决病虫害的防治问题是行不通的。为了最大限度地减少防治有害生物对环境产生的不利影响，提出了"有害生物综合治理"，简称 IPM 的策略。

（一）综合防治的概念和方案制订

植物病虫害的防治方法很多，每种方法各有其优点和缺点，仅仅依靠其一种措施往往不能达到防治目的。我国确定了"预防为主，综合防治"的植物保护工作方针。提出在综合防治中，要以农业防治为基础，因地因时制宜，合理运用农业防治、物理防治、生物防治、化学防治等措施，达到经济、安全、有效地控制病虫危害的目的。

中国植保学会和中国农业科学院植保所在成都联合召开了第二次农作物病虫害综合防治学术讨论会，提出综合防治的含义是：综合防治是对有害生物进行科学管理的体系，它从农业生态系统的总体出发，根据有害生物与环境之间的相互关系，充分发挥自然控制因素的作用，因地制宜协调应用必要的措施，将有害生物控制在经济允许水平之下，以获得最佳经济、生态和社会效益。

综合防治是以农业生态全局为出发点，以预防为主，强调利用自然界对病虫的控制因素，达到控制病虫害发生危害的目的，合理运用各种防治方法，相互协调，取长补短，在综合各种因素的基础上，确定最佳防治方案。利用化学防治方法时，应尽量避免伤害天敌和污染环境。综合治理不是要彻底干净消灭病虫害，允许作物上存在一定数量的有害生物，只要它们的种群数量不足以达到经济危害水平，就不必进行防治。

有害生物综合治理是持续农业的重要组成部分，因此，植物保护工作者要实事求是地分析我国的植物保护状态，因地制宜地制订出适合我国广大农村病、虫、草等有害生物的防治方案。

在设计方案时，选择措施要符合"安全、有效、经济、简便"的原则：如以一种主要病虫或某种植物为对象，进行综合防治，如对水稻纹枯病或小麦病虫的综合治理方案。

（二）综合治理策略

在一个耕作区域，有非生物因子的自然环境，有各种作物、各种生物、各种农业活动，这样多种因素构成了一个农业生态系，各组成相互依存、相互制约。制定措施首先要在了解病虫及优势天敌依存制约的动态规律基础上。

从农业生态学观点出发，植物、有害生物、有益生物二者之间相互依存、相互制约。它们同在一个生态环境中，又是生态系统的组成部分，它们的发生和消长又与其共同所处的生态环境的状态密切相关。综合治理就是在管理的过程中，有针对性地调节生态系统中某些组成部分，创造一个有利于植物及有益生物生存而不利于有害生物发生发展的环境条件，从而预防和减少病虫的发生与危害。

生态系统的各组成部分关系密切，要针对不同的防治对象，又要考虑对整个生态系统的影响，协调选用一种或几种有效的防治措施，如栽培管理、天敌的保护和利用、物理机械防治、药剂防治等。对不同的病虫害，采用不同对策。各项措施协调运用，取长补短，以达到最佳效果。

保护环境，促进生态平衡，有利于自然控制病虫害，植物病虫害的综合治理要从病虫害、植物、天敌、环境之间的自然关系出发，科学地选择及合理地使用农药，特别是要选择高效、无毒或低毒，或轻污染、有选择性的农药。

二、植物病虫害治理技术

（一）植物检疫

植物引种和农产品贸易的同时也带来了有害生物扩散蔓延的危害，植物检疫能阻止农产品携带危险性有害生物的出入境。植物检疫简称植检，它是根据国家颁布的法令设立专门机构，对国外输入和国内输出以及国内地区之间调运的种子、苗木以及农副产品等进行检疫，禁止或限制危险性病、虫、草的传入和传出，或者在传入以后限制其传播，防止向其他地区传播蔓延扩展的一项植物保护工作。

植物检疫是国家为了防止农作物的危险性病、虫、杂草随农产品传播蔓延，保障农业安全生产和顺利开展对外贸易所采取的整套措施之一。也是病、虫、草害的防治方法之一，是植物保护工作的一个重要组成部分。

植物检疫分为对内检疫和对外检疫。

1. 对外检疫

是由国家在港口、国际机场以及国际交通要道设立植物检疫机构，对进口、出口和过境的应施检的农产品、植物进行检验和处理。防止国外新的或在国内还是局部发生的危险性病虫、杂草的输入，同时也防止国内某些危险性的病、虫、杂草的输出。

2. 对内检疫

是由各省、市、自治区检疫机构会同邮局、机场、车站，根据政府公布的对内检疫条例和检疫对象执行检疫，并采取措施，防止局部地区危险性病、虫、杂草的传播。对已列入检疫的植物、植物产品，从本地运出、运入之前，都必须经过检疫；凡种子、苗木和其他繁殖材料，不论是否列入被检疫的名单和调往何地，在调运之前也都必须经过检疫；检疫工作由植物检疫部门进行。经检疫后，未发现检疫对象的，发给检疫证书，准于调运，如果发现有检疫对象的，由检疫部门根据具体情况进行处理。处理的办法有：禁止调运、退回、销毁；禁止播种；指定地点进行消毒，责令改变路线、使用地点或使用方法；就地加工或限制使用期限等。植物检疫的实施由有关植物检疫机构根据报检的受验材料抽样检验。常用的检疫方法有直接检疫、诱器检疫、过筛检疫、比重检疫、染色体检疫、X 光检疫、洗涤检疫、分离培养和接种检疫、噬菌体检疫等等。

检疫处理的方法有机械处理、热处理、微波处理等。

（二）栽培控制技术

通过调节栽培技术可以达到避开或者减少病虫危害的目的，从而减少经济损失并减少化学药剂的使用。

1. 植物抗性品种的应用

有计划地选用抗病、抗虫的品种可以抑制病虫的暴发，减少害虫的虫口密度。自然界中有不少抗虫品种，不少抗虫、抗病的新品种也可以通过常规育种手段获得，而针对性更强的培育抗虫作物新品种的方法是采用转基因技术转入目前已经知道的抗虫基因片段，如在棉花应用了转入抗棉铃虫基因片段的新品种，可以抑制棉铃虫的危害，但是也应该考虑某种作物的害虫不只是一种，是否应该推广、大面积种植抗虫作物还是很具争议的议题，现今阶段争议最大的是转抗虫基因的粮食品种是否能够在国内种植、投放国内市场，这还需要植保专家、医学、生物专家长期的研究和验证。

2. 加强栽培管理

田间管理涉及一系列的农业技术措施，可以有效地改善农田小气候和生态环境，使之有利于作物的生长发育，而不利于病、虫害的发生危害。田间管理对病、虫害发生影响较大的主要是灌溉、施肥和田园卫生。

（1）合理灌溉

合理灌溉不仅可以有效地改善土壤的水、气条件，满足作物生长发育的需要，还可以有效地控制病、虫害的发生和危害。如水稻二化螟化蛹初期降低田水，化蛹高峰期就深水，可以杀死大部分二化螟的蛹；灌水还能淹死地下害虫和某些在地下越冬的害虫。此外，喷灌造成田间湿度过大，有利于病害的传播和发生，而滴灌可以较好地控制病害的发生。

（2）合理施肥

改善作物的营养条件，提高作物抗病、虫的能力和减少因病、虫危害而造成的损失。同时，能控制作物的生长势，提高生长发育速度，从而缩短和避过病、虫的危害盛期；合理施肥还可以改变土壤的性状和土壤微生物群落结构，恶化土壤中病、虫的生存条件。

（3）田园卫生

主要是借助于农时操作，清除农田内的病、虫及其滋生场所，改善农田生态环境，减少病虫害的发生危害。作物的间苗、定苗、打杈、摘顶、脱老叶，果树的修剪，清除田间的枯枝落叶、落果等各种作物残余物，均能将部分害虫和病残体随之带出田外，减少田间的病、虫数量。田间杂草往往是病、虫的野生过渡寄主或越冬场所，消除杂草可以减少病、虫害的侵染源。因此，清理田园是一项有效的病虫害防治措施。

（4）改进耕作制度

中耕和深耕可以将表面的病虫的菌丝体、孢子、虫体翻入地下，减少数量。

（5）田间覆盖

田间覆盖薄膜可以抑制杂草危害，减少病虫数量，同时也有利于通风，降低田间湿度，抑制病害。

（三）物理机械控制技术

1. 利用低温和高温

害虫和病菌在适宜的温度下，生长良好。而温度过高或低，则会影响其发育，甚至引起死亡。

夏季晒种温度可高达50摄氏度左右，几乎对所有的储粮害虫都有致死作用，故常利用此法处理仓储粮食。粮食充分日晒干燥，可避免贮藏期病、虫的发生，这是常用来防治贮粮害虫的有效方法。

冷冻或低温冻仓：新疆冬季进行种子冷冻或低温冻仓能有效地消灭病虫害。

在日晒或低温冷冻时要注意温度不宜过高或过低，以免伤害种子。

温汤浸种是根据种子耐热力高于病菌的致死高温的特点，控制一定的水温，在一定的时间内处理种子的方法：可以达到既不伤害种子，又可杀死潜伏在种子内外的病菌的目的。

冷浸热晒：此法常用来防治小麦散黑穗病，具体做法是选晴天清晨，将种子用常温水浸5小时，取出滤干，在阳光下摊成落层，利用夏季高温晒种。其间每隔30分钟翻动1次。晒足6小时，就可杀死潜伏在种子内部的病苗。

2. 利用光波

黄板诱杀：有翅蚜对黄色有较强的趋性，用黄板诱杀蚜虫效果较好。黄板的规格大小没有定数，一般为长方形，黄板左、右各加一根支柱，以便插入地里。黄板表面涂为黄色，以金盏黄或乳鸭黄诱蚜效果较好。黄板外罩薄膜，膜上涂一层机油。在地内设置高度一般不超过1米，以略高于植株为宜。当有翅蚜虫开始迁飞时，放置黄板，每亩放置8～10块，迎风放置。黄板也可诱杀粉虱成虫。

灯光诱杀利用害虫的趋光性，可诱杀多种害虫。如太阳能频振式杀虫灯，利用太阳能电池板作为用电来源，将白天太阳能发的电贮存起来，晚上放电给杀虫灯具，供其工作。它的主要元件是频振灯管和高压电网，频振灯管能产生特定频率的光波，引诱害虫靠近，高压电网缠绕在灯管周围，能将飞来的害虫杀死或击昏，以达到防治害虫的目的。

3. 人工机械防治

利用人工或各种器械，捕捉或直接消灭害虫的方法，往往根据害虫习性设计捕杀方法。如利用害虫的假死性或群集性捕捉金龟甲类，人工捕捉地老虎幼虫，玉米螟的产卵高峰期进行采卵捏杀等。根据害虫的生活习性，设计各种器械捕杀害虫，称为器械捕杀。

（四）生物控制技术

1. 以虫治虫

利用天敌昆虫防治害虫的方法称为以虫治虫，这是一种安全、经济、效果好的方法。天敌昆虫分为捕食性天敌昆虫和寄生性天敌昆虫两类。捕食性天敌昆虫分属于18个目，近200个科。其中防治效果好，常利用的有瓢虫、草蛉、步行虫、虎甲、姬蜂、蚂蚁等。寄生性天敌昆虫分属于五个目，近90个科。大多数种类均为膜翅目、双翅目的寄生蜂、寄生蝇。

如脉翅目草蛉科的草蛉，是捕食性天敌昆虫，其幼虫称为"蚜狮"，具有相当强的灭蚜能力，成、幼虫对蚜虫、棉铃虫、红蜘蛛均有防治效果。草蛉的利用主要是人工饲养，大量释放。田间释放时，成虫、卵、幼虫均可。实验表明，释放成虫，见效快，但成本高，释放时草蛉易受伤害。释放"卵"成本低，但见效慢，卵易被蚂蚁吃掉。因此目前是以释放将孵化的"黑卵"为主。适当搭配一定数量的成虫和初孵化的幼虫。

自然界中的天敌昆虫种类很多，但常因受到不良气候、生物及人为因素的影响，使其不能充分发挥其抑制害虫的作用。为了充分发挥自然天敌对害虫的控制作用，必须有效保护天敌昆虫，使其种群数量不断增加。

2. 以菌治病

利用有益微生物的代谢产物来防治病害的方法称为以菌治病。不同微生物之间存在着相互斗争或排斥现象，称为抗生现象，这种相互斗争的相斥作用，叫作拮抗作用。凡是对植物病原有拮抗作用的菌类，都叫作抗生菌。抗生菌所分泌的某种特殊物质，可以抑制、杀伤甚至溶化其他有害微生物，这种物质叫作抗生素。

（1）春雷霉素

春雷霉素是放线菌的代谢产物。对人、畜、植物、水生动物均无毒害，可以安全使用。在降雨前的 2 ~ 3 小时喷施，仍能有效。春雷霉素用来防治稻瘟病，其使用方法、使用时间与化学农药相同。

（2）井冈霉素

井冈霉素是一种吸水链霉菌的变种的代谢产物。对人、畜几乎无毒，对作物安全，有内吸治疗作用，耐雨水冲刷。可与多种杀虫剂混用。井冈霉素对茄科作物立枯病有较好防治效果。

（3）内疗素

内疗素是一种放线菌的代谢产物，内吸性强，对人、畜无毒，在碱性条件下容易分解。内疗素对甘薯黑斑病、禾谷类黑穗病、苹果树腐烂病均有较好的防治效果，但防治甘薯黑斑病，在育苗或栽插前用 50 ~ 100 mg/kg 药液浸种薯、秧苗 3 ~ 5 分钟。

（4）120 农用抗生素

120 农用抗生素也称抗霉菌素 120，是一种链霉菌的代谢产物，碱性条件下易分解。

3. 以菌治虫

利用微生物及其代谢产物防治农作物病虫害的方法叫以菌治虫。利用害虫的病原微生物防治病虫害，对人、畜、作物和水生动物安全，无残毒，不污染环境，微生物农药制剂使用方便，并能与化学农药混合使用。目前在生产上应用的昆虫病原微生物包括真菌、细菌和病毒。

寄生于昆虫的真菌，有可能用作杀虫剂的，主要属于半知菌和鞭毛菌。当病原真菌的孢子接触昆虫后，孢子萌发产生芽管、侵入虫体，直至菌丝体充满虫体，导致害虫死亡。当前国内外成功使用的主要是白僵菌。

白僵菌属于半知菌亚门，菌丝细有分支，无色透明，有隔膜。白僵苗的发育温度范围较大，在 10 ~ 30℃之间均可发育，最适温度为 20 ~ 28℃，在 5℃以下或 34℃以上，孢子萌发即受到抑制。白僵菌的分生孢子萌发要求的湿度较高，相对湿度 70% 以下孢子不能萌发，75% ~ 80% 时孢子虽然能萌发，但不能生长发育，以 90% ~ 100% 的相对湿度员为适宜，白僵菌主要是通过昆虫体壁感染，分生孢子黏附在虫体上，当条件适宜时，能分泌一种几丁质酶和白僵菌素，把虫体的表皮溶解，便于芽管侵入虫体内，而且对昆虫有毒杀作用。昆虫发病初期，表现为行为呆滞，食欲减退，皮肤上出现黑色的小点或进点，以后口吐黄水或排泄软粪，3 ~ 7 天死亡。刚死时虫体柔软，经 2 ~ 3 小时后，开始变硬，常呈粉红色。再过 1 ~ 2 天开始长出白色棉毛状苗丝，一般经 3 ~ 4 天可布满全身。

4. 鸟类、蛙类等灭虫

处于自然界食物链中段的鸟类、蛙类等动物，均以昆虫为主要食物，因此保护生态环境，维持良性循环，能够保持自然界的平衡，避免单一病虫的大暴发。

（五）化学控制技术

1. 化学防治效果明显，收效快

可以迅速消除危害，尤其是对暴发流行性的病虫，若农药使用得当，可以收到立竿见影的效果。

2. 化学防治使用方便，受地区及季节限制小

也可大面积使用，便于农业生产机械化，防治对象广，几乎所有的作物病、虫均可用化学药剂防治。由于长期、连续、大量、不合理使用化学农药，对环境产生了污染，一些病、虫、草产生抗药性。

第六章　森林营造技术

第一节　造林、林种和造林地

一、造林

（一）造林的目的

造林的目的就是为了维持、改进和扩大森林资源，以生产更多的木材和其他各种林产品，并发挥森林的多种生态效益和社会效益。

（二）造林的概念

造林可分为人工造林和人工更新两种，前者为在无林或原来不属于林业用地的土地上栽培林木，后者是在原来生长森林的迹地（采伐迹地、火烧迹地等）上栽培林木，它们都属于造林的范畴，没有本质的差别。

（三）人工林

凡是用人工种植的方法营造起来的森林都称为人工林，它由两部分组成，造林地及其上生长的林木。

二、林种的划分

由于所营造的森林发挥着各种各样的效益，把发挥不同效益的森林种类简称为林种。根据《中华人民共和国森林法》，我国将森林划分为防护林、用材林、经济林、薪炭林及特种用途林五大林种。

（一）用材林

以生产木材为主要目的的森林和林木称为用材林，包括以生产竹材为主要目的的竹林。

（二）经济林

以生产果品、食用油料、饮料、调料、工业原料和药材等为主要目的的林木称为经济林。

（三）防护林

以防护为主要目的的森林、林木和灌木丛称为防护林。包括水源涵养林、水土保持林、防风固沙林、农田、牧场防护林、护岸林、护路林。

（四）薪炭林

以生产燃料为主要目的的林木称为薪炭林。

（五）特种用途林

以国防、环境保护、科学实验等为主要目的的森林和林木称为特种用途林。包括国防林、实验林、母树林、环境保护林、风景林、名胜古迹和革命纪念地的林木、自然保护区的森林。

我们在营造每一片森林时，都有着一定的造林目的，但是除了发挥其主要功能外，还具有其他效益，如用材林具有防护效益，防护林也能提供一定量的木材，它们同时也具有美化环境的功能，因此不要孤立地去看待林种的作用。

三、造林地

造林地有时也称宜林地，它是造林生产实施的地方，也是人工林生存的外界环境。造林地是气候、地貌、地形、土壤、水文、植被、人类活动及其他环境状况的综合体系。研究造林地实际上就是研究这一体系中的所有因子。当了解造林地的生产潜力后，可为其选择合适的造林树种，同时也可制定出相应的技术措施。下面将分造林地的立地条件和造林地种类两方面来讨论这些问题。

（一）造林地的立地条件

为了更好地研究造林地，我们把造林地上凡是与森林生长发育有关的自然环境因子综合称为造林地的立地条件（简称为立地，或称森林植物条件），它主要包括地形、土壤、水文、植被和人为活动五大环境因子（立地因子）。

1. 地形

包括海拔高度、坡向、坡度、坡位、坡形、小地形等。

2. 土壤

包括土壤种类、土层厚度、土壤质地、土壤结构、土壤养分、土壤腐殖质、土壤酸碱度、土壤侵蚀度、各土壤层次的石砾含量、土壤含盐量、成土母岩和母质的种类等。

3. 水文

包括地下水深度及季节变化、地下水的矿化度及其盐分组成，有无季节性积水及其持续期等。对于平原地区的一些造林地，水文起着很重要的作用。

4. 植被

主要指植物的组成、覆盖度及其生长状况等。在植被未受严重破坏的地区，植被状况能反映出立地的质量，特别是某些生态适应幅度窄的指示植物，更可以较清楚地揭示造林地的小气候、土壤水肥状况规律，帮助人们深化对立地条件的认识。例如，蕨类生长茂盛指示宜林地生产力高；马尾松、茶树指示酸性土壤等。在中国，多数造林地植被受破坏比较严重，用指示植物评价立地受到一定的限制。

5. 人为活动

土地利用的历史沿革及现状，各项人为活动对上述各环境因子的作用等。不合理的人为活动，如取走林地枯枝落叶、严重开采地下水，樵采、放牧等会使立地劣变，发生土壤侵蚀，降低地下水位。

上面列出的各项立地条件组成因子并非完整无缺，也不是每块造林地都必须考虑上述所有的因子。从理论上讲，一块造林地上作用于林木生长的环境因子相当多，但各个因子所起的作用差异很大，有些因子对林木生长发育的作用微不足道，有的因子却起着决定性的作用，这些起决定性作用的因子，在造林学上称之为主导因子。一般而言，在分析立地与林木的关系时，没有必要对所有立地因子进行调查分析，只要找出主导因子，就能满足造林树种选择和制定造林技术措施的需要。

（二）造林地的种类

造林地的环境状况主要是指造林前土地利用状况、造林地上的天然更新状况、地表状况以及伐区清理状况等。这些环境因子对林木的生长发育没有显著的影响，因而没有包括在立地条件的范畴之内。但这些因子对造林措施的实施（如整地、栽植、抚育）具有一定的影响，所以为了造林工作的实施，根据造林地的环境状况之差异性，划分出不同的造林地种类，简单地说，造林地种类就是造林地环境状况的种类。造林地种类有许多，归纳起来有四大类。

1. 荒山荒地

没有生长过森林植被，或在多年前森林植被遭破坏，已退化为荒山或荒地的造林地。荒山荒地是我国面积最大的一类造林地。

2. 农耕地、四旁地、撂荒地

农耕地指用于营造农田防护林及林粮间作的造林地种类；四旁地指路旁、水旁、村旁和宅旁植树的造林地种类。在这些地方植树常称为四旁植树，它本身不算作一个林种，但因其兼有生产、防护和美化的作用，在林业工作中具有重要地位；撂荒地指停止农业利用一定时期的土地。

3.采伐迹地和火烧迹地

采伐迹地指森林采伐后腾出的土地；火烧迹地指森林被火烧后留下来的土地。

4.已局部更新的迹地、次生林地及林冠下造林地

这类造林地的共同特点是造林地上已有树木，但其数量不足或质量不佳或树已衰老，需要补充或更替造林。

第二节　造林基本技术

造林既是一个以林木和林地为主要对象，培育具有一定结构和功能的森林为主要目标的生产技术系统，又是一项涉及政策、人员、经费和物质的人为经营活动。造林应遵循生物学原则，它以森林生态学作为主要理论基础，受森林经理工作的调控，以林政学、林业经济学及企业管理学的知识做指导，涉及树木学、树木生理学、气象学、土壤学、自然地理学、林木遗传学和地理学等多个相关学科。因而造林基本技术措施是指在适地适树（生物原则）的原则下：

第一要良种壮苗和精细栽植。就是以良种壮苗来保证林木有一个优良的遗传基础，这是将来人工林生长发育的物质条件；以精细栽植来保证造林物质条件得以实现，保证林木个体优良健壮。

第二要细致整地。造林做到适地适树以后，林木和环境之间的矛盾是基本适应的，同时也存在一些不适应的部分，细致整地正是为了解决这一问题，营造更适合林木生长发育的环境条件。

第三要有合理的组成与结构。以合理的配置密度和合理的树种组成来保证人工林有合理的群体结构。

第四有条件下的施肥、灌水、松土、除草。以抚育保护及可能条件下的施肥灌水（排水）来保证良好的林地环境条件。

以上造林基本技术措施中，良种壮苗和精细栽植主要通过合理的树种选择来完成；合理的组成与结构属人工林结构设计的内容；细致整地和有条件下的施肥、灌水、松土、除草包含于造林施工技术的范畴之中。下面我们逐步详细介绍造林技术系统中各项造林措施。

一、造林树种的选择

树种选择是人工林营造中最重要的一项基本工作，是造林技术系统中非常重要的一项措施。树种选择就是要做到既符合造林目的，又能充分利用和发挥林地生产力以及其他目的效益的发挥。我国土地广阔，自然条件十分复杂，宜林地特性多样，树种资源丰富，所

以在造林中应更加重视树种选择。

（一）树种选择原则

树种选择应遵循经济学和生物学相兼顾的原则。

1.生物学原则

这是指造林所选择的树种的生物学习性应尽可能与造林地的立地条件相适应，即适地适树原则。

2.经济学原则

这是指造林所选择的树种的各项性状，主要是经济性状及效益性状要符合既定的育林目标的要求，即树种选择定向原则。

树种选择就是要使所造之林能够提供与立地生产力相应的材积和价值产量，即所选择的树种应尽可能地利用地力，但不使其衰竭，最好还能改善立地。所选择的树种必须构成足够稳定的林分。除此之外，还必须考虑以下辅助原则：

（1）因地制宜地确定针叶树种和阔叶树种、乔木和灌木的合理化比例，选择多树种造林，防止树种单一化。随着社会的发展，不仅需要提供多品种的木材，而且在改善环境、保障农牧业生产等方面也需要选择多种的优良树种，以满足各方面的需要；（2）充分利用优良乡土树种，积极扩大引进取得成效的优良树种。在树种自然分布区内，分布最普遍、生长最正常的树种，是长期历史适应该地区条件而发展起来的树种，即乡土树种，它们适应性强，生长相对稳定，抗性强，繁殖容易，所以在造林时首先要考虑乡土树种。引进外来树种时，要先进行造林试验，对于获得成功的优良树种要积极推广；（3）选择具有较好稳定性、抗病虫害能力强的树种。所选树种形成的林分应该长期稳定，要经得住一些极端气象灾害因子的考验，能抵抗一些毁灭性病虫害的侵袭；（4）树种选择时还要考虑所选择树种在经营技术上是否可行。如有些树种从各方面性状看都很好，可以中选，但其种子和苗木来源有限，不可能大面积应用。有些树种虽生长效果很好，但栽培技术复杂，或需较大工料投入，或无栽培经验，成本高，最终经济效益不一定高。因此，在选择树种时，要考虑到可行性的原则，使树种选择切实可行、经济有利。

（二）树种选择方案确定

根据以上树种选择要统筹兼顾的两个主要原则，树种选择时要把握适地适树和定向选择。首先，要按培育目标定向选择造林树种，不同的林种其培育目标不同，对树种的要求也不相同。因此，应依照培育目标对树种的要求，分析可能应选树种的有关目的性状，经过对比鉴别，提出树种选择方案。其次，要弄清具体造林区或造林地段的立地性能，分析可能应选树种的生态学特性，然后进行对比分析，按适地适树原则选择造林树种；为了得出更可靠的有关树种选择的结论，可进行造林树种选择的对比试验。在一定造林地区的典型立地上，种植可能作为入选对象的树种，经过整个培育周期的对比试验，筛选出一些有前途的造林树种，剔除一些易遭失败的树种。不过对比试验需要时间较长，需要投入的人力物力较多、困难大。在生产上不可能对各树种都通过试验后再造林。有时就凭树种的天然分布及生长状况，根据树种生态学特性及以往的零星造林经验，就决定树种的选择。掌握不同树种人工林在各种立地条件下的生长状况，是选择造林树种时常用的方法：调查现有人工林时一方面要大量调查一个树种在不同立地条件下的生长效益，做出该树种生产力评价，得出该树种适生立地范围；另一方面对同一立地类型做多树种调查，做出多树种的立地评价，可为同一立地上选用哪个树种能更好地发挥林地生产力做出判断。

最后，确定造林树种方案时，依照林种布局和树种选择原则，充分分析对比造林地立地性能和各可选树种的生态学特性，并依据现有树木生长状况调查资料，把造林目的与适地适树的要求结合起来统筹安排。一方面要考虑到同一个具体造林地区或造林地块上可能有几个适用树种，同一树种也可能适用于几种立地条件，经过分析比较，将最适生、最高产、经济价值最大的树种列为该区或该地块的主要造林树种。而将其他树种，如经济价值高但对立地条件要求过于苛刻，或适应性很强但经济价值低的树种，列为次要树种。同时要注意树种不要单一化，要把针阔树种、珍贵树种也考虑在内，使所确定的方案既能充分利用和发挥多种立地的生产潜力，又能满足多方面的需要；另一方面，在最后确定树种选择方案时，还要考虑选定树种在一定立地条件上的落实问题。把立地条件较好的造林地，优先留给经济价值高对立地要求严的树种。把立地条件较差的造林地，留给适应性较强而经济价值较低的树种。同一树种若有不同的造林目的，应分配给不同的造林地，如培育大径材，分配较好的造林地，若是培育薪炭林、小径材，可落实在较差的立地。

（三）适地适树

从生物学原则出发，树种选择要求适地适树。

1.适地适树的概念

适地适树就是要使造林树种的特性，主要是生态学特性和造林地的立地条件相适应，以充分发挥生产潜力，达到该立地在当前技术经济条件下可能取得的最佳效益。

2.适地适树的标准

衡量适地适树的客观标准要根据造林的目的要求来确定，对于不同林分适地适树的标准不一样。对于防护林来说，成活率高，林分稳定性高，及早使防护效益达到最高限度为衡量适地适树的标准。对于经济林来说，除了林分的成活率和稳定性外，使林产品达到一定的数量和质量指标是衡量标准。对于用材林来说，起码要达到成活、成林、成材，还要有一定的稳定性，即对间歇性灾害因子有一定的抗御能力，同时应有一定的数量指标。衡量适地适树的数量指标主要有两种：一是立地指数，二是材积平均生长量。产品质量有时也应作为衡量适地适树的参考因子。

3. 适地适树的途径和方法

适地适树反映的是树木生长与环境条件之间的协调关系。每一树种生长发育的特点主要是由它内在的生物学特性所决定，而环境条件的影响则是促进和影响它生长发育的外部原因。不同树种有不同的特性，同一树种在不同地区其特性表现也有差异。即使是在同一地区，同一树种在不同发育阶段，对环境条件的要求也不相同。造林中强调适地适树的原则，就是要正确地对待树木生长发育与环境条件之间的辩证关系。实践中，或是按具体的造林立地条件选择适宜的树种，或者是为具体的造林树种选择适宜的造林地，达到树和地的统一。如在含盐较高的土壤上造林，应选用耐盐能力较强的树种。另外，适地适树原则要求地和树相适，指的是地和树之间的矛盾部分在林木培育的主要过程中是相适的。可能在某个具体造林地，具体树种的某个发育阶段，地和树还存在着矛盾，要在实践过程中不断调节，逐步深入揭示树种的特性规律，通过人为措施改变其原有发展势态，并注意改善外界环境条件，使树和地这对矛盾的统一体向符合人们培育希望的方向发展。

在造林过程中，为了使"地"和"树"基本适应，可以通过三条途径加以实现。

（1）选择

包括选树适地和选地适树。选树适地：根据造林地的立地条件选择在此条件下最适生的树种。即在确定了造林地以后，根据其立地条件选择适合的造林树种。如在北京市西山地区，阴坡、厚土层的立地条件下，水分较好，可选择油松为造林树种。选择时，以乡土树种为主，外来树种为辅。选地适树：根据树种的特性选择最适宜的造林地。即根据当地的气候土壤条件确定了主栽树种或拟发展的造林树种后，选择适合的造林地。如侧柏比较耐干旱瘠薄，在北京市西山地区可选择阳坡薄土层的立地进行造林。

（2）改地适树

当造林地的条件不能满足造林树种的要求而又必须发展这一树种时，可以采用人为措施改善造林地条件，以适应造林树种的生长，使"树"和"地"两者相适应。如通过整地、施肥、灌溉、混交、土壤管理等措施改变造林地的生长环境，使其适合于原来不适应树种的生长。杨树可以在轻盐碱地上生长，如在重盐碱地上造林时，需要采用脱盐碱的措施（如排灌洗盐）来降低盐分含量，使之适合于林木生长。一般来说都是围绕土壤情况进行改地，如提高土壤肥力，增加土壤的蓄水能力，加厚土层，改变土壤的机械组成等，但该种途径难度较大。

（3）改树适地

改变树种某些特性，使之能适应造林地条件。如通过选种、育种、引种驯化等措施改变树种的原有特性，增强树种耐寒、耐旱、耐盐等特性，使之适应原来不适应的造林地立地条件。这方面比较典型的例子是毛竹北移及一些抗性树种的培育等。

这三条适地适树的途径是互相补充、相辅相成的，在当前的技术、经济条件下，改地、改树都是有限的，而且这两者也只有在地、树尽量适应的基础上才能有效，我们还是应当提倡立足于乡土树种的栽培，因此，选择仍然是基础，如何选择树种是我们造林工作的中心任务。

（四）树种定向选择

从经济学原则出发，为实现各林种的效益，造林树种的选择应各有定向，各林种对造林树种的要求决定了造林树种的定向选择技术。对于不同的林木培育方向，适地适树应有不同的标准，但都应该是客观的。

1. 用材林树种的选择

营造用材林的主要目的是获得较高的材积和木材应用价值，因此要求所选择的树种要具有"速生、丰产、优质和稳定"的性质。

（1）速生性

我国树种资源丰富，有乡土树种也有引进树种，如北方的落叶松、杨树，中部地区的泡桐、刺槐，南方的杉木、马尾松，从国外引进的松树和竹类等。这些树种少则 10 ~ 20 年，多则 40 ~ 50 年就能成材利用，应是营造用材林的主要对象。

（2）丰产性

丰产性是指单位面积产量高，即单位面积蓄积量高。杨树、松树、落叶松等速生树种单株长得快，单位面积蓄积量大。红松、云杉，属于后期生长较快的树种，由于其寿命长，往往能长成大树，单位面积也能达到较高的蓄积量。

（3）优质性

用材林树种的优质性主要包括良好的干形和材质两方面。良好的用材林树种应具有树干通直、饱满，分枝细小稀少，整枝性能良好等特点。这样的树种出材率高，采运方便，用途广，因此经济价值较大；一般用材都要求材质坚韧、质量系数较高、纹理通直均匀、不易变形、干缩小、容易加工、耐风抗蛀等。1

（4）稳定性

所选择树种营造林分，要具有一定的稳定性：如抗风（风大地区）、抗雪折（雪大地区）、抗病虫害的能力强。

2. 经济林树种的选择

经济林的培育目标是要生产干果、水果、食用油料、饮料、调料、香料、木本蔬菜、药材和工业原料等，所以经济林树种应具有优质、高产性状，选择树种时要依市场需要，重点发展名、特、优、新品种。其中，栽培以生产木本油料为主的经济林主要是为了收获种子、果实或其他器官，从中榨取油脂。木本油料林树种的性状应是结实性能好（早熟、丰产、稳产、寿命长）、种实含油率高和油脂质量好等。我国经济林发展较快，经济林树种资源极为丰富，目前，有些树种已形成生产规模，但还有大量资源有待开发利用。

3. 防护林树种的选择

防护林是个大的林种，根据生产的需要和不同防护林的功能，它可细分为农田防护林、水土保持林、水源涵养林、防风固沙林以及具有某种功能的特种防护林等次级防护林种。应根据防护对象选择适宜树种，一般应具有生长快、防护性能好、抗逆性强、生长稳定等优良性状。营造农田、经济林园、苗圃和牧草防护林的主要树种应具有树体高大、树冠适宜、深根性等特点。水湿地区的树种还应具有耐水湿的特性。经济林园防护林树种不能与林园树种有共同病虫害或是其中间寄主。严重风蚀风、干旱地区，要注意选择根系发达、耐风蚀、干旱、沙压的树种。

（1）农田防护林树种选择

农田防护林的作用：农田防护林是在农田周围有计划营造的纵横交叉构成网状的森林。其目的是防治风害及霜冻，保证农田高产、稳产，同时可提供各种林产品（如木材）以及美化环境的作用。

（2）水土保持林树种选择

水土保持林的功能：水土保持林是指水土流失地区以减少、阻拦及吸收地表径流，涵养水源、防止土壤侵蚀、改善农业生产条件为目的的防护林。

（3）防风固沙林树种选择

一切以防止风沙危害、固定流沙为目的的森林称为防风固沙林。其作用是防止沙地风蚀，避免沙粒移动并合理利用沙地生产力。

（4）环境保护林和风景林的选择

环境保护林和风景林的作用是保护和美化环境，宜选择具有杀菌、抗污染以及具有美化功能的树种。

（5）四旁绿化树种的选择

四旁植树不是一个单独的林种，它兼备其他林种的作用，路旁应选择树体高大、干直枝密；水旁则选择喜湿耐淹、速生优质的树种；村旁、宅旁条件好，应选择立地条件要求高、价值高的树种及经济树种。

二、人工林结构的设计

人工林结构的设计主要解决人工林密度大小的确定、种植点的配置，以及树种组成等问题。

（一）造林密度确定

造林密度是指单位面积造林地上栽植株数或播种（穴）数，通常以株或穴为计算单位。造林密度，也称人工林的"初始密度"，指森林起源时形成的密度，它是森林生长发育各个时期的密度变化的基础，而将其他时期的密度称为"经营密度"。初始密度和经营密度是林分密度的不同表示形式，林分密度泛指单位面积林地上林木的数量。由于密度在森林一生中不断变化，就冠以不同名称来称之。林分密度是造林时所能控制的主要因子，也是形成一定林分水平结构的数量基础，对林产品的质量、数量和林分的稳定性都有深刻的影响，探索合理密度是森林培育研究及生产的中心课题之一。根据密度在人工林培育过程中的作用规律，讨论制定造林密度的原则和方法。

1. 造林密度作用规律

造林密度以及由它发展成的后期林分密度在人工林整个成林成材过程中起着巨大的作用，了解和掌握这些作用规律，将有助于确定合理的造林密度。

密度对林木的作用，从幼林接近郁闭时开始出现，一直延续到成熟收获期，尤以在干材林阶段及中龄阶段最为突出。

（1）密度与树冠的关系

随密度增加，树冠减小，密度与树冠成反比。说明密度大小明显影响树冠的发育，即冠幅、冠长、树冠表面积或体积。主要原因是随着密度增加，林分郁闭提前，树冠之间的矛盾就来得早，相互之间抑制也早，因此冠幅就越小。

（2）密度与直径生长的关系

密度对直径生长具有明显的限制作用，即密度越大，直径生长越小，密度与直径成反比关系。原因是随着密度增加，树冠减小，叶面积指数减小，制造的光合产物减少。对一个树种来说，一定的胸径与一定的密度相对应，而与年龄和立地无关。密度对直径生长的作用还表现在直径分布上，直径分布是研究林木及其树种结构的基础，在林木生长量、产量测定工作中起着重要的作用。一般密度对直径分布作用总的规律是密度加大使小径阶林木的数量增大，而大中径阶的数量减少。

（3）密度与树高生长的关系

密度与树高生长的关系比较复杂。在不同的地区条件下，对不同树种处在不同的年龄阶段和不同的密度范围内得出不同的结论。但综合起来可得出较为统一的认识。

对于大多数树种，在相当宽的中等密度范围内，密度对树高生长没有明显的影响。原因是树木的高生长主要由树种的遗传特性、林分所处的立地条件来决定，这也是为什么把树高生长作为评价立地条件质量生长指标（立地指数）的基本道理。

郁闭初期，以密促高作用有所表现，到中、后期随着密度提高，树高反而减少。原因是郁闭初期，林木都需要阳光，为了得到阳光，树高相互之间有促进作用。对强阳性树种表现明显，杨、落叶松由于密度比较大，竞争激烈，个体生长受到抑制，也包括抑制高生长在内。较耐阴的树种以及侧枝粗壮，顶端优势不旺的树种才有可能在一定范围内以密促高。

（4）密度与根系的关系

随着密度的提高，根系数量减少，密度与根系面反比。原因是根系与地上部分即树冠的关系决定的，枝叶多，促进根系生长，即所谓的根深叶茂；地下空间随密度增大，个体间根系矛盾激烈，争夺地下营养空间激烈。

在密林中不但林木根系的水平分布范围小，垂直分布较浅，在全林中总根量也较少，而且同种林木根系易连生，加强了个体间的竞争和分化，在密林中生长物质的分配似乎更偏向于供应地上部分生长。地上部分生长纤细，根系发育受阻，树木易遭风倒、雪压及病虫侵袭的危害，林木处于不稳定状态。

（5）密度与材质的关系

密植林木树干较易通直（主要对阔叶树种而言），形饱满（尖削度小），分枝细小，有利于自然整枝及减少木材中节疤数量及大小。稀植林木则相反。当然，林木过密，干材过于纤细，树冠过于狭窄，也不符合用材和健康要求。

（6）造林密度在郁闭成林过程中的作用

郁闭是人工林成长过程中的一个重要转折点，它能加强幼林对不良环境因子的抵抗能力，消除杂草的竞争，保持林木的稳定性，增强对林地环境的作用。

加大造林密度有利于提前郁闭成林。但郁闭并不是越早越好。过密在造成过早郁闭之后，也必然会过早地引起林木生长空间受限，使生长普遍衰退或过早地分化及自然稀疏，从生物学角度和经济学角度上看都是不利的。

（7）造林密度与林木稳定性的关系

不同密度的林木创造不同的林内生态条件。如北方湿润地区，林木过密，林内温度偏低，枯枝落叶层分解较差，对土壤和林木生长十分不利。过密林分内，地上部分生长纤细，根系发育受阻，树木扎根浅，树干细，树木易遭风倒、雪压及病虫侵袭的危害，林分处于不稳定状态。

总之，在人工林生长发育的全过程中，造林密度的作用是多方面的。客观上，对各个树种来说，在一定的立地条件及一定的阶段都存在一个最适密度范围，过密过疏都不好。探索密度作用规律的主要任务就是要把这个最适密度范围确定下来。

2. 确定造林密度的原则

密度不是一个常数，林木生长的各个时期，密度随各种因素的变化而变化，它有一个数量范围。初始密度是形成林分各个时期的基础，为此我们主要以初始密度来讨论确定造林密度的原则。

确定造林密度的总原则是：一定树种在一定的立地条件和一定的栽培条件下，根据一定的经营目的能取得最大的经济效益、生态效益和社会效益的造林密度，即为应采用的合理的造林密度。具体原则有下述四方面：

（1）根据经营目的来确定造林密度

经营目的不同，造林密度也应有所区别。主要反映在林种和材种上。要考虑到结构和功能的统一。如培育大径级的速生、丰产、优质的用材林（锯材、枕材、胶合板材），密度应小些；如培育中小径级的矿柱材、杆材、造纸材等用材林或薪炭林，则造林密度应适当大一些；培育防护林，如水土保持林，要求林分迅速覆盖地面，发挥生态效益，其密度应较大；但水分不稳定区，可利用其原有植被，适当减少乔木树种的造林密度，形成乔灌草林分结构。培育经济林，为使林冠得到充足的光照，且在培育过程中不需疏伐，密度应小些；超短轮伐期的能源林是以高度密植为其特征的。

（2）根据树种特性来确定造林密度

树种不同，对外界环境条件的要求不同，生长速度也不同，造林密度也应有所区别。

喜光阳性树种、速生树种宜稀一些，如杨树、白桦、落叶松；阴性树种、慢生树种宜密一些，如红松、云杉、侧柏等；阔叶树种在足够密度情况下，天然整枝良好，可稀一些，对于形易弯且自然整枝较差的宜密一些；针叶树种天然整枝不好，密度可大一些，但进行人工整枝的地方密度可小一些，对干形通直而自然整枝性能较好的宜稀一些，如落叶松。

（3）根据立地条件来确定造林密度

立地的好坏是林木生长快慢的最基本的条件。这个关系比较复杂，从单位面积上能够容纳一定大小的株数来看，立地条件好的地方能够容纳多些，立地条件差的地方少些，但从经营条件来看，立地条件好的造林地有利于林木生长，适于培育大径材，应适当稀植；立地条件差的造林地不利于林木生长发育，适于培育中小径材的宜密植（以求及时郁闭，随后通过疏伐，使之保持适当密度）。但在干旱、贫瘠的土壤上有限的水分和养分仅足够一定量的苗木生长的要求，因此密度也不能太大。

（4）根据栽培技术来确定造林密度

栽培技术越细致、集约，林木越速生，就越没有必要密植。

3.确定造林密度的方法

根据造林密度确定原则，在制定造林密度时可采取以下几种方法：

（1）总结经验的方法

分析过去不同造林密度的人工林的效益，确定新条件下的造林密度。

（2）试验的方法

通过不同密度的造林试验结果，确定合适的造林密度。但所需时间长、成本高。因此，对每一树种只能进行一些代表性试验，而推广到其他条件。

（3）调查的方法

调查现有林分密度与各项生长指标的关系，如胸径、树高、蓄积量、树冠，以及经济成本的关系，确定何种造林密度好。

（二）种植点配置

人工林种植点配置是指一定密度的植株栽植点或播种点在造林地上的间距及其排列方式。种植点的配置主要影响着林木营养空间的问题。每一种造林密度必须以某种配置方式来体现，如造林密度相同配置不同，则由于植株的受光、营养空间分配状况不同及植株间的关系不同，具有不同的生物学及经济效果。

植株在造林地上呈不均匀的群丛状水平分布，群内植株密集，群间距离很大。群丛状配置的特点为：群内能很早达到郁闭，有利于抵御外界不良环境因子的危害，可提高造林的成活率。对适应恶劣环境有显著优点，以适用于较差的立地条件及幼年生长缓慢的树种。随着年龄增长，群内幼树间矛盾逐渐突出，株间竞争加剧，分化明显，应该人为地选株，留优去劣。

（三）树种组成

人工林树种组成是指构成林分的树种成分及其所占比例。按树种组成可将人工林分为纯林和混交林。纯林是指由一种树种组成的人工林；混交林是指由两种或两种以上的树种组成的人工林。这里主要是针对混交林的树种组成而言的。

1. 树种混交基本理论

营造混交林，首先要弄明白混交林中各树种间究竟存在什么样的矛盾，需要我们去认识和调节，这是营造混交林的中心问题。

（1）树种种间关系的作用方式

树种种间关系的作用方式是指混交林种间关系的发生途径。混交林种间关系的发生途径有很多，概括起来可分为直接途径和间接途径两种。前者包括机械作用途径和生物作用途径，后者包括物理作用途径、化学作用途径和生理生态作用途径。

（2）混交林中的树种分类

根据混交林中各树种的作用进行分类，可分为如下三种：

主要树种。是作为人们培育目的的树种。它在林地上生长最稳定，生产力高，起主要的经济作用和防护作用。林分中数量最多，是优势树种，一般为高大乔木。在一个混交林分中，主要树种一般只有一个，也可以是两三个。

伴生树种。在一定时期与主树种相伴而生并为其生长创造有利条件的乔木树种，经济价值较低，数量上不占优势，多乔木，林分生长中后期占据第二层。又称辅佐树种或次要树种，其主要作用表现为：

辅佐：给主要树种造成侧方遮阴，并能促进主要树种树干通直和天然整枝。

护土：以自身树冠、根系，遮蔽地表，固持土壤，减少水分蒸发，防止杂草丛生。

改良土壤：森林枯落物回归土壤，或利用某些树种的生物固氮能力，提高土壤肥力，改善理化性质。

一般地说，伴生树种为耐阴树种或中性树种。

灌木树种。在一定时期内与主要树种伴生，并为其生长创造有利条件的灌木树种，经济价值不高，在林内数量依立地条件不同不占优势或稍占优势，林分生长中后期往往自行消失或处于林冠最低层。其主要作用表现为：利用其分枝多、树冠大、叶量丰富、根系密集、耐干旱瘠薄的特点，覆盖地表，抑制杂草丛生，增加土壤有机质和固氮含量，分散径流，防止土壤侵蚀。

（3）混交树种的选配

树种选配就是要使混交树种相互有利共生，林分更加稳定。从不同的角度出发，有不同的混交类型划分方法。

根据经营目的划分。根据经营目的，混交林类型可划分为四大类，即主要树种与主要树种混交类型以及主要树种与伴生树种混交类型、主要树种与灌木树种混交类型以及主要树种、伴生树种与灌木的混交类型。

主要树种与主要树种混交类型。反映两种或两种以上的目的树种混交时的种间关系。两个主要树种都是阳性树种时，多构成单层林，种间矛盾出现得早且尖锐，调节难度较大；当两个主要树种分别为阳性和阴性树种时，多形成复层林，种间的有利关系持续时间长，林分比较稳定，种间矛盾易于调节。一般地说，这种类型森林对立地质量要求较高，森林的第一生产力也较高，同时可以获得多种木材。

（4）混交林种间关系的相对性

混交林中树种的种间关系是随着时间、空间和其他条件的不同而发展变化的，这表明了混交林种间关系的相对性。这种相对性主要表现在如下几方面：

树种种间关系随林分生长发育阶段的不同而不同。一般随着林龄增大，林木生长加快，要求占有较大的营养空间，这样原来以有利作用为主的种间关系则可能演变为有害作用为主。混交林中不同树种种间关系在一个世代里的变化，可作为成功地营造和培育混交林的重要依据。

树种之间的关系随着立地条件的变化而变化。如北方低山地区的油松与元宝枫混交林，在海拔较高的地方，立地条件比较优越，油松生长速度不亚于元宝枫，可以形成相当稳定的针阔叶树种混交林分，而在海拔较低的地方，立地条件差，不适于油松生长，较耐旱的元宝枫反而生长好些，造成对油松的抑制，并最终把油松从林内排除。

树种之间的关系因树种组成、密度、配置方法、混交方法、混交比例等不同而不同。因此，在进行混交林营造时，不仅要采用科学合理的混交技术，还应具有发展的眼光，充分了解混交树种之间关系的时空特点，及时采取相应的调节措施，充分发挥混交林的最大效益。

2. 混交林营造技术

制定混交林营造技术措施的关键是如何调节好树种间的关系，尽量使主要树种受益而少受害。这种关系调节好了，混交林的效益也就能够得到最大的发挥。目前主要通过混交树种的选择、混交比例和混交方法以及栽培抚育等措施来调节树种间的关系。

（1）混交树种的选择

为既定的造林树种选配合适的混交树种是混交林营造的一项关键技术。混交树种选择的合适与否，关系到造林目的能否实现的问题。选择不当会抑制或取代主要树种，也可能被主要树种排挤出去。

混交树种是指伴生树种和灌木树种，主要起辅佐、护土和改良土壤作用。只有当主要树种和主要树种混交时，此时的主要树种才称混交树种。选择混交树种总的原则就是利用其所具有的优点促进主要树种的生长，以期造林目的的实现，选择时具体考虑如下条件：

混交树种必须具有辅佐（改善主要树种的干形，加速自然整枝）护土和改良土壤作用。它与主要树种间的矛盾不太大，对养分、水分的要求有差别，生长慢，耐阴。无共同的病虫害。较高的经济价值。混交树种最好有萌芽力强、繁殖容易等优点，便于进行育苗、造林、更新和调节与主要树种间的关系。

（2）混交比例

混交林中各树种所占的百分比，简称混交比例。在营造混交林时，应确定合理的混交比例，混交林后期各阶段的组成符合造林的要求。

在确定混交林初期的组成时，必须保证主要树种在将来林分中占优势。因此，在大多数情况下，主要树种的混交比例都应在50%以上。竞争力强的主要树种，混交比例可小些，竞争力弱的树种，混交比例可大些。伴生树种经济价值高，作用大时，其比例可大些。一般在混交林中起辅助作用的树种，其混交比例应在50%以下。灌木的混交比例和立地条件有密切关系，立地条件愈差，灌木的比例应愈大。

（3）混交图式

混交图式即在混交林设计中各项技术措施的图面表示形式。混交图式的内容包括造林地的立地条件、混交类型、树种组成、混交比例、混交方法及株行距等。

混交图式是造林图式的组成部分，纯林图式也是造林图式的组成部分。因此，通常所指的造林图式既包括混交图式，又包括纯林图式。造林设计时一般多用造林图式这一概念。

（4）混交方法

不同树种在造林地上的配置方式称为混交方法。在同一块造林地上栽植几个不同的树种时，混交方法不同，各树种间的相互位置不同，种间关系也发生变化，种间矛盾出现的早晚、激烈程度也有所差异，因此，它是调节种间关系，决定混交林混交效果的又一关键技术环节。

（5）树种混交年龄

一般混交林中的主要树种和混交树种都是同时造林，终生相伴。但有的混交树种只在人工林发展的前期起作用（如杉桐混交），也有的混交树种在人工林发展后期才引入。有些混交树种比主要树种早栽几年或晚栽几年，其目的是改变种间竞争态势，达到培育的目的。

（6）栽培技术

可采取一定的栽培技术措施来调节树种种间的矛盾。通过造林时间、造林方法、苗木年龄调节种间矛盾。如将竞争力强的树种延迟一段时间造，或选择苗龄小的造或播种造林等。通过改变立地条件（如施肥、细致整地、灌溉等）满足树种的要求以减缓竞争。通过抚育措施（如平茬、修枝、间伐以及环剥、去顶、断根和应用化学抑制剂等）调节种间关系。

3. 混交林营造的意义

（1）充分利用林地营养空间

混交林能充分利用造林地的光照条件，如阳性树种和阴性树种混交，形成复层林冠，阳性树种居第一层，阴性树种居第二层，能充分利用光能；深根、浅根性树种混交可充分利用土壤中的水肥。

（2）能有效地改善林地环境条件

混交林枯落物量多而且成分复杂，分解后有改良土壤的结构和理化性质、调节水分、提高土壤肥力的明显作用。

（3）能培育出产量多、质量好的木材和多种林产品

混交林能充分利用营养空间，因而其总蓄积量都比较高，而纯林则只有主要树种的蓄积量较大。在质量方面，混交林能够促进整枝，使干形良好。

（4）增强防护效益

混交林林冠浓密，形成复层。根系深广，枯落物丰富，因而涵养水源、保持水土及防风固沙等作用都比纯林显著。

（5）能增加抗御灾害的能力

混交林各个树种间具有隔离带的作用。如针阔树种混交，可防止树冠火和地表火的蔓延与发展。由于混交林树冠交错，提高了林分郁闭度，改变了小气候和林下植被，一些害虫和菌类失去大量繁殖的生态条件。同时，一些益虫、益鸟又迅速增多，因而混交林中的病虫害比纯林少。我国"三北"防护林大面积为杨树纯林，已经遭受天牛危害而有灭顶之灾。混交林也可减轻风害（深根、浅根搭配），可减少雪折、雪倒等（常绿针叶和落叶阔叶树混交）。

（6）造林、营林技术复杂

营造混交林技术要求复杂，要求树种搭配适当，结构合理，抚育及时。由于对树种的生理特性的认识还不够充分，所以要营造好混交林还有很大的困难。相比之下，纯林较易营造。

三、造林施工技术

按照一定的设计方案进行造林施工，其工序可分为三大阶段，即整地阶段、种植阶段

及幼林抚育阶段。

（一）造林整地

造林整地是指造林前，进行造林地上的植被或采伐剩余物的清除、土壤翻耕和耙压、水分灌排的沟道准备等内容的一项造林生产技术措施。整地方法可分为全面整地和局部整地两种，其中局部整地又可分为带状整地和块状整地两种。在目前的技术经济条件下，造林整地几乎是唯一被广泛应用的营林技术措施。

1. 造林整地的特点

与农业整地相比，造林整地有其自身的特点，概括起来主要包括以下几方面：

（1）整地方法的多样性和艰巨性

造林地立地类型多，立地条件差，地域广、面积大，且多处在人烟稀少、交通不便的区域。

（2）整地深度大

这是由林木树体高大、根系深广等特点所决定的。

（3）整地周期长

这是由林木生产周期长所决定的，往往一个培育世代只进行一次。

（4）整地效果的双重性

不仅要起到改善土壤条件的作用，还要达到改变小地形、小气候和水土保持等作用。

2. 造林整地的作用

（1）改善立地条件，提高立地质量

通过造林地清理，可以直接增加林地受光量，加强空气对流，提高地温和近地表层的温度。整地还可以通过改善土壤物理机械性质，提高土壤的总孔隙度，协调土壤中水分、空气的数量和比例，从而进一步提高土壤持水保墒能力和通气能力。应当指出，整地改善土壤水分条件的作用，与所使用的方法和季节等有密切的关系。其蓄水保墒作用只有在方法使用得当，时间掌握适宜时，才能收到良好的效果。否则不但不能很好地蓄水保墒，甚至造成水分量蒸发散失，使土壤变得更加干燥。整地还可以起到改善土壤养分条件的作用，尽管整地不能直接增加土壤中的养分，但整地可以加速土壤风化作用，加快腐殖质及生物残体分解，促进可溶性盐类的释放和各种营养元素有效化。同时，植被清除后，可以减少植物对养分的消耗，其残体还可以增加土壤中的有机质。

（2）提高造林成活率，促进林木生长

造林地的清理能提高地温促进腐殖质分解，增加有效养分的数量，消灭病虫害。整地改善了造林地立地条件，有利于播种造林的种子发芽、生根，有利于栽植造林苗木的根系愈合，造林成活率随之提高。整地后，土壤疏松，土壤加厚，水肥条件明显改善，根系穿插的机械阻力减小，因而主根扎得深，侧根分布广，吸收根密集，从而促进了林木生长。

（3）保持水土，减免土壤侵蚀

造林整地是控制水土流失生物措施的一个重要环节。其作用主要体现在如下几方面：整地促进森林植被的郁闭成林，减少雨水冲刷，有利于保土；提高土壤水分渗透能力，提高持水能力，减少地表径流；改变小地形，把坡面整成无数个小平地、反坡或下凹地，有利于蓄水，使地表径流不易形成。

整地保持水土的效果，与所采用的整地方法、施工质量、整地时间有关：据黄土高原地区研究，不同整地方法的蓄水能力不同：一方面水平沟、反坡梯田的初渗量大，拦阻混沙多，蓄水能力强，水土保持效果好，而鱼鳞坑、穴状整地因容积小，蓄水拦泥效果较差；另一方面，对整地保护水土的作用不应夸大，因为在有些情况下，整地方法不当，不仅起不了良好作用，甚至会加剧水土流失。

（4）便于造林施工，提高造林质量

造林地经过认真清理和细致整地，可以排除造林施工的障碍，改善立地条件，保证各项造林工作按计划和技术要求进行，提高造林质量。

3.造林整地技术

（1）造林地的清理

造林地的清理，是翻耕土壤前，清除造林地上的灌木、杂草、杂木、竹类等植被，或采伐迹地上的枝丫、伐根、梢头、站杆、倒木等剩余物的一道工序。如果造林地植被不很茂密，或迹地上采伐剩余物数量不多，则无须进行清理。清理的主要目的是为了改善造林地的立地条件、破坏森林病虫害的栖息环境和利用采伐剩余物，并为随后进行的整地、造林和幼林抚育消除障碍。一般采用人工或机械（如割灌木机）进行全面、带状或块状方式割除，然后堆积起来任其腐烂或进行火烧的清理方法。

（2）造林地整地的方法

①全面整地

全面整地是翻垦造林地全部土壤的整地方法。具体做法是：用山锄把造林地全面深挖18～21cm深，并清除树兜、石块等，深挖后，再按株行距规格打洞。其优点是：蓄水、消灭杂灌、改善立地条件的作用大，甚至可以改变小地形；有利于实行机械化作业。缺点是：花费劳力多、投资大、受经济条件和劳动力条件限制；容易引起水土流失，受地形、地质、气候条件的影响。

②带状整地

带状整地是呈长条状翻垦造林地的土壤，并在整地带之间保留一定宽度的不垦带的一种方法；此方法适用范围广泛，是一种效果较好的整地方法；蓄水、保土，改善幼树生长环境；相对全面整地省工，生产成本低。

③块状整地

块状整地是呈块状翻垦造林地一部分土壤的方法。块状整地动土面积小，具有省工、灵活等优点，但改善立地条件的作用较差。

块状整地可用于平原或山地的各种造林地，适用于地形较破碎的山地，伐根较多且有局部天然更新迹地、风蚀严重的荒地、沙地及沼泽地等。

（3）造林整地技术规格

①深度

深度对改善立地条件的意义最为重大，应大于栽植苗木根系的长度（20～25cm）。生长上常用的深度为30～40cm。但在植被稀少，土壤疏松的新采伐（火烧）迹地上没有必要深整地，尤其在水分充足地区，深整地还有促进冻害的作用，在这种地区仅限于通过浅松土把枯落物和矿物质混合起来，甚至仅限于扒去土表枯落物层，露出矿物质以便栽植。

②宽度

宽度与坡度有关：陡坡窄，缓坡宽；土浅窄，土厚宽。坡度越大，垦带应越窄。否则土体不稳或自然植被保留少，又不利于水分的保持。条垦带的宽度一般是80～100cm。

③长度

长度视其保持的水平的程度而言。

④断面形式

断面形式以斜面、阶状、沟状各不同。

在不同的自然条件、经营水平状况下，整地的技术规格有很大差异，其中整地深度是所有整地技术规格中最为重要的一个指标。

（4）造林整地的季节

一般来说，除冬季土壤封冻外，春、夏、秋三季均可整地。合理季节的选择必须结合如下几个原则：

立地条件。黏性土壤宜在冬季前进行，以利于土壤冻融风化，而冻融风化对沙性土壤影响相对较小。杂灌严重的立地则以伏天为好。

气候条件。在干旱地区或季节性干旱地区，在整地与造林之间最好有一个雨季，以利于改善土壤墒情。

劳动力安排。春季是多数地区的林业生产最为繁忙的季节，因此，整地应尽量避免整地与造林不争抢劳力，造林时无须整地，可以不误时机地完成造林任务。

整地效果。一般应做到提前整地，因为提前整地可以促进灌木、杂草的茎叶和根系腐烂分解，增加土壤中有机质，调节土壤的水分状况，尤其在干旱地区。当然，提前整地一般是提前1～2个季节，绝不是无限制提早。如果整地后长时间不造林，立地条件仍会不断变劣，失去整地作用。

（二）造林方法

造林方法是指造林施工时的具体方法。根据所使用的造林材料不同，可分为播种造林、植苗造林和分殖造林三种。

1.播种造林

播种造林也叫直播造林，是把林木种子直接播于造林地上，使其发芽生长成林的一种造林方法。

播种造林的特点是不需经过育苗，也省去了栽植工序；操作简便，费用较低，节省劳力；苗木适应性强，根系完整，发育均衡。但耗种量大，出苗率低，成林慢，在生产上没有植苗造林应用广泛。

播种造林的应用条件：一是在气候条件好，土壤比较湿润疏松，杂草较少，鸟兽危害不严重或者岩石裸露、土层浅薄、植苗造林和分植造林困难的地区采用；二是播种造林树种应是种源丰富、发芽力强、根系发达、直根性明显、比较耐干旱的树种。如松类、核桃、油桐、油茶、紫穗槐、柠条、花棒等。此外，移植较难成活的树种，如樟树、楠木、文冠果等，也可采用播种造林。边远地区，人烟稀少地区播种造林更为适宜。

2.植苗造林

植苗造林是以苗木作为造林材料进行栽植的造林方法，也称植树造林或栽植造林，是目前生产上应用最普遍的一种造林方法。

（1）植苗造林的特点及应用条件

植苗造林所用的苗木，是在条件较好的苗圃中度过的，它具有较完整的根系，对造林地环境条件要求不严，抵抗外界不良环境因子的能力较强，幼林能较早郁闭，可以缩短幼林抚育年限。此外，植苗造林比播种造林节省种子。但植苗造林的工序比较复杂，费用大，特别是大苗带土栽植。

（2）栽植技术要点

包括从起苗到栽植包括苗木的选择、苗木的保护和处理，以及植苗的具体技术等。每一工序的技术措施都应围绕保持苗木体内水分平衡，保证苗木在栽植时具有旺盛的生命力，栽植后能迅速恢复生机。

（3）裸根苗植苗造林苗木体内水分平衡问题

在裸根苗植苗造林中，要获得较高的造林成活率，相当重要的一条就是保持苗木体内的一定含水量。事实上，苗木生命力的强弱和苗木体内含水量是一种平衡关系，苗木的生命力是随着苗木体内的水分下降而得不到足够的补充而降低的。在实际的林业工作中，为了达到提高造林成活率的目的，实质上就是要维持苗木体内的水分平衡。

起苗后到栽植前裸根苗的水分平衡。苗木在栽植前，要经过起苗、分级修整、贮藏及运输四个环节，而每个环节中，苗木都按一定的速率失水（即苗木在单位时间失去的水与苗木体内含水量之比）使苗木体内含水率降低。苗木造林后要成活，就必须使栽植时的苗木含水量达一定量。而苗木含水量是按上述指数衰减的，故要提高苗木含水量，可采用下列措施：提高起苗时苗木含水量，可在起苗前浇一次透水；降低失水速率，即应避免苗木风吹、日晒、高温、环境、伤口过多、受伤面积过大等；应尽量缩短起苗、分级、修剪、运输及栽植的时间，运输时也要防止失水，如搭篷布、根系蘸泥浆、喷保水剂等；运回来如不立即栽植，应赶快保存好，如假植。

苗木栽植后到成活体内的水分平衡。苗木栽植后，一方面苗木自身由于蒸腾作用继续失水；另一方面苗木处于一定的土壤环境中不断吸水，这两方面使苗木在一定时间一定环境（包括土壤和气候）中体内水分保持平衡。要使栽植的苗木成活，可采取下列措施：可以采用地面覆盖，增加地表粗糙度，修枝打叶等措施以减少蒸腾；提高吸水速率。因而要在起苗时注意保持完整根系（特别是吸收根）。栽植前要整地，提高栽植技术，保证苗木不窝根。有条件的栽后要浇水，使苗木尽快恢复吸水速率，保证苗木成活。

综上所述，裸根苗在植苗造林过程中，只要解决了苗木体内的水分平衡问题，就能保证成活，就可以获得比较高的造林成活率，相反，裸根苗在植苗造林过程中不能维持苗木体内水分平衡，就不可能保证苗木成活。裸根苗在植苗造林过程中应该采取一切利于维持苗木体内水分平衡的技术措施，使苗木恢复正常吸水之前，能保证苗木体内水分平衡，提高苗木培育成活率。

3. 分殖造林

分殖造林是利用树木的营养器官（如枝、干、根、地下茎等）作为造林材料进行造林的方法。

（1）分殖造林的特点及应用条件

分殖造林具有营养繁殖的一般特点，即幼林初期生长较快，能提早成林和迅速发挥防护效能；可保持母树的优良特性；造林技术简单，无须采种、育苗，造林成本低。但受树种和立地条件的限制大，林分生长衰退较早，分殖材料来源比较困难，不适于大面积造林。

（2）分殖造林方法和技术

分殖造林按所用营养器官的部位和繁殖的具体方法不同可分为插条、插干、分根和地下茎等造林方法。

4. 大树移栽

大树移栽能起到早绿化、早成林、早见效的作用，尤其对加快城乡绿化、美化环境有着重要意义，但技术要求较高。

移栽大树有裸根移栽和带土球移栽两种方法：究竟采用什么方法移栽，要因树种而定。再生能力强的树种如柳树、杨树、泡桐、中槐等，可以裸根移栽；再生能力弱的树种和常绿树种，如雪松、云杉、松树等应带土球移栽。

无论采取什么方法，大树移栽都要掌握"随挖、随包、随运、随栽"的原则。在挖掘树木之前，要确定保留根系的多少，不同树种（如深根性还是浅根性、直根性还是须根性）和不同树龄要区别对待。一般来讲，树木主要水平根系应在胸高直径 10 倍左右范围内，垂直根系分布在 60～80cm 深的土层内。挖掘时要注意根系的分布深度，尽量少损伤树木的主要根系。此外，树木的阴阳面输导组织不一样，挖掘时做好标记，栽植时注意保持原来方向。

（1）裸根移植

挖掘树木时，先以树干为中心，在应保留根系的范围画一个圈，在圈外开沟向下挖掘，从四周向下挖移深度后，如果根系都已挖出，即可向内切断主根，直至把树挖倒。用草袋、蒲包将根部包裹起来，及时运出定植。

（2）带土球移栽

带土球移栽技术要求比较严格，挖树时应尽可能掘得深些，注意保护根系少受损伤。一般土球半径不得小于离地面10cm高处的树干周长，厚度为土球直径的 2/5 ～ 2/3。如果距栽植地较远，必须包装，包装材料的选择要根据土球大小和土壤的质地而定。如果树龄不大，土壤黏性较大，可以用软材料包装，即用草绳、蒲包包裹缠绕土球，捆绑牢固。如果树龄较大或土壤较疏松应用软材料包装，即通常多用木板包装。挖时把所带土球修成正方形，以便包装。树木包装后，应尽快运到栽植地点及时栽植。运输装卸时要轻装轻放，防止根、枝折断和根部泥土散失，以利成活。远距离运输途中要适当淋水。如不能及时栽植，应放置阴凉处淋水，保持湿润。

大树移栽后的管理工作主要有培土、立支架、修剪、松土、防治病虫害、浇水、除草、抹芽和施肥等。以上工作应根据树木不同生长季节的需要进行。

（三）造林季节

我国地跨寒、温、热三个地带，各个地区，地势不同，小气候千差万别，再加上造林树种繁多，特性各异，因此从全国来看，一年四季都有适宜造林的树种。

在具体条件下，适宜造林季节应根据各地区的气候条件和种苗特点来确定。从气候条件看：应具备种子萌发及苗木生根所需要的土壤水分状况和温度条件，避免干旱和霜冻等自然灾害。从种苗条件看：应该是种苗具有较强的发芽生根能力，而且易于保持幼苗内部水分平衡的时期。此外，还要考虑鸟兽、病虫危害的规律及劳力情况等因素。一般树木造林，都应在树木落叶后和发芽前的休眠季节树液停止活动时期进行。

1. 春季造林

春季是我国多数地区最好的造林季节。这时，气温回升，土温增高，土壤湿润，早春栽植与树木发芽前生根最旺盛阶段初期相吻合，有利于种苗生根发芽，造林成活率高，幼林生长期长。但春季造林不能过迟，一般来说，南方冬季土壤不冻结的地方，立春后就应开始造林（即顶浆造林）。早春，苗木地上部分还未生长，而根系已开始活动，所以早栽的苗木先生根后发芽，蒸腾小，容易成活。但早春时间短，为抓紧时机，可按先栽萌动早的树种如栎类、榆、中槐等；先低山，后高山；先阳坡，后阴坡；先轻壤土，后重壤土的顺序安排造林。

春季土壤水分充足，温度适宜，有利于种子发芽，尤其是松类及其他小粒种子，更适于春播造林。易发生晚霜危害的地区，春播不宜过早，应考虑到种子发芽后能避过晚霜危害。春季分殖造林，一般先发根与发芽同时开始，能保持水分平衡，使幼苗发育良好，成活率也高。

2. 夏季造林

冬春干燥多风，雨雪少，而夏季雨量比较集中的地区，可以进行雨季造林。因此，夏季造林又叫雨季造林。雨季造林，天气炎热多变，时间较短，造林时机难以掌握，过早过迟或栽后连续晴天，都难以成活。因此，雨季造林要利用雨水集中季节，空气湿度大的时间进行，一般应在连续阴雨天，或透雨后进行。雨季造林树种以常绿树种及萌芽力较强的树种为主。如油松、侧柏、云南松、樟树、桉树、柠条、紫穗槐等。雨季植树造林，阔叶树要适当剪去部分枝叶，减少苗木蒸腾，以保持苗木体内水分平衡；栽植针叶树，最好在起苗时带宿土栽植，或用泥浆蘸根，并做好包装工作。尽量做到就地取苗，就地造林，防止苗根风干。夏季雨量充足的地方，也可直播松树和柠条、花棒等灌木。

3. 秋季造林

秋季气温逐渐下降，土壤水分较稳定，苗木落叶，地上部分蒸腾量大大减少，而苗木根系仍有一定活动能力，栽后容易恢复生机，来春苗木生根发芽早，有利于抗旱。因此，在春季比较干旱、秋季土壤湿润、气候温暖、鼠兔牲畜危害较轻的地区，可以秋季栽植。但秋植要适时，若过早树叶未落，蒸腾作用大，苗木易干枯；若过迟土壤冻结，不仅栽植困难，而且根系完不成生根过程，对成活、生长都不利。在秋季和冬季降水量很少的地区或有强风吹袭的地方，苗木易于顶梢枯死，为了提高造林成活率，秋季栽植萌芽力强的阔叶树种多采用截干栽植。但风大、风多、风蚀严重的沙地及冻拔害严重的湿润黏重土壤，秋植效果较差。秋季播种造林也有翌春萌发早的特点，而且可以省去种实贮藏及催芽工序。凡鸟兽不严重的地方，播种核桃、栎类、油茶、油桐等大粒种子，都可以在秋季进行。秋季也可以插条造林，但插时要深埋，以免遭受冬季低温及干旱危害。

4. 冬季造林

在冬季土壤不结冻或结冻期很短，天气不十分寒冷干燥的南方地区，可在冬季植苗造林。不少树种的根系在冬季休眠很短或不明显，因此，温暖湿润的地方，若土壤不结冻，而且不太干燥，一般从秋末到早春都可以植苗造林。因此，冬季造林实际上是春季造林的提前或秋季造林的延后。同时，冬季正值农闲季节，劳力比较容易安排，已成为南方一些地区的主要造林季节。冬季造林树种，仍以落叶阔叶树为主，油茶、油桐、栎类等树种也可在立冬前后进行播种造林，冬季不结冻的地区也可以进行冬季插木造林。

造林季节确定后，还要选择合适的天气，一般来说，雨前雨后、毛毛雨天、阴天都是造林的好天气。要尽量避免在刮大风天造林，刮风天气候干燥，蒸发量大，造林成活率低。就晴天来讲，中午 12：00 到下午 2：00，阳光强，气温高，尽量避免在这一时段造林。

（四）幼林抚育管理

1. 土壤管理

（1）松土除草

松土的目的在于疏松土壤，减少地表蒸发，保持土壤水分，改善土壤通气状况，以促进土壤微生物活动，提高土壤的营养水平，有利于幼林的成活和生长。除草的目的在于清除杂草，减少杂草与幼树争光、争水、争肥的矛盾。

（2）水分管理

水分管理主要包括排水和灌溉两方面。它是人为调节造林地土壤水分状况，提高造林成活率，促进幼林生长的有效措施。

（3）林地施肥

林地施肥是改善土壤养分状况，提高林木生长量，缩短成材年限和结实大小年的有效措施。在幼林期间施肥对加速幼林生长，促进幼林提早郁闭有显著作用。

林地施肥的特点是：林木系多年生植物，施肥应以长效肥料为主；用材林以长枝叶及木材为主，应施用以氮肥为主的完全肥料，幼林时适当增加磷肥对迅速扩大营养器官有很大作用；林地土壤，尤其是针叶林下的土壤酸性较大，应增施钙质肥料；有些土壤缺乏某种微量元素，在施用氮、磷、钾的同时，配合施入少许的锌、硼、铜等往往对林木的生长和结实极为有利；幼林阶段林地杂草较多，施肥后部分营养物质（多的可达 70% ~ 85%）常被杂草夺取，只有少量为幼树所吸收。因此，林地施肥应与除草剂结合起来使用较为合适，有些肥料，如石灰氮还可以兼除草剂的作用。

（4）林农间作

林农间作是在造林后的头几年，利用幼林行间的空隙种植各种作物，既可以合理利用土地，做到以短养长，长短结合，增加单位面积上的总产量，又可以起到以耕代抚，减少幼林抚育投资，降低造林成本的作用。合理间作还能为幼林生长创造良好条件，如间作作物遮蔽地面，可以减轻水土流失，抑制杂草生长，作物秸秆残留在地里，还可以增加土壤有机质，提高土壤肥力等。

2. 幼林管理

（1）间苗

间苗的时间最好在雨后或结合松土除草进行，间苗一般分两次，总的原则是留优去劣，去小留大，适当照顾距离。第二次间苗一般叫定株（苗），即每穴选留一株干形端直、生长健壮的苗木，多余的植株除去。间苗时应注意不影响保留苗木的生长，间苗后及时灌水。

（2）平茬

平茬就是截去幼树的地上部分，使其重新萌生枝条，培养成优良树干的一种抚育措施。平茬仅适用于萌芽力强的树种，如泡桐、刺槐、杨树、柳树、臭椿、榆树等。平茬不是必需的抚育措施，主要应用于风折、霜冻、病虫害或人畜损伤等条件下的林木更新，或在造林初期，当苗木失去水分平衡而可能影响成活时，都可以齐地面平茬，让其重新萌发新条。

（3）抹芽

抹芽是促进幼树生长、培育良好干形的一项抚育措施。具体做法是，当幼树的树干上萌发的嫩芽尚未木质化时，把树干 2/3 以下的嫩芽抹掉。这样可防止养分分散，有利用幼树的高生长，同时还可避免幼树过早修枝，培养无节良材。

（4）修枝

修枝是根据不同林种要求，人为地修除枯枝或部分活枝的一种抚育措施，是调节林木内部营养的重要手段。对于一些树种及时和适当的修枝，可以促进主干生长，培养良好干形，减少枝条，提高干材质量，也能起到减少森林火灾和病虫害的作用。

3. 幼林保护

（1）封山护林

在造林后 2～3 年内幼树平均高在 1.5m 以前，应对幼林进行封山（沙）护林。新造幼林比较矮小，对外界不良环境的抵抗力弱，幼苗容易受牲畜践踏。不合理的割草砍柴，也容易伤害幼树，降低土壤肥力，影响幼林成活生长。因此，造林后除对幼林进行必要的抚育管理外，应严禁放牧砍柴、割草，加强宣传教育，建立和健全各项管护制度，依靠群众订立护林公约，把封山护林与育林结合起来，促进林木迅速生长。

（2）预防火灾

火灾对林木危害极大。在人工幼林中人为活动频繁，特别是针叶树，更应注意防火工作。所有林区单位除建立健全护林防火组织，订立各种防火制度，严格控制火源外，在造林时应尽量营造阔叶混交林或针阔混交林，开好防火线和营造防火林带，设置瞭望台。加强巡逻，及时发现火警，配备专职护林人员，做好护林防火工作。

（3）防治病、虫、鼠、鸟、兽害

为了防治这类危害，必须认真贯彻"预防为主，积极消灭"的方针。在造林设计和施工时就应充分考虑到这些危害发生的可能性，采取相应的预防保护措施。如营造混交林；加强抚育管理；改善幼林生长的环境条件和卫生状况；促进幼树健壮生长；因地制宜地采取保护各种有益鸟类和昆虫，人工繁殖放养益虫（如瓢虫、寄生蜂等），人工培养喷洒菌类（如白僵菌等）等；以生物防治为主，辅以药剂和人工捕杀等综合措施防治林木病虫害。在防治鼠、鸟、兽危害时，可采用药剂拌种、蘸根等措施。建立健全森林病虫害防治机构，认真做好监测工作。对林木种苗进行检疫，防治检疫性病虫害的传播和蔓延。

（4）防除寒害、冻拔、雪折和日灼等危害

冬春旱风严重，造林后容易遭受寒害的树种，可在秋末冬初进行覆土防寒。在排水较差或土壤黏重，容易遭受冻拔危害的树种，可采取高台整地，降低地下水位，幼林地覆草，以减免冻拔害的发生。在容易发生雪折的地区，应注意正确选择树种或用不同树种合理搭配，成林后注意适当修枝和抚育采伐。对容易遭受日灼危害的树种，除注意树种组成外，还应避免在盛夏高温季节松土除草。

4.造林成活率检查和补植

（1）造林成活率检查

造林成活率检查是指造林施工单位及其上级机关每年秋冬季对上年秋季、今年春季或上年夏季的新造幼林和补植造林进行的一次全面检查。其目的在于检查造林质量，核实造林面积，调查幼林的成活与生长状况，评定造林质量，分析失败原因，改进造林技术，拟定抚育管理措施，确定重新造林面积和做出补植计划，并制定出相应的抚育管理措施。

（2）幼林补植

由于苗木质量、栽植技术及外界条件等因素，造林后往往有部分幼树死亡，不能保持幼林原有密度，为了使幼林及时郁闭，保证造林质量，必须进行幼林补植。幼林补植，应根据幼林检查结果，确定是否需要补植。按我国造林技术规程规定，造林成活率在41%～84%的地块，或平均成活率虽然达到85%以上，但局部地段成活率低，以至影响幼林及郁闭时，都要进行补植。而成活率低于40%的则需要重造。若为局部整地，对其中生长良好的幼树应予以保留。补植应按原造林树种、株行距，采取同龄大苗，按原栽植方法进行补植。补植时间应在幼林检查后及时进行，愈早愈好，一般在造林后2～3年内补植完毕，使幼林生长一致，林相整齐。补植是一项费工费事的作业，效果往往不好。从提高造林质量，节省造林费用的角度出发，应尽量设法避免补植和减少补植工作量。近年来有人主张用提高造林初植密度的方法保证足够的单位面积成活株数，但这只有在保证较高成活率及死亡植株分布均匀的情况下才有可能。因此，避免补植的根本办法是提高造林技术水平，争取达到较高的成活率。

第三节　造林规划设计

一、造林规划设计的内容和程序

造林规划设计是造林的基础工作，具体讲就是根据自然规律和经济规律，在对宜林荒山、荒地及其他绿化用地进行调查的基础上，编制科学、实用的一整套造林规划和造林技术设计方案。

（一）造林规划设计的任务

造林规划设计的任务，一是制订造林总体规划方案，为各级领导部门制定林业发展计划和林业发展决策提供科学依据；二是提供造林设计，指导造林施工，加强造林科学性，保证造林质量，提高造林成效。从而扩大森林资源，改善生态环境，满足社会和经济持续发展对林业的要求。

（二）造林规划设计的内容

造林规划设计的内容是根据任务和要求决定的。对于一个林场或一个区域来讲，造林规划设计是为编制造林年度计划、预算投资、进行造林作业设计或造林提供依据。主要规划造林总任务量的完成年限以及造林林种、树种，设计造林技术措施等。这些规划设计意见均需落实到山头、地块。此外，对现有林经营、种苗、劳力、投资与效益均需进行规划和估算。必要时，对与完成造林有关的项目如道路、通信、护林及其他基建等设施，也应做出规划。其具体内容如下：

1. 土地利用规划

在植被建设中，正确处理农林牧各业的关系，制定出符合国家和当地社会、经济持续发展要求的土地利用规划，是造林规划设计工作的首要任务，关系到造林工作的成败。要在调查土地利用现状的基础上，根据林业区划（规划）提出的农林牧土地利用比例，并结合本地实际情况制订合理的土地利用规划。

2. 立地类型划分

在造林规划设计中，选择造林树种是一项十分重要的内容。为了圆满完成这项任务，做到适地适树，通常是根据立地类型进行造林树种的选择。所以，立地类型划分的正确与否，直接关系到造林工作的成败。

3. 林种规划

人工林划分为：防护林、用材林、经济林、薪炭林和特种用途林等五大林种。根据规划地区的自然条件（如地形、地势、气候、土壤及自然灾害的特点等）、社会经济条件，如当地的人口、耕地、粮食生产、生活水平和对林产品（木材、燃料、饲料等）的需求情况，因地制宜地确定所需培育的林种，并且落实到一定的区域范围内。一般应参照当地的综合农业区划、林业区划及上一级造林规划所确定的原则，在立地调查和造林地调查的基础上具体落实林种布局。

4. 树种规划

规划树种主要按照适地适树的原则，兼顾国家和群众的需要来选择树种。在地形、土壤比较复杂的地方，应根据海拔高度、地形部位、坡向、土壤种类和厚度、地下水位、盐渍化程度等影响造林的主要因子，选择适合生长的树种。规划设计必须坚持以当地优良乡土树种为主，乡土树种与引进外地良种相结合的原则，不断丰富造林树种。

在树种搭配上，应考虑国家和群众多方面的要求，尽量做到针阔结合、常绿与落叶树种结合，乔、灌、草结合。

5. 造林技术设计

造林技术设计，是在造林立地调查及有关经验总结的基础上，根据林种规划和造林主要树种的选择，制定出一套完整的造林技术措施。它是造林施工和抚育管理的依据。

造林技术设计的主要内容包括：造林整地、造林密度、造林树种组成、造林季节、造林方法、幼林抚育管理等。

造林技术设计前，应全面分析研究本地或临近地区人工造林（最好是不同树种）主要技术环节、技术指标和经验教训，以供造林技术设计参考。

6. 造林进度规划

规划造林进度的目的在于加强造林工作的计划性，避免盲目性，便于有计划地准备苗木，安排劳力。安排造林进度是一项复杂细致的工作，搞不好就会使进度规划流于形式。因此，在安排造林进度时，既要考虑林业区划和规划提出的造林总任务，又要考虑规划地区造林的任务和种苗、劳力、经济条件，经过全面分析研究做出切合实际的安排。根据实践经验，进度规划的年限不宜过长，一般以三至五年为好，这样有利于把造林规划纳入发展国民经济的五年规划中去，使规划设计落到实处。

7. 种苗规划

要保证造林规划设计的实现，必须有充足的种苗。种苗规划要根据造林规划设计提出的树种和规格要求安排。规划种苗要贯彻"自采、自育、自造"的原则，尽量减少苗木调运。但对外地优良品种应积极扩大繁殖。规划时要首先计算出每年各树种种苗需要量，然后提出采种和育苗计划，并具体规划出苗圃用地、采种基地和母树林等。

8. 投资规划和效益估算

（1）投资规划

主要是人力、物力和资金规划。

（2）效益估算

主要估算造林工作完成后的森林覆盖率、立木蓄积、抚育间伐所生产的林产品和林副产品以及多种经营的实际收益等。

（三）造林规划设计的工作程序

造林规划设计是造林工程的前期工序，按一般工程管理程序，是一个重要的环节，它决定造林是否进行，是否给予投资，并决定造林规模、造林完成年限、投资额等。

一般来说，在生产实践中首先应在当地土地利用规划（或综合规划、区划）及林业区划或上一级造林规划设计的基础上，结合国家和当地经济建设的需要和可能，提出造林工程项目。然后对造林地区进行初步调查研究，提出初步设计方案或可行性论证报告，以确定该项造林工程的规模、范围及有关要求。其次，在造林工程项目纳入国家或地方建设计划后，对造林工程进行全面调查设计，提出造林工程规划设计方案，作为编制造林计划、组织造林施工和造林施工设计（作业设计）的依据。

二、造林规划设计的准备工作

为了保证造林规划设计实习工作的顺利进行，在进行外业调查之前，应做好如下准备工作：

（一）搜集有关资料

图面资料：图面资料是造林规划设计的基础资料，应尽量搜集齐全。它包括航摄照片、地形图、林业区划图、综合农业区划图、造林规划设计图等，其中最重要的是航摄照片和 1：10 000 地形图。航摄照片是地面的缩影，清楚地反映地面的现实状况。利用航摄照片能很容易地勾绘出土地利用现状，了解有林地和宜林荒山荒地的面积和分布情况，提高规划设计的精度和减少部分野外工作量。所以，有航摄照片的地区，应尽量采用航摄照片（最好是大比例尺的照片）。没有航摄照片的地区，也可采用地形图进行现场勾绘。地形图既是造林地区划与调查用图，又是最后附图成图的底图。

（二）做好物资准备

为了保证造林规划设计实习外业调查工作任务的完成，必须做好下列物资准备工作：

1. 调查设计用表

主要包括立地类型调查表、立地类型因子汇总表、立地类型特征表、造林地小班调查表、造林地面积统计表、立地类型面积统计表、造林典型设计表、造林典型设计与小班结合表、造林技术设计一览表、年度造林任务规划表、苗木需要量核算表、年度育苗面积规划表、年度种子种条需要量核算表、年度用工概算表、年度投资概算表等。

2. 仪器和工具

外业调查需要的仪器和工具主要有计算器、手持罗盘、海拔仪、皮尺、钢卷尺、围尺、测高仪、生长锥、绘图板、三角尺、标本夹、土壤袋等。

3. 文具用品

主要有铅笔、彩色水笔、橡皮、笔记本等。

三、外业调查

（一）造林地立地调查

造林地立地是造林地与林木生长发育有关的自然环境因子的总称，立地条件就是生态环境条件。在大的区域内，首先要研究气候、地貌对林木生长发育的影响；较小的范围内，则在气候、地貌类型已知的情况下，主要对下列生态环境因子进行调查分析。

地形因子：包括海拔高度、坡向、地形、坡位、坡度和小地形等；

土壤因子：包括土壤种类、土层厚度、腐殖质层厚度及含量，土壤水分含量及肥力、质地、结构及石砾含量、酸碱度、盐碱含量，土壤侵蚀或沙化程度，基岩和成土母质的种类与性质等；

水文因子：包括地下水位深度及季节变化，地下水矿化程度及其盐分组成、土地被水淹没的可能性等；

生物因子：主要包括植物群落名称、组成、盖度、年龄、高度、分布及其生长情况，森林植物的病虫害情况等；

除此之外，还有人为活动等因子。

造林地的立地条件是多种多样的，若把这些千差万别的立地条件罗列起来一一考虑，将不仅人为地造成复杂化，使造林规划设计的工作无从着手，而且实际生产中也没有这种必要。因此，立地调查的目的在于，通过立地调查和综合分析，将复杂的自然条件划分成内部条件相近似，而与外部条件有明显差别的立地类型。然后，按立地类型划分宜林地小班和进行造林技术设计或造林典型设计。

（二）立地条件调查的方法

立地调查及类型划分，一般应在造林地的区划调查之前进行（局部小面积造林设计，可结合造林地调查同时进行）。这主要是为了在逐块进行造林地调查时，便于按照不同立地类型划分出不同的宜林地小班。也就是说，便于把大面积千差万别的造林地，归纳划分为几类或十几类不同的立地类型。这不仅能较系统地掌握造林地的自然特点，而且也可为其他技术设计的调查提供条件。

大面积造林地区，不可能对每块造林地都一一进行立地调查。因而必须考虑到，既不能使外业调查的工作量过大，又要使调查材料较为全面地反映不同立地的特征。通常是在充分搜集与分析当地现有资料的基础上，采用线路调查（机械选样）和典型调查（典型选样）相结合的方法进行。

1. 线路调查

线路调查就是在规划设计区域内选择一些具有代表性的线路，沿线路进行一些概况性的调查，划分出不同立地的线段，并逐步进行详细调查记载。

（1）选设调查线路

选设调查线路的原则是，根据造林地分布情况、地形地势特点，并照顾到线路的水平分布（造林地区内分布均匀）和垂直分布（由山脚、沟底到山顶、沟顶），尽可能较多地通过各种不同自然条件的造林地。一般应先在图面上（最好是在地形图或航摄照片上）预设，然后通过现地踏查确定所需选设的几条或多条调查线路。各条调查线路按顺序统一编号。

（2）划分调查段

在调查线路上进行调查时，应随时注意观察地形（坡向、坡度和海拔高度等）、土壤（土壤厚度、质地、结构和石砾含量等）、植被（优势种和指示性植物）等各方面的变化规律。当这些条件有明显变化（不是局部的偶然现象，而是在一定条件下出现的不同立地条件特征），而这些变化又足以引起造林树种或造林、经营措施等方面有所不同时，则应准确地划定变化界限，区分出不同立地条件的调查段，并按顺序进行编号。

（3）绘制线路调查草图

为了对线路调查情况有一个比较直观和概括性的了解，便于对调查材料进行整理与分析，在线路调查时，应分别为每条调查线路绘制线路调查草图。草图的内容主要包括线路长度、地形条件、调查段间距和海拔高度等。草图可用方格纸或普通纸按大致比例勾绘。

2. 典型调查

立地条件的典型调查通常是在线路调查的基础上，进行一些必要的典型补充调查。或者当局部造林地面积较小，不便设置调查线路时，可直接在造林地选择典型地段进行调查。

线路调查以后，如果发现调查材料中，尚不能包括本地区所有造林地的立地类型，或者调查材料不够典型，不能充分反映某立地类型特征，以及某些立地类型调查材料较少（一个立地类型尚不足三个调查段），汇总材料不够充分，都应进行典型补充调查。

典型调查，应根据所需补充调查的对象和数量，在该类型具有代表性的地段进行（应避免选在线路调查相重复的地点）。当某一类型需要补充两个以上调查材料时，不应在同一地段内重复选设调查点。典型调查的内容与方法均同线路调查。典型调查应另行编号。

（三）立地调查的内容和记载方法

在造林地立地调查中，一般应以主导环境因子（地形、土壤、植被）为主要调查内容，并对局部小气候和水文等方面做适当的补充调查。

地形因子调查记载。

1. 编号

填写调查线路与调查段的编号。调查线路以规划设计区域为整体按一定顺序编号。调查段则按每一条调查线路顺序编号。为便于区别线号和段号，可在线路编号与调查段编号间加"-"号，如第一条线路上的第七调查段编号为01-07。

2. 地点

为了准确查找调查段在图面和现场地的具体位置，应注明该调查段所在的地点，如县、乡、村和小地名。已有林业调查区划的地区，则应注明林场、分场、作业区、林班（营林区）和小班。

3. 调查段周围情况

为了反映周围环境条件对本调查段的影响，调查记载与本调查段相邻的地类、地形、植被情况，以及是否有道路、垦荒、放牧、割草、割灌、火烧等情况。

4. 坡向

坡向指坡面所指方向。调查时，记载调查段的主要坡向，一般按东、南、西、北、东南、东北、西南、西北等记载。根据坡向对立地影响的大小，归纳材料时可分为阳坡、阴坡以及半阳坡、半阴坡等。

5. 坡度

为了按坡度分类或命名，一般将坡度划分为坡度等级。如5°以下为平，5°~15°为缓坡，16°~25°为斜坡，26°~35°为陡坡，36°~45°为急坡，46°以上为险坡。

6. 坡位

坡位指调查段在坡面上所处的位置。一般在较长的坡面上，可分为上部、中上部、中部、中下部和下部等坡位。坡面较短时，则可按上部、中部和下部三个坡位划分。

7. 地形特点

根据当地的地貌条件，描述调查段内地形特征和小地形变化的相对高度。地形特征的描述，山地一般可分为山顶、山脊、山坡（凸坡、直线坡、凹坡和凹凸形坡等）；丘陵可分为丘顶、丘坡和丘间凹地等；河谷地可分为河床、河漫滩和阶地等；风沙区可分为固定沙丘、半固定沙丘和流动沙丘。并目测内部小地形起伏变化的高度。

8. 裸岩比例

记载裸露岩石的分布状况和所占面积的比重。岩石分布状况，通常以带状、团状、均匀和零星等描述；岩石裸露面积比重以目测百分数记载。

9. 侵蚀状况

主要调查记载有无土壤侵蚀、风蚀或沙化的情况。在有土壤侵蚀的地区，应按侵蚀类型（片蚀、沟蚀、崩塌）、侵蚀程度（轻度、中度、强烈、剧烈）和侵蚀形成的原因进行调查记载。

10. 小气候特点

较大范围内的气象条件，一般通过收集当地有关气象资料即可掌握。对于局部小气候条件，如风口、迎风面、干燥、阴湿、低温、积雪、雹、霜期等等，与周围其他地段有明显差别的应进行调查记载。一般可采用访问调查的方法或根据地形条件加以判断。

11. 人为活动情况

调查记载该地段内有无人为活动情况，频繁程度如何。如砍柴、割草、割条、放牧和火烧等。

（四）立地分类及立地类型表的编制

（1）材料的整理与汇总

对野外调查记载的材料，应进行全面检查，如有遗漏或误差的项目，应进行补充、修正，必要时应进行野外补充调查。

对野外难以确认的植物和岩石等，应对其标本及时进行鉴定，按鉴定后的名称修改野外记载的代名或代号。

立地类型因子汇总是对立地类型进行综合分析的过程。本着立地类型内部条件趋于一致，而与外部又有明显差异的原则，按照野外调查时初步划分的立地类型，或者根据地形、土壤、植被等特征，采取分级归类、逐步组合的方法，先将相近似的立地逐步汇总，在汇总过程中加以调整，最后归纳出不同的立地类型。

立地类型划分的多少（细致程度），应根据当地的自然条件和生产上的实际需要确定。一般划分不宜过多过细，以免给生产上带来不必要的烦琐。

（2）编制立地类型特征表

立地类型特征表是划分立地类型的主要成果。在立地类型因子汇总表的基础上，经反复分析调整，则可基本确定所需划分的立地类型，并根据因子汇总表概括出每一立地类型的特征的变动范围。特征的描述要力求简练、准确，重点突出。

四、造林地区划

造林地就是通过土地利用区划和规划确定为造林使用的土地，是在一定的造林地区内造林地段的总称，包括荒山荒地，采伐、火烧迹地，沙荒和规划用于造林的其他土地。在造林地区范围较大，情况复杂，造林地与非林地、宜林以外的林业用地混合分布时，为了便于进行造林规划设计和组织造林、幼林管理等，必须进行造林地经营区划。造林地经营区划应在正式外业调查前进行，由设计单位与造林部门共同研究分区的划分原则、分区标准等，然后在地形图上将高层次的分区界线划定。

造林规划设计的对象主要是宜林地，其次对有林地、疏林、灌木林和未成林造林地也要提出经营措施。造林地区划应在土地利用区划和林业区划的基础上，根据林业用地分布情况进行分级区划。

（一）群众造林

通常大面积的群众造林以县为单位进行规划设计和组织实施。所以，一般在县的范围内进行区划，并以行政界线作为区划的依据，分县、乡、村、小班4级。如村的面积过大，不便统计和管理时，也可在村以下增设"片"（或林班）一级，片以下分小班。如有国有林场、农牧场时，在县以下，以乡的行政界和与乡同级的国有林场、国有农场和牧场经营地界，划出乡、国有林场、农牧场场界。在乡以下，按村界和与村同级的乡办林场、农牧场经营地界，划出村和国有林场、农牧场场界。村以下和乡办林、农牧场以下划分小班。和乡同级的国有林场，如有确定的经营范围，可以按营林区、小班分级区划。

（二）国有林场造林

国有林场造林一般按林场、营林区、小班3级区划。如国有林场面积较大，必要时可在营林区以下增设林班，实行4级区划。其他国营单位造林，可视其规模大小、分散程度，采取按乡、村、小班，或片、小班分级区划管理。

国有林场界线原则上根据国家批准的经营范围区划。营林区以分片管理方便为原则，以行政界或山脊、河流、道路等自然界线划定，面积一般为5000～10 000亩。林班和片是一个统计单位，主要根据自然地形考虑，统一集材系统，以山脊、水系、道路等自然界线区划。根据造林地分布状况确定面积大小。凡造林集中的地方，面积宜小；凡造林地分散的地方，面积宜大。面积一般为1000～5000亩。

（三）小班区划与调查

小班是调查规划的基本单位，不仅要以小班为单位调查，计算统计面积，按小班规划设计，而且今后还将按小班造林，造林后按小班建立经营档案和实施经营管理。所以，划分小班是最重要最基础的作业。

1．小班划分与小班界线的调绘

（1）划分小班的原则

科学性和实用性相结合是划分小班的原则要求，小班的划分既要反映自然条件的地域分异规律，又要便于识别和经营管理。小班界线最好能与自然地性线和地物标志，如山脊线、水系、地类界和道路等相一致。

（2）小班面积和编号

为了便于造林和经营，现有林和宜林地小班面积最大不宜超过 $20hm^2$，其他地类的小班最大面积一般不应限制。小班也不宜过于零碎，小班的最小面积应根据所使用图面材料比例尺的大小，以在规划设计图上能明显、准确地反映出来为原则。

小班的编号以林班为单位进行。一般按图面（上北下南）从上到下，由左至右依次用阿拉伯数字编号。

（3）小班界线的调绘

小班界线外业调绘的方法有航空相片调绘法和地形图调绘法。

在使用航空相片时，为了减少相片的位移现象，应首先划定相片的使用面积（即相邻的四张相片重叠部分的等分线所构成的面积）。在使用面积内转绘各级区划界线，然后根据相片上所反映的不同地形条件，不同立地类型影像特征（在立地调查时应积累这方面的判读经验），在相片上勾绘出小班的轮廓。在进行小班调查时，对区划界线进行实地核实、补充、修正，并以明显地物作为控制，转绘于地形图上。

在使用地形图进行小班区划调查时，应首先在地形图上准确勾绘出各级区划界线，然后在现地选择地形较高、视线较广的位置，或者选择对坡，观察不同立地类型变化的界线，以现地和地形图上的明显地物标作为控制，用目测方法勾绘小班界线。最后，在深入小班调查时进行核对、修正。

具体勾绘小班界线时，在不足以使立地类型有较大出入的前提下，小班界线应尽量通过明显的地形、地物，并尽可能保持小班界线的规整，以便在造林和经营活动中易于识别小班。

2．小班调查

造林地根据不同的立地类型划分成若干个小班后，为了进一步核实小班区划并掌握每一个小班的具体立地条件，在小班轮廓勾绘的基础上，应深入小班进行调查。小班调查的内容大致与立地调查内容相同。在已进行过立地调查的地区，小班调查的内容可适当从简。应根据不同地区造林地的具体特点或对不同造林目的的要求，在小班调查内容上有不同的侧重，调查深度上也可有所不同。

（四）专题调查

为了提高造林规划设计的质量，使规划设计达到科学实用，在外业调查中应结合当地林业生产的特点，进行有关专题调查，如调查不同立地上树种的生长状况、"四旁"树生长状况、经济林栽培技术及产量、育苗、造林技术经验总结、林木病虫危害及其防治、林业生产责任制等方面的调查。

第七章　森林可持续经营技术

第一节　可持续经营的理论基础

一、森林经营的概念

森林经营是对现有森林进行科学管理，以提高森林不同目的的使用效果而采取的各种措施。林木的生长周期很长，通过人工造林或者靠自然力形成森林后，需要经历很长时间才能达到成熟、衰老。在森林整个生长发育过程中，为了使森林健康良好地生长，人们对森林实施的一切抚育措施，主要通过各种抚育方法控制森林的树种组成、调整林分密度、改善林分结构促进森林生长、提高林分质量、完善森林的各种防护效能，这是森林经营研究的主要内容。现代森林经营的目的不仅是为了获取木材，而且还包括所有森林产品和服务。林业的持续发展是从森林生态系统出发，将森林持续的物质产品和持续的环境服务放在同一位置上。

森林是可再生资源，当森林成熟、衰老采伐后可通过人为或自然的方法形成新一代森林。也就是说，当森林成熟、衰老后，怎样合理采伐，及时更新，发挥森林的不断再生作用，使森林恢复起来，持续发挥其各种效能。只要科学合理地经营管理，森林就可以源源不断地为人类提供大量木材等林产品和服务，又可以维持生态平衡和生物多样性。所以，森林经营还包括对森林永续培育的一切技术措施。

"三分造林，七分管护"，说明了森林经营的重要性。特别是在当今，森林不仅提供人类生产生活所必需的木材，更重要的是提供人类生存、繁衍、发展的良好环境，提供丰富人类精神生活和物质生活所必需的多种物质资源与环境资源。社会对森林的总需求是公众对景观的需求与社会对木材的需求，作为森林经营者，应努力使森林满足社会的总需求。

如何科学合理地经营好森林，也就是如何实现林业可持续发展，这不仅成为中国林业的中心议题，同时，也是全世界林业工作者的共识。

在林业生产中，森林经营工作范围广、持续时间长。森林经营的指导思想应建立在生态平衡的基础上。长期以来，森林经营的目标是在一定的社会经济和环境的约束下，使目的产品（主要是木材）的收获最大。目前，这一占统治地位的传统森林永续经营的观点，从理论到实践均受到了森林生态系统经营的挑战。从过去传统的"木材利用"观念转变为

"生态利用"。所谓"生态利用"就是按生态系统生长发育的自然规律经营和利用森林，使各类森林发挥其应具有的功能，以满足人类社会的需求。

二、森林经营理论的发展

全球森林因自然地理条件及其社会文化、经济因素而有明显的地域差异。森林经营理论明显地受到特定国家社会经济发展水平、文化背景、森林资源现状等的影响和制约，因此，不同的国家在森林经营思想、经营行为、经营方式等方面存在着一定差异。尽管如此，从理论与实践的角度来看，森林经营理论的发展和变化有着共同的轨迹与趋势。森林经营理论总是围绕和制约着森林经营目标与任务的。世界范围内真正意义上的森林经营起源于寒带温带高纬度的欧洲，而后在北美、日本、中欧等地区兴起，最后在全球范围内得到传播。森林经营理论的演变总体上是与社会生产力的发展相对应，同时在森林利用、森林经营方式、森林资源变化等方面有所反映。在不同的历史时期，森林经营思想和森林经营目标息息相关。从森林经营目标、经营途径等综合角度来看，森林经营理论的演变大体上经历了原始林业、传统林业和现代林业（可持续林业）三个历史时期。人类对森林的态度，经历了从盲目破坏与浪费逐步转向自觉地保护与扩大森林资源的过程。

（一）原始林业时期

与落后的社会经济发展水平相对应，人与自然环境的关系是直接的也是密切的。反映在人与森林的关系上，森林不仅是人类进化的场所，更是人类所需食物和住所的唯一来源。由于当时的人口密度低，科学技术不发达，并且有广袤的森林资源为依托，这一时期人对森林的影响是微弱的。伴随着农牧业的发展，森林被认为是妨碍农牧业发展的自然障碍，因此，毁林开荒、取薪毁林，就成为这一时期的重要特征。除此之外，历代统治者大兴土木，频繁的战争也导致了森林资源的破坏。当森林减少到一定程度时，一些国家和地区先后认识到了森林的合理利用和保护的必要性。如中国的园圃制，德国在 10 世纪所形成的地方性森林资源管理制度，以及不同规模人工林的出现，形成了原始林业。这一时期对森林的利用主要以薪材和原木的利用为中心，从经营方式上看，林业活动集中于对原始林的盲目开发利用，而森林的更新基本上依赖自然的力量。

（二）传统林业时期

传统林业是伴随着产业革命的兴起而产生和发展的。17 世纪末 18 世纪初，森林资源成为重要的工业原料。对原木直接或间接的工业利用逐步代替了以民用材为主的地位，特别是取代了以薪材利用为主的森林利用格局。随着木材工业的进一步发展，新型相关产业的不断出现（如铁路、建筑、造纸业、家具业等），客观上加快了森林资源的消耗速度。森林采运和原木生产以及后来所开展的大规模人工造林实践是这一时期林业活动的主要内容。

在欧洲，由于近代工业革命对森林的破坏速度远大于数千年文明对森林的破坏速度，即森林的采伐速度远远大于森林植被的自然恢复和生长速度，一些国家和地区不可避免地出现了"木材危机"。客观现实，使人们逐步认识到，为了不断满足相关产业日益增长的木材需要，就必须对采伐迹地进行人工更新，并采取多种有利于森林生长的人为干预措施，提高林木的生长量，最终提高经济收益。德国可以说是传统森林经营理论的发源地。当时林业科研的主要任务是以增加政府财政收入为中心，因此，财政学家成了林业科学的奠基人，并创立了包含森林经营学的财政学。

需求是发展的动力。随着社会经济的发展，科学技术的进步，人类对森林资源及其环境的需求也在发生变化。一方面，人口的增加，生活水平的提高，对林产品的需求从品种到数量进一步扩大，与此同时，对森林环境安全和文化享乐的需求与日俱增；另一方面，由于人类干预自然的能力越来越强大，工业及其相关产业的发展，致使森林资源本身存在和发展的空间环境越来越艰难，甚至萎缩。特别是林业部门长期的大规模的采伐，以及贫困人口为了生存的现实需要所引发的毁林，全球范围内森林资源不仅面积减少，而且质量也在不同程度下降。需求的扩大与供给能力的缩小，迫使林业必须寻求新的发展模式与途径。与此相对应，森林经营理论和模式也必须做出相应的改变。

（三）现代林业时期

从森林经营理论的演变，特别是森林经营目标的变化来看，尽管早在20世纪五六十年代，许多国家和地区的林业实践中，已经注意到了森林经营与生态环境社会经济发展的关系，也注意到了维持森林生态系统健康问题。

从"永续收获"到"森林可持续经营"，森林经营理论的内涵显著扩大了，各国政府虽都承诺森林要可持续地加以经营，然而对这一概念并不存在统一的精确的解释。一般说来，森林可持续经营意味着在维护森林生态系统健康活力，生产力多样性和可持续性的前提下，结合人类的需要和环境的价值，通过生态途径达到科学经营森林的目的。森林可持续经营必须遵循如下几条基本原则：

（1）保持土地健康（通过恢复和维持土壤、空气、水、生物多样性和生态过程的完整），实现持续的生态系统；（2）在土地可持续能力的范围内，满足人们依赖森林生态系统得到食物、燃料、住所、生活和思想经历的需求；（3）对社区、区域、国家乃至全球的社会和经济的健康持续发展做出贡献；（4）寻求人类和森林资源之间和谐的途径，通过平等地跨越地区之间、世代之间和不同利益团体之间的协调，使森林的经营不仅满足当代人对森林产品和服务的需求，而且为后代人满足他们的需求提供保障。评判是否实现森林的可持续经营应从生态、社会、经济三方面综合衡量，即同时满足生态上合理（环境上健康的）、经济上可行（可负担得起的）及社会上符合需求（政治上可接受的）的发展模式。

森林可持续经营与传统的森林永续经营理论相比有以下五点区别：

（1）永续经营强调单一产品或价值的生产，生态系统经营强调森林的全部价值和效益；（2）永续经营的经营单位是林分或林分集合体，生态系统经营的是景观或景观的集合；（3）永续经营与法正林经营模式相似，而生态系统经营则反映了自然干扰的规律；（4）永续经营注重森林的贮量和定期产量，而生态系统经营首先注重森林的状态（指年龄、结构、林木活力、动植物种类、木材残留物等），其次才是贮量和定期产量；（5）生态系统经营强调人类是生态系统的一个组成部分。

森林可持续经营理论的演变与社会经济的发展有着极为密切的关系。从中国社会经济发展水平、生态环境现状出发，在理论上重新认识中国森林可持续发展问题，确立符合可持续发展基本原则以及社会发展需要的森林经营理论，并用于指导中国森林可持续经营实践，使中国林业的发展真正起到优化环境促进发展的双重目的是中国林业工作者面临的艰巨任务。在区域可持续发展的整体框架下，森林可持续经营的基本任务是建立一个健康、稳定的森林生态系统。而森林生态系统是一个具有等级结构，以林木为主体的生物有机体，与其环境相互作用共同组成的开放系统。因此，实施森林生态系统可持续经营应当是有层次的，即在全球、国家、区域、景观、森林群落等不同空间尺度上，实施森林可持续经营的基本目标。

三、森林可持续经营内涵及其任务

森林可持续经营已经成为全球范围内广泛认同的林业发展方向，也是各国政府制定森林政策的重要原则。森林可持续经营战略是从全局系统综合长远的高度，把处理好经济发展社会进步资源环境基础和森林生态系统的关系；处理好局部利益和全局利益的关系，处理好不同空间尺度（景观、社区、区域、国家与全球）的关系；处理好近期中期与长期发展的关系为着眼点，从社会经济发展过程中，协调森林与人类的矛盾以及利益关系出发，通过森林的可持续经营，促进和保障人类社会的可持续发展。

（一）森林可持续经营的内涵

什么是森林可持续经营？对此，由于人们对森林的功能作用的认识，要受到特定社会经济发展水平、森林价值观的影响，可能会有不同的解释。《关于森林问题的原则声明》中对森林可持续经营的定义是：森林资源和林地应以可持续的方式经营，以满足当代和后代对社会、经济、生态、文化和精神的需要。这些需要是指对森林产品和森林服务功能的需要，如木材、木质产品、水、食物、饲料、药物、燃料、保护功能、就业、游憩、野生动物栖息地、景观多样性、碳的减少和贮存及其他林产品。应当采取适当的措施以保护森林免受污染（包括空气污染）、火灾和病虫害的危害，以充分维持森林的多用途价值。从森林与人类生存和发展相互依赖关系来看，比较一致的观点可归纳为：森林可持续经营是通过现实和潜在森林生态系统的科学管理合理经营，维持森林生态系统的健康和活力，维护生物多样性及其生态过程，以此来满足社会经济发展过程中，对森林产品及其环境服务功能的需求，保障和促进人口资源环境与社会经济的持续协调发展。

森林可持续经营是对森林生态系统在确保其生产力和可更新能力，以及森林生态系统的物种、生态过程多样性不受到损害前提下的经营实践活动。它是通过综合开发培育和利用森林，以发挥其多种功能，并且保护土壤、空气和水的质量，以及森林动植物的生存环境，既满足当前社会经济发展的需要，又不损害未来满足其需求能力的经营活动。森林可持续经营不仅从健康完善的生态系统生物多样性良好的环境及主要林产品持续生产等诸多方面反映了现代森林的多重价值观，而且对区域乃至整个国家、全球的社会经济发展和生存环境的改善，都有着不可替代的作用，这种作用几乎渗透到人类生存时空的每一个领域。它是一种环境不退化、技术上可行、经济上能生存下去以及被社会所接受的发展模式。

（二）森林可持续经营的基本任务

森林经营受许多因素的影响和制约，特定时空条件下，森林经营的总体目标取向是各种相关因素综合作用的结果。林业领域在对传统森林经营模式重新认识的基础上，已开始研究和关注如何才能使中国林业的发展真正实现优化环境促进发展的双重目的；如何通过森林的可持续经营，促进和保障区域人口、资源、环境与社会经济的协调发展问题。

森林可持续经营的根本任务是要建立起生态上合理、经济上可行、社会可接受的经营运行机制。它起码有四方面的任务：

（1）确定和提出特定区域社会经济发展中，需要森林可持续经营过程提供什么样的物质产品和环境服务功能，特定区域自然生态环境条件，能够提供什么样的森林经营的自然基础；（2）将上述社会需求与自然基础相耦合，明确森林可持续经营的社会目标、经济目标、生态环境目标，以及保障这三大目标实现的可持续经营的森林目标，即所需的森林结构、分布格局、空间配置；（3）实现森林可持续经营目标的途径。具体说来，包括森林可持续经营战略、空间途径、森林可持续经营的技术体系等的综合运用，实现森林可持续经营目标；（4）完善森林可持续经营的保障体系，主要包括建立起政府宏观调控体系、公众参与机制、管理体制、以产权制度为基础的合理利益分配机制和森林生态效益补偿机制等涉及社会、经济、文化、法律、行政等诸多领域的综合协调，借以保障森林可持续经营过程和目标的顺利实施。

第二节　森林结构调控技术

一、林木分化与自然稀疏

森林内的林木，无论在高矮粗细上都参差不齐。即使在同龄纯林中，各林木之间的差异也是很大的。森林内林木间的这种差异称之为林木分化。

引起林木分化的原因，主要是林木个体本身的遗传性和其所处的外界环境。如用同样质量的松树种子，在相同的环境条件下进行育苗试验，结果长出来的苗木大小不一，这就说明这些种子具有不同的遗传性和个体生长力。

林木分化在幼苗、幼树时期已经开始。当森林郁闭后，林冠对森林内部的环境起着决定性影响，林木之间争夺营养空间——光、水、肥而进行的竞争加剧，使分化过程更加激烈。生存能力强的植株生长势旺盛，树冠处于林冠上层，得到充足的光、水、肥，树冠发育较大，占据较大的空间，并抑制相邻林木。而生存竞争能力弱的植株，因为得不到充足的光水肥，生命力减弱，生长逐渐落后，处于林冠下层，并且随着林分的生长，这种差异将愈来愈大，最后枯死。可见，林木分化的后果导致部分生长落后的林木衰亡。

林木分化与森林环境及林木本身之间有密切的关系。森林密度越大生长越旺盛，林木的分化现象越强烈；壮龄林的林木分化现象比较强烈；立地条件好的林分林木分化强烈；喜光树种组成的林分，分化强于耐阴树种。

无论是天然林还是人工林，在其生长发育过程中，密度是随着年龄的增加而减小的，这种现象称之为森林的自然稀疏。引起森林自然稀疏的原因是环境与林木之间供需不足。

林木分化与森林自然稀疏是森林生长发育过程中，在一定营养与空间条件下，森林内林木之间相互关系的表现。森林自然稀疏无论在天然林还是人工林中都普遍存在。一般在天然林中，最初幼树相当多，通常每公顷数千株或数万株，随着林木的生长，株数逐渐减少，速生期以后就有 60% 以上植株衰落下去，变成被压木和枯死木。到成熟期达 80% 以上，而只留下 5%～20% 的植株，每公顷只有数百株，甚至不到 100 株。在人工林中，由于栽植密度不大而且分布均匀，自然稀疏较为缓慢。

自然稀疏是森林适应环境条件，调节单位面积林木株数的自然现象。但是通过森林自然稀疏调节的森林密度，是该森林在该立地条件该发育阶段中所能"容纳"的"最大密度"，而不是"最适密度"在混交林中，自然稀疏所保留下来的树种和个体，可能最适应该立地条件，但并不一定是目的树种，其材质和干形可能具有某些严重的缺陷，而淘汰掉的可能是一些树干通直的林木。并且，自然稀疏掉的林木，未曾合理利用，造成资源浪费。所以，对自然稀疏应进行人为干预，通过抚育采伐，即以人为稀疏来代替自然稀疏，使森林既能保持合理密度，又能保留经济价值较高的林木，同时还利用了采伐掉的林木，提高总的经济效益。可见，林木分化和自然稀疏规律，为抚育采伐提供了理论依据。

二、林木分级

森林中的林木因竞争力的不同而表现出不同的大小和形态，根据林木的分化程度对林木进行分级。林木分级的目的是为抚育采伐时选择保留木，确定采伐木提供依据。林木的分级方法很多，据不完全统计，国内外有 30 多种，应用最普遍的是德国林学家克拉夫特提出的林木生长分级法。

gg 五级，各级林木的特征如下：

Ⅰ级——优势木。树高和直径最大，树冠很大，且伸出一般林冠之上。

Ⅱ级——亚优势木。树高略次于Ⅰ级，树冠向四周发育，在大小上次于Ⅰ级木。

Ⅲ级——中等木。生长尚好，但树高直径较前两级林木为差，树冠较窄，位于林冠的中层，树干的圆满度较Ⅰ、Ⅱ级木为大。

Ⅳ级——被压木。树高和直径生长都非常落后，树冠受挤压，通常都是小径木。被压木又可分为a、b两个亚级，其中，Ⅳa级木指树冠较窄，侧方被压，但枝条在主干上分布均匀，树冠能伸入林冠层中；Ⅳb级木是树冠偏生，只有树冠的顶部才伸入林冠层，侧方和上方均受压制。

Ⅴ级——濒死木。完全位于林冠下层，生长极落后，又可分为两个亚级，其中Ⅴa级木是生长极落后的濒死木；Ⅴb级木指枯死木。

从克拉夫特林木分级法中可以看出，林分主要林冠层是由Ⅰ、Ⅱ、Ⅲ级木组成，Ⅳ、Ⅴ级木则组成从属林冠层。随着林分的生长，林木株数逐渐减少，减少的是Ⅳ、Ⅴ级木。而主林冠层中的林木株数也会减少，那是它们由高生长级下降到低生长级的结果。一般来说，在未经人工管理的同龄纯林内，林木由低生长级向高生长级过渡的情况很少。

克拉夫特林木分级法的优点是简便易行，可作为控制抚育采伐强度的依据。其缺点是，只注意林木的大小，没有考虑到树干的形质缺陷。

克拉夫特林木分级法适合于同龄林。对于异龄林的林木分级有一个特点，就是既要考虑成年树，又要考虑幼树。一般异龄林用三级分级法，将林分内的林木分为优良木、有益木和有害木。

优良木——树冠发育正常，干形优良，生长旺盛的林木，是培育对象。也叫培育木。

有益木——能促进优良木自然整枝以及对土壤起庇护和改良作用的林木。也叫辅助木。

各种林木分级的方法，客观标准不易掌握，均凭肉眼主观判断，需要积累经验才能逐步熟练。

三、抚育采伐的概念和目的

（一）抚育采伐的概念

森林在郁闭之前，林木与其周围环境之间的矛盾是主要矛盾，应采用一系列幼林抚育措施来调节这对矛盾。而在森林郁闭之后的漫长生长发育时期内，虽然林木与环境之间的矛盾仍占重要地位，但林木群体内部个体之间为争夺营养空间的矛盾逐渐突出起来，有时上升为主要矛盾。所以在这一时期里，除了在某些集约栽培的情况下，所采取的施肥、灌溉、排水、垦覆等林地抚育管理措施外，最大量的抚育工作是调节林木之间关系的抚育采伐。

抚育采伐是从幼林郁闭开始，至主伐前一个龄级为止，为改善林分质量，促进林木生长，定期采伐一部分林木的措施。由于抚育采伐是在林分未达到成熟时采伐部分林木加以利用，所以也叫中间利用采伐，简称间伐。抚育采伐既是培育森林的重要措施，又是获得木材的手段，具有双重意义，但是以抚育森林为主要目的，获取木材是兼得的。

森林主要是通过抚育采伐控制森林的组成，调控其内部结构和外部形态，解决森林中各种矛盾，使林分与环境保持协调一致，并能抵抗外界环境所给予的压力。无论是人工林还是天然林，从森林形成一直到成熟采伐利用的整个生长发育过程中，通过森林抚育改善林木生长发育的生态条件，缩短森林培育周期，提高木材质量和工艺价值，发挥森林多种功能。

（二）抚育采伐的目的

森林的作用是多种多样的，不同林种其主导作用不同，故抚育采伐的侧重面不同，其主要是有利于森林主导作用的发挥。如防护林，抚育采伐的目的是维护和增强防护效能；风景林是使其更加美观；用材林则是提高林木质量，增加林分总生长量。下面就以一般林分抚育采伐的目的做一全面归纳。

1. 淘汰劣质林木，提高林分质量

几乎在任何森林中，由于林木个体的遗传性和所处的小环境不同，表现出不同的品质和生命力，如常有一些生长落后，干形不良或有某缺陷的劣质林木。通过抚育采伐，首先伐除这些不良林木，保留优良林木，也就是去劣留优，无疑可提高林分的质量。

2. 调整树种组成

在混交林中，特别是天然混交，几种树种生长在一起，往往发生互相竞争排挤的现象。被排挤处于劣势地位的林木不一定是价值低的非目的树种，而处于优势地位的林木并不全是价值高的目的树种。通过抚育采伐，伐除妨碍目的树种生长的非目的树种，保证林分合理的组成。

3.降低林分密度，加速林木生长

森林在生长发育过程中，随着林木的生长，林分的相对密度不断增加，林木个体间竞争强烈，因竞争而影响了林木生长。若在林木竞争激烈的时期进行抚育采伐，伐去部分林木，降低林分密度，缓解林木间的竞争，有利于保存木的生长。

4.提高木材总利用量

自然发展的森林，在其生长过程中，随着林木年龄的增加，一部分生长势弱的林木逐渐枯死，使单位面积上林木株数愈来愈少，这就是林分出现的自然稀疏现象。不进行抚育采伐的林分，通过自然稀疏死亡的林木达80%以上。若及时进行抚育采伐，用人为稀疏代替自然稀疏，则可以利用采伐木，避免资源的浪费，提高了木材总利用量。

5.改善林分卫生状况，增强林分对各种自然灾害的抵抗能力

抚育采伐首先伐除各种生长不良的劣质林木，保留生长健壮的优质林木，改善了林内的卫生状况，提高了林分的质量和生长量，从而增强了林分对不良气候条件（风害、雪害等）和病虫害的抵抗能力，同时，降低了森林火灾发生的可能性。

四、抚育采伐的种类和方法

组成森林的树种不同和森林所处的年龄阶段不同，抚育采伐承担的任务也就不同，因而产生了不同的抚育采伐种类。

（一）透光伐

透光伐又称透光抚育。一般在幼龄林时期，为解决树种之间或林木与其他植物之间的矛盾，保证目的树种和其他林木不受压抑，以调整林分组成为主要目的的采伐。对于混交林，主要是调整林分树种组成，使目的树种得到适宜的光照，同时伐去目的树种中生长不良的林木；对于纯林，主要是间密留均、留优去劣。透光伐的方法有三种。

1.全面抚育

按抚育采伐确定的采伐树种和采伐强度，在全林中进行透光伐。这种方法只有在交通方便、劳力充足、薪炭材有销路、主要树种占优势且分布均匀的情况下才使用。

2.局部抚育

不是将全林，而是部分地段进行的透光伐。这种方法适用于交通不便、劳力来源少、薪炭材无销路的情况下使用。局部抚育可分为群团状抚育和带状抚育。

3.群团状抚育

针对主要树种的幼树在林地上分布不均匀，仅在有主要树种分布的群团内进行，无主

要树种的地方不进行抚育，这样可节省劳力、时间和费用。带状抚育，将林地分成若干条带，每间隔一带，抚育一带。抚育后 5 ~ 10 年，如果间隔带上边缘的林木妨碍抚育带上的林木生长，则应将影响抚育带上的林木砍除。一般带的宽度 2 ~ 5m，通常是等带，也可不等。带的设置视气候和地形条件而定，在山区有水土流失的地方，带的方向应与等高线平行，以利于水土保持。

进行透光伐时也可应用化学药剂除草灭灌或消灭非目的树种。可用的除莠剂有 20 多种，应用最广的有 2.4-D（二氯苯氧乙酸）和 2.4.5-T（三氯苯氧乙酸）。但是，发现 2.4.5-T 含有有毒物二噁英，已停止使用。这类除莠剂选择性很强，对不同树种和灌木除治效果不同，使用时注意说明书，最好先试验一下，再大面积使用。

除莠剂消灭灌木及非目的树种的方法如下：

（1）叶面喷洒

即将药剂喷洒于叶面，经叶吸收，杀死全株，一般用于清除幼小林木，适应于大面积机械化作业，特别是利用飞机进行空中喷洒。

（2）涂抹伐根

用药剂涂抹伐根，抑制伐根萌条生长。

（3）干部注射

将药剂注射到林木树干，用于去除大树，既省工效果又好。值得注意的是各种药剂对人、畜都有不同的毒性，使用时要权衡其利与弊。

透光伐最好是在初夏进行，因为透光伐多数情况是砍伐生长速度快、萌芽力强的非目的树种，初夏容易识别树种之间的相互关系，这个时期采伐还可降低伐根的萌芽能力。北方冬季采伐的效果最差。冬季林木枝条较脆，采伐时容易损伤树木，特别是解放伐，易使幼树遭受初春的旱风，低洼地段易发生冻害。

透光伐伐除的林木，多数年龄较小，所以，透光伐时往往不需要确定严格的采伐强度，通常用单位面积上保留多少目的树种作为参考指标。

（二）疏伐

透光伐之后，林分的树种组成基本确定，森林在以后的生长发育时期内，林木之间的矛盾主要上升为对营养空间的竞争。疏伐就是林分自壮龄至成熟以前，为了解决目的树种个体间的矛盾，不断调整林分密度，以促进保留木生长为主要目的的采伐，疏伐也叫生长伐或生长抚育。它是对不同年龄阶段调整林分的合理密度。疏伐时期林分正处于迅速生长期，随着年龄的增长，单株林木需要愈来愈大的空间来扩大树冠，增加叶量。这时，伐去过密的和生长不良的林木，为保留木提供充分的营养空间，促进保留木迅速生长。世界各国疏伐历史比较悠久，方法也较多，可归纳为四种：

1. 下层疏伐

也叫下层抚育。主要砍除居于林冠下层生长落后、径级较小的濒死木和枯立木。也就是砍伐在自然稀疏过程中将被淘汰的林木。此外，还砍伐个别处于林冠上层的弯曲木分权木等干形不良的林木。下层疏伐基本上是以人工稀疏代替林分的自然稀疏，并不改变森林自然选择进程的总方向。

实施下层疏伐时，最适宜用克拉夫特的五级分级法确定采伐木，同时要考虑林冠层中质量有缺陷的林木。根据选择采伐木的级别不同，下层疏伐强度可分为三种：弱度间伐——伐除Ⅳ、Ⅴ级木；中度间伐——伐除Ⅳ、Ⅴ级木及部分Ⅲ级木；强度间伐——伐除Ⅳ、Ⅴ、Ⅲ级木及部分Ⅱ、Ⅰ级木。

下层疏伐主要砍伐林冠下层的林木，因此，抚育后对林冠结构的影响不大，仍能保持林分良好的水平郁闭，只是林冠垂直长度缩短了，形成单层林冠。该方法简单易行，采用林木分级确定采伐木，便于控制合理的采伐强度，是比较稳妥的一种抚育方法。

下层疏伐适用于单层纯林，特别是针叶同龄纯林。因为生长高大的植株往往也是生长势旺盛、树冠发育正常、干形良好、有培育前途的林木。

2. 上层疏伐

上层疏伐与下层疏伐相反，主要砍伐居于林冠上层的林木。在混交林中，位于林冠上层的林木往往是非目的树种，或者虽然为目的树种，但常常是树形不良、分权多节，树冠过于庞大，严重影响周围其他优良林木的正常生长。因此，应该伐除这些经济价值较低、干形不良、无培育前途的上层林木，使林冠疏开，为经济价值较高、有培育前途的林木创造良好的生长条件，保证目的树种能够获得充分的光照。

实施上层疏伐时，通常用三级分级法将林木分为优良木、有益木和有害木。优良木是培育森林的主要对象，应该保留；对于能促进优良木自然整枝，遮蔽林地的有益木可保留，但生长过密的有益木应伐除；有害木则是砍伐对象。

由于上层疏伐主要砍伐的是上层的不良高大木，对森林的干预作用大，改变了森林自然选择的总方向，若技术掌握不当，会破坏林分的稳定性，特别在疏伐后的最初1～2年，易受风害和雪害。

上层疏伐适用于异龄林、阔叶林和混交林，特别是针阔混交林，往往阔叶树生长快，居于林冠上层，而针叶树生长慢，位于林冠下层，受阔叶树的影响。

3. 综合疏伐

综合疏伐综合了下层疏伐和上层疏伐的特点，既从林冠上层，也从林冠下层选择砍伐木。在实施综合疏伐时，先将在生态上彼此有密切联系的林木划分为若干个植生组（或称树群），然后以每一个植生组为单位，将林木分为优良木、有益木和有害木，主要砍伐有害木，保留优良木和有益木，使林分保持多级郁闭（阶梯郁闭），保留下来的大中小林木都能得到充分光照而加速生长。

综合疏伐砍伐较多的上层木，改变了自然选择的总方向，对保留木生长促进作用大，采伐木径级大，收入也高。但综合疏伐的灵活性很大，要求较高的熟练技术，易加剧风害和雪害的发生。

综合疏伐实际上是上层疏伐的变形，与上层疏伐有相似的特点。一般适用于天然阔叶林，尤其是混交林和复层异龄林。

以上各种抚育采伐的方法都是以林木分级进行的，基本上是按照"择劣而伐"的原则选择砍伐木，所以又称为选择性的抚育采伐。

4.机械疏伐

机械疏伐是按照一定的株行距，机械地确定砍伐木的抚育采伐。此法不考虑林木的大小和品质的优劣，只要事先确定砍伐行距或株距后，一律伐去。确定砍伐木的方法有：隔行砍、隔株砍和隔行隔株砍。此法适用于人工林，特别是人工纯林或分化不明显的林分。

机械疏伐的优点是工艺简单，操作方便，在平坦地区便于机械化作业，成本低。

（三）卫生伐

卫生伐是为维护与改善林分的卫生状况而进行的抚育采伐。一般不单独进行，因为改善林内卫生状况在透光伐或疏伐中即可完成。只有当林分遭受严重自然灾害，如病虫害、风害、雪害等，使大量林木受害时才单独进行。通过卫生伐及时将受害的林木清除掉，对防止病虫害蔓延、提高保留木的生长势都是极为重要的。

五、抚育采伐的技术要素

抚育采伐的技术要素包括抚育采伐的开始期、采伐强度、采伐木选择和间隔期。

（一）抚育采伐的开始期

抚育采伐的开始期是指第一次进行抚育采伐的时间，这是抚育采伐首先要解决的问题。何时进行抚育采伐取决于树种生物学特性、立地条件、林分密度、生长状况、交通运输、劳力以及小径材销路等综合因素。抚育采伐的主要目的是为了提高林分的生长量和林木质量，因此，开始期过早，不仅对促进林木生长作用不大，还不利于形成优良的干形，并且间伐材为小径木；若开始期过迟，林分密度偏大，营养空间已不能满足林木生长的需要，生长受到抑制，生长量下降，尤其是胸径生长量明显下降。

对于天然林来说，抚育采伐的开始期应包括透光伐阶段，通常以郁闭度和林分中目的树种是否受到压抑作为标准。对于大多数人工林来说，抚育采伐的开始期实际上是指疏伐的起始年限。以下着重从生物学角度讨论疏伐的开始期。

1.根据林分连年生长量的变化来确定

按林分年龄来说，森林正处于旺盛生长发育期间，若出现林分连年生长量下降，说明林分密度偏大，当抚育采伐后，林分连年生长量又开始上升，特别是林分直径和断面积连年生长量的变化，能明显地反映出林分的密度状况。因此，直径和断面积连年生长量的变化可以作为是否需要进行第一次疏伐的指标。

2. 根据林木分化程度来确定

（1）根据林分直径的离散度确定

是指林分平均直径与最大和最小直径的倍数之间的距离。该值愈大，林木分化愈明显。对于不同树种组成的林分，进行首次抚育采伐的直径离散度不同。如刺槐林的直径离散度应超过 0.9 ~ 1.0，赤松林超过 1.0，麻栎林超过 0.8 ~ 1.0 为首次抚育采伐的时间。

（2）根据林分小径木相对数量确定

林分密度越大林木径级分化越明显，小径木所占比例越大。一般以自然径级（即以平均直径作为 1.0）0.8 以下的作为小径木。当小径木的数量约占总株数的 1/3 时，进行首次抚育采伐。

3. 根据树冠大小变化来确定

在林分内，树冠的大小直接影响林木的直径大小，而树冠大小又受林分密度制约。林分在充分郁闭前，树冠逐渐增大，当林分充分郁闭后，树冠已无扩展的余地，林木下部的枝条因得不到充足的光照而开始枯死脱落，出现自然整枝，使树冠变小，这叫作树冠负生长。

还可以用冠高比，即树冠长度与树高之比来衡量林木自然整枝强度。冠高比可以认为是一棵树供应全株营养能力的指标。一般冠高比大于 1/3 才能正常生长，小于 1/3 时则生长衰退。因此，当林木的冠高比不足 1/3 时，应进行首次抚育采伐。

4. 根据林分郁闭度或疏密度来确定

林分郁闭度或疏密度也可以作为抚育采伐的依据。一般当林分郁闭度或疏密度达 0.9 左右时，林内树冠交接重叠，林分的株数偏密，应首次抚育采伐。

5. 根据林分密度管理图、表来确定

根据抚育采伐标准表和密度管理图表，可确定相同树种、相同年、相同立地条件下的最适密度，从而确定首次抚育采伐期。

其他情况下，如在容易发生风害、雪压的地区，应及早抚育采伐，以加粗直径生长和促进根系发育，增强抵抗力。要想提高林木抗病虫害的能力，或者已感染了病虫害的林分，应早些疏伐。未进行过透光伐的林分，应比系统地实施过透光伐的林分要及早实施疏伐。若培育桅杆等特殊通直干材时，为防止林木多节和尖削度过大，可推迟首次抚育采伐。

（二）抚育采伐的强度

抚育采伐强度的确定，实际上就是要将一个林分稀疏到何种程度，这需要从多方面考虑，既取决于经营目的运输劳力小径材销路等经济条件，又要考虑到树种特性、林分密度、年龄、立地条件等生物因素。

合理的抚育采伐强度应该满足以下要求：维护和提高林分的稳定性，不要因林分过于稀疏使林地杂草滋生以及降低林分的稳定性，遭受风害雪害；改善林分的生态条件，促进保留木的材积生长和形质生长；每次抚育采伐量稍低于间隔期内生长量，以不降低木材的总生产量。确定抚育采伐强度的方法可归纳为定性间伐与定量间伐两大类。

1. 定性间伐

根据林分特征、林木生长特点、立地条件及经营目的等因素，顶先确定采用某种抚育采伐种类和方法，再按照林木分级确定砍伐什么样的林木，由选木的结果计算抚育采伐量，即可确定采伐强度，故称为定性抚育采伐。具体方法：一种是按照林木分级确定哪一等级或某等级中的哪一些林木应该砍伐，从而确定采伐强度。如某林分采用下层疏伐，伐除林分中所有的Ⅳ级木和Ⅴ级木，计算出采伐强度。另一种是用林分抚育采伐前与采伐后的郁闭度或疏密度的变化来计算采伐强度。一般当林分郁闭度或疏密度达到 0.9 左右时，应该间伐，伐后保留郁闭度为 0.6 或疏密度为 0.7 以上。

定性间伐把注意力集中在选择什么样的林木进行采伐，而没有考虑应保留多少株林木，主要凭主观经验确定采伐株数，所以，不同的人在同一林分确定的采伐强度会有很大差异。

2. 定量间伐

根据林分生长与密度之间的数量关系，在不同生长发育阶段，按照合理密度确定砍伐木或保留木的数量，故称为定量抚育采伐。定量间伐把注意力集中在应保留林木株数上。确定适宜的保留密度主要有以下几种方法：

（1）根据胸高直径与冠幅的相关规律确定保留密度

林分内林木冠幅的大小，反映每株林木营养面积的大小，对直径生长影响很大。一般冠幅越大，胸高直径越粗，所占的营养面积也越大，单位面积上林木株数就会减少。根据直径、冠幅和立木密度的相关规律，可推算出不同径级的林木对应的适宜密度，以便求得采伐强度。由于林木直径生长与冠幅大小的关系不受立地条件与林木年龄差异的影响，因而此法具有较高的准确性和精确度。

营养面积法，即根据树高与冠幅的相关规律确定保留密度。其理论依据是把一株树的树冠垂直投影面积视为其所占的营养面积，若将其看作为正方形，其边长就是树冠直径。树冠直径与树高的比值称为树冠系数，其值随树种年龄和林分密度的不同而发生变化。

（2）根据林分密度控制图确定保留密度

林分密度控制图是根据森林在一定的生长阶段内，林分密度与直径、材积等变量之间存在一定的数量关系，应用数学分析和数理统计的方法，拟定密度效应数学模型，绘在双对数纸上编制出来的。

林分密度控制图由等树高线、等疏密度线、最大密度线和自然稀疏线等等量线组成，利用林分密度控制图可确定抚育采伐的各项技术指标。

需要指出的是，编制林分密度控制图是利用林分的优势木平均高，所以利用密度控制图，确定抚育采伐各项技术要素时，仅适用于下层疏伐。

（三）选择采伐木

在实施抚育采伐时，采伐木选择的正确与否，关系到抚育采伐的质量，决定于抚育采伐的目的能否达到，影响着抚育采伐的总效果。在生产实践中，各地积累了确定采伐木的许多经验，如"三砍三留"（即砍劣留优、砍密留稀、砍小留大）和"四看"（即看树冠，保证郁闭度合适；看树干，保证留优去劣；看周围，保证株距合适；看树种，正确选定砍伐木）。一般在选择采伐木时应注意以下几方面：

1.淘汰低价值的树种，保留经济价值高的树种

在混交林中进行抚育采伐时，一般保留经济价值高和实生起源的目的树种，伐除经济价值低和无性起源的非目的树种，但并不是全部除掉，要根据实际情况酌情处理。如当生长不好的主要树种和生长好的非目的树种彼此影响时，应伐去前者，保留后者；非目的树种起到庇护土壤，不使土壤裸露，采伐后造成林间空地的和能起改良土壤作用的，以及能促进培育干形良好生长的非目的树种，应该适当保留。

2.砍去劣质和生长落后的林木

劣质林木指双杈木、多梢木、弯曲木、偏冠木、尖削度大、多节的林木等。生长落后的林木指生长孱弱低矮以及未老先衰的低生长级的林木。抚育采伐时，应该砍除这些林木，保留生长快、高大圆满、通直无节或少节、树冠发育良好的林木，可提高森林的生产率和林分质量，但是当伐除劣质和生长落后的林木，会造成林间空地或其他不良后果时，应适当保留。

3.伐除有碍森林环境卫生的林木

为了维护森林的良好卫生环境，应将已感染病虫害的林木尽快伐除，凡枯梢、损伤、枝叶稀疏、枯黄或凋落、因病虫害而引起树木表面有异常现象的林木，均影响林内的卫生状况，应适当砍伐。

4.维护森林生态系统的平衡

为了给在森林中生活的益鸟益兽提供生息繁殖场所，应该保留一些有洞穴但没有感染传染性病害的林木，以及筑有巢穴的林木。有些鸟类明显地选择枯立木营巢，如果清除枯立木，将影响它们的栖息和繁殖。因此，要考虑其在森林生态系统平衡中的作用，谨慎决定去留。对于林内的下木和灌木应尽量保留，以增加有机物的积累和转换。

5.满足特种林分的经营要求

对于特种林分，如风景林、游憩林、森林公园等，为了增加林分的多样性和美化作用，应该保留一些形态奇特的树木（弯曲木、双杈木、偏冠木等），以及花、果、美观的灌木。对于防护林，要根据防护目的的要求决定砍留对象，以提高其防护效能。

（四）抚育采伐的间隔期

抚育采伐的间隔期又称为重复期，是指相邻两次抚育采伐所间隔的年限。间隔期的长短，取决于树冠恢复郁闭的速度和直径生长量的变化。在进行一次抚育采伐后，林冠疏开，保留木的树冠因得到充分扩展，直径生长量提高，等到树冠重新郁闭，直径生长量又开始下降时，需要进行下一次抚育采伐。

因此，间隔期和抚育采伐强度是密切相关的。抚育采伐强度越大，林冠恢复郁闭所需的年限越长，相应的间隔期也长。

间隔期与林分生长量的关系也很密切。年平均生长量大，间隔期短；相反，年平均生长量小，间隔期长。因此，可以用抚育采伐量被平均材积生长量除，来确定间隔期，与此同时确定间隔期应考虑树种的特性。一般速生树种生长速度快，树冠扩展也快，间隔期宜短些；处于壮龄期的林分生长旺盛，树冠恢复郁闭快，间隔期应短些；林分立地条件好的比立地条件差的间隔期应短些。此外，间隔期还与经济条件有关。一般在交通方便、缺柴少材的地方，适用强度小、间隔期短的方式；而在交通闭塞、劳力缺乏和间伐材无销路的地区，可采用大强度、长间隔期的方式。

在经济条件允许的情况下，用采伐量小、间隔期短的多次抚育采伐方式抚育森林，可使林分长期保持较大的生长量，形成树干圆满、通直、少节、年轮宽度均匀的良材。但由于采伐量少，费工，增加了采伐的开支，使经济效益降低。

第三节　森林采伐更新技术

一、森林采伐更新的概念

森林达到成熟以后，木材的生长量和质量下降，森林的防护性能也趋于减弱，应该进行采伐。其目的在于一方面是为了获取木材满足国民经济建设的需要；另一方面是为了改善、提高森林的各种有益效能。森林是一种可再生的资源，森林采伐后，为了保证木材的不断再生产和防护效能的继续发挥，需要及时进行森林更新，将森林恢复起来。培育森林与森林采伐利用互为条件，前后衔接，形成一个完整的生产循环。营林是基础，是决定林业生产的主导方面；采伐以营林为依托，又为森林的再生产创造条件。

森林更新是森林可持续经营的基础，森林经过采伐火烧或其他自然灾害消失后，以自然力或人为的方法重新恢复森林称为森林更新。利用自然的力量形成的森林称为天然更新；森林更新的方法除了人工更新和天然更新之外，还有一种人工促进天然更新，是对天然更新加以人工辅助形成森林的方法。根据森林更新发生于采伐前后的不同，可分为伐前更新和伐后更新。伐前更新是在森林采伐以前的更新，简称前更；伐后更新是在森林采伐以后的更新，简称后更。

森林更新不仅是树木或林分的更新，而且应当是森林生态系统的更新。只有保持生物多样性的延续、保护生物群落稳定与保护林地生产力，才有可能保持森林的持续经营。

对成熟林分或林木所进行的采伐称为森林主伐。森林主伐是以获取木材为主要目的，但更重要的是主伐后必须及时解决森林更新问题，这是中国林业对更新工作的基本要求，也是衡量一个林业单位更新工作好坏的重要标志。中国《森林采伐更新管理方法》规定，在森林采伐后的当年或者次年内必须完成森林更新造林，并要达到更新的标准。划定为实施主伐的森林地段，在规定的期限内（通常 1 年）采伐的林地称为伐区，采伐过的林分称为采伐迹地。

森林更新与森林采伐是密切相关的，有什么样的采伐方式就有相应的更新方式。采伐方式的确定就意味着更新方式的选定，合理的采伐作业就意味着更新的开始。森林主伐方式分为择伐、皆伐和渐伐三种。不同主伐方式适于不同的森林地段和森林更新方式。

二、择伐更新

择伐是每隔一定时期，采伐一部分成熟林木，使林地始终保持不同年龄的有林状态的一种主伐方式。

（一）择伐更新过程及其特点

择伐是模拟原始天然林自然更新过程，是以采伐成熟林来代替原始林中老龄过熟林木的自然枯死和腐朽，造成林冠疏开，为更新创造必要的空间。择伐后被采伐掉的林木所占的空间，就会出现许多幼苗幼树，及时地实现了天然更新。所以，择伐最适合于在异龄复层林中进行，成熟一批采伐一批，每次采伐后都出现一批新的幼苗幼树，始终维持异龄林状态。择伐是符合于森林本性的一种更新方式。

择伐借助于母树的天然更新，通常是与天然更新配合进行的，但在天然更新不能保证的情况下，并不排除采用人工植苗或播种的方法，来弥补天然更新的不足。

择伐是以主伐为主，并辅以抚育采伐，故称采育择伐。合理的择伐应完成三个任务：采伐利用已成熟的林木；为更新创造良好的条件；对未成熟林木进行抚育。为此，择伐木的选择必须遵循"采大留小、采劣留优、采密留稀"的原则。砍伐已成熟的老龄林木、受害木、弯曲木、生长密集处的林木、妨碍幼树生长的林木和无培育前途的林木，在采伐过程中要注意对幼树的保护，把采伐和育林有机地结合起来。

择伐量的多少决定于采伐强度的大小，采伐强度应由林分的年生长量来决定，但又与间隔期的长短密切相关。在择伐作业中，间隔期又称为回归年或择伐周期，是指相邻两次采伐所间隔的年限。通常以年生长量除采伐量来确定间隔年限。所以，间隔期的长短受采伐量的制约，一般年采伐量不能超过年生长量。

（二）择伐的种类

择伐按其经营的集约程度分为集约择伐与粗放择伐。

1.集约择伐

采伐量较小，间隔期较短，在采伐利用木材的同时，还十分注意对林分的培育。此法最适宜在异龄林中实施，采伐木比较分散，不仅采伐一定直径的林木，而且采伐病腐木以及非目的树种。这种采伐既是主伐，又是抚育伐。择伐后，林分始终维持大、中、小林木的均匀分配。

2.粗放择伐

采伐量较大，间隔期较长，只注重木材利用而忽略今后森林的质量和产量，是对森林进行破坏性的掠夺式采伐。径级择伐就是一种粗放择伐，它是从森林工业的观点出发，只考虑取得一定规格的木材与经济收入，很少考虑采伐后的林地状况和更新问题。

由于径级择伐往往只采伐达到一定径级标准以上的优良木，而留下的多是劣质木和小径木，常引起树种更替，易发生枯梢、风倒，严重的甚至会造成森林的破坏。粗放择伐方式的应用历史悠久，现在，许多国家已禁止采用这种方法，但在某些边远林区，由于交通不便，还用此方法。中国东北林区过去也曾用过，但目前已停止采用。

（三）择伐的评价及选用条件

1.择伐的评价

择伐的优点在于始终维持森林环境，以至于天然更新很容易获得成功。择伐的缺点表现为三方面：采伐木比较分散，采伐、集材较困难，因此木材生产成本高；在整个择伐作业过程中，易损伤保留木和幼树；择伐要求较高的技术。

2.择伐的选用条件

鉴于择伐的优缺点，决定了择伐适用于特殊用途的森林，如风景林、防护林等；适于由耐阴树种组成的复层异龄林和准备培育为异龄林的单层同龄林；适用于采伐后不易引起林地环境恶化的森林；适用于混有珍贵树种的林分。采伐时，将珍贵树种留作母树，繁殖后代。

三、皆伐更新

皆伐是将伐区上的林木在短期内一次采完或几乎采完，并于伐后及时更新恢复森林的一种采伐方式。皆伐迹地最适宜于人工更新，但在目的树种天然更新有保障的情况下，可采用天然更新或人工促进天然更新。皆伐迹地上形成的森林一般为同龄林。

（一）皆伐迹地环境条件特点及对更新的影响

由于皆伐迹地完全失去原有林木的遮蔽，在裸露的迹地上小气候植物和土壤条件与林内相比均有显著的变化，将影响迹地的更新。

1. 迹地小气候

皆伐后太阳辐射直达迹地，气温土温增高，尤其是地表温度增高显著。迹地没有树木的遮挡，风速加大。由于气温高，风速大，蒸发量随之加大，迹地相对湿度明显降低。在北方冬季迹地积雪比林内多，但由于翌春迹地地温回升较快，雪融化早且速度也快。

这些气候因子的变化，对迹地更新幼苗成活和生长的影响，既有不利的一面，也有有利的一面。不利影响表现在春季积雪融化早，气温回升快，幼苗萌动早，但气温波动也大，苗木易受霜冻危害；夏季，地表气温过高，幼苗易遭日灼；迹地总的热量增高，有利于害虫繁殖。有利影响表现在光照充足，通风良好，幼苗幼树的生长量增加，特别是对喜光树种的生长更为有利。

2. 迹地植物和土壤

植物生长条件的变化直接受小气候条件的影响。森林皆伐后的最初 1～2 年，迹地上的植物种类成分与原林下相比无明显变化，但处于极不稳定状态，伐后 3～5 年变化明显而迅速。原林下耐阴植物逐渐被喜光植物所取代，5 年后达到较为稳定的密生灌丛和草被，植物总覆盖度达 90%～100%，草根盘结度逐年增加，使地表层 10～15cm 厚的土壤形成密网状草根层。

由于草根的盘结，迹地土壤逐年失去原林下疏松多孔的性状，土质变紧，通气性能减弱。在干燥的条件下，土壤会变得更干燥；而在湿润的条件下，土壤水分含量增高，极易造成水分滞积，特别是较平缓地域容易引起土壤沼泽化。由此可见，在新采伐迹地上具有杂草灌丛少、覆盖度低、土壤疏松等特点，有利于更新；伐后 4～5 年的旧皆伐迹地，杂草遍地滋生蔓延，更新比较困难。

（二）皆伐迹地的人工更新

皆伐迹地最便于人工更新。由于皆伐后的 1～2 年内，迹地杂草灌丛较少，土壤疏松多孔，环境变化不大，所以，最好在采伐当年完成更新，最迟应在第二年。更新技术基本与荒山造林相同，一般比干旱地区荒山造林容易得多。人工更新的优点是可以按照人们的要求配置树种组成和密度，可提高森林更新的质量，而且成林较快，缩短更新期，加速森林的恢复，又易于管理。

皆伐迹地上常有一些天然更新起来的幼苗幼树，人工更新时应注意保护，使其与栽植树种形成混交林，同时可加快森林的恢复。

（三）皆伐迹地的天然更新

皆伐迹地在能保证森林天然更新获得成功的情况下，应采用天然更新，以便充分利用自然力，可节省劳力和资金。天然更新是利用树木自然落种萌芽分蘖的能力，来实现的森林更新。皆伐迹地最有利于无性天然更新，因为天然无性更新主要是以萌芽更新和根蘖更新为主，二者均适合于在全光照条件下进行。利用树木自然落种能否实现天然更新，主要取决于三个因素，即有足够的种源，适宜种子发芽的条件和幼苗生长条件。这是天然更新的三要素，缺一不可。若采伐树种具有较强的天然更新能力，如桦树、云南松等，或者人工更新困难时，则应首先考虑利用天然更新这一自然力进行更新。

在森林采伐作业过程中，为了不完全丧失森林的防护作用和促使采伐后有利于更新，皆伐时需要讲究伐区的大小、形状和排列方法等。

皆伐按伐区排列方法，分为带状间隔皆伐更新、带状连续皆伐更新和块状皆伐更新。

1. 带状间隔皆伐更新

将整个采伐林分划分成若干采伐带（伐区），隔一带采伐一带。几年后，当采伐带完成更新时，再采伐保留带。第 1 次采伐的伐区，两侧保留的林墙可起下种和保护更新的幼苗幼树的作用。

2. 带状连续皆伐更新

带状连续皆伐是按顺序依次采伐各采伐带，前一带完成更新后，再采伐下一带，直至采伐完全林。当林分面积较大时，可将林分划分成若干采伐列区，在每个采伐列区中，划分出三个以上的伐区，同时按顺序依次采伐各采伐列区的采伐带，直至采伐完全林。

3. 块状皆伐更新

在地形不规整或者不同年龄的林分呈片状混交的情况下，无法采用带状皆伐时，适用块状皆伐。伐区的形状尽可能呈长方形（带状），以便发挥林墙的作用。

皆伐要保留相当于采伐面积的保留林地带和块。保留带的采伐要在伐区更新幼苗生长稳定后进行，一般在北方和西北西南高山地区，在更新后 5 年采伐，南方在更新后 3 年采伐。

皆伐迹地天然更新，要求每公顷保留目的健壮树种幼树 3000 株（或幼苗 6000 株）以上。但常常皆伐迹地天然更新达不到更新的标准，需要人工促进天然更新。通常采用的人工促进措施包括保留母树下种，使迹地有足够数量的种子；清除地被物，迹地的地被物和采伐剩余物常使种子难以与土壤接触，影响种子发芽扎根；保护前更幼苗幼树，可加快森林恢复的速度。

总之，森林采伐后采用何种更新方式，必须依照树种更新特性、伐区自然条件和经济手段综合考虑决定。

（四）皆伐的评价与适用条件

1. 皆伐的评价

皆伐的优点：采伐集中，便于机械化作业，采伐方法简便易行，不存在选择采伐木和确定采伐强度；可节省人力、物力、财力，降低木材生产成本；最便于人工更新，迹地光照条件好，有利于喜光树种更新和无性更新。

皆伐的缺点：环境变化剧烈，通常对更新不利；不利于水土保持，降低了森林的防护效能，严重干扰森林生态平衡等。

2. 适用条件

（1）皆伐对象主要是用材林，对营造的人工用材林，大部分实行皆伐。对天然用材林，则应慎重考虑，皆伐地块的面积绝不能过大；（2）适用于成熟过熟的同龄林；（3）适用于人工更新的各类森林。一些林业经营水平高的国家，采用皆伐方式，主要原因是皆伐迹地便于人工更新，而人工林有利于提高林地生产力，又有较高的质量；（4）低价值林分改造更换树种的林分；（5）适用于无性更新的林分；（6）岩石裸露的石质山地、土层很薄、更新困难的林分，不应采用皆伐；（7）水湿地、地下水位较高、排水不良的林分，不宜采用皆伐。因为皆伐后失去原有林木，蒸腾量大大降低，会加剧水湿程度，甚至形成沼泽化；（8）对水源涵养林、水土保持林、护岸林、护路林等防护林以及风景林，应避免采用皆伐。

四、渐伐更新

渐伐是把林分中所有成熟林木，在一定期限内（通常不超过一个龄组）分几次采伐完的一种采伐方式。渐伐在其数次采伐过程中，逐渐为林木更新创造条件，当成熟木全部采伐完后，林地也全部更新成林。虽然更新起来的林木年龄不同，但在一个龄级之内属于相对同龄林。

渐伐是由保留母树的皆伐演变而来的。皆伐保留母树很少，只是为了下种，而渐伐保留母树很多，其目的不只是为了下种，也为更新的幼苗幼树提供庇护作用。

（一）渐伐更新过程及其特点

渐伐是分数次采伐完成熟林木。典型渐伐分 4 次采伐，其名称分别为：预备伐、下种伐、受光伐和后伐。

1. 预备伐

通常在密度大的林分中进行。由于林分密度大林内光照弱，林下地被物层堆积较厚。预备伐的目的在于疏开林冠，增加林内光照，促进保留木结实，加速死地被物分解，为提供足够的种子做准备，同时也为种子发芽和幼苗生长创造条件。伐后林分郁闭度保持在0.6 ~ 0.7，若伐前郁闭度不太大，不需进行预备伐。

2. 下种伐

在预备伐的若干年，林木大量结实以后，通过采伐促进林木下种，同时进一步疏开林冠，为更新创造条件。下种伐应在种子年进行，使种子尽可能多地落到林地上，伐后郁闭度为 0.4 ~ 0.6，若伐前林下更新的幼苗较多，郁闭度不大，可免去下种伐。

3. 受光伐

下种伐之后，林地上逐渐长起许多幼苗幼树，它们对光照的要求越来越多。受光伐就是给逐渐长大的幼苗幼树增加光照的采伐。伐后郁闭度保持在 0.2 ~ 0.4。

4. 后伐

受光伐后，幼苗幼树得到充足的光照，生长速度加快，3 ~ 5 年后不再需要老林木的保护，如果老林木继续存在，将影响新林生长，这时把老林木全部伐除，整个渐伐过程结束，新林也完成更新。

从渐伐过程来看，是以天然更新为主的采伐方式，每次采伐使林分不断得到稀疏，林内光照条件不断改善，促进了林木结实和下种能力；同时有老林木林冠的保护，有利于幼苗幼树生长。在生产实践中，根据渐伐的林分状况和更新特点，并不需要采伐4次就可获得较好的森林更新，则可简化为 2 ~ 3 次采伐，称其为简易渐伐。

林分郁闭度较小，林内幼苗幼树株数已达到更新标准，可进行 2 次渐伐，第 1 次伐去蓄积量的 50%；林分郁闭度较大，林内幼苗幼树株数达不到更新标准，可进行 3 次渐伐，第 1 次伐去蓄积量的 30%，第 2 次伐去保留木蓄积量的 50%，第 3 次采伐应当在林内更新起来的幼树接近或者达到郁闭状态时进行。从经济上考虑，渐伐采伐的次数愈多，木材的生产成本愈高。

渐伐作业对采伐木的选择应注意三个原则：一是有利于林内卫生状况，维护良好的森林环境；二是有利于幼林和保留木的生长；三是有利于树木结实、下种和天然更新。

（二）渐伐的种类

渐伐按照采伐过程可分为典型渐伐和简易渐伐；按照伐区排列方式的不同分为全面渐伐、带状渐伐和群状渐伐。

1. 全面渐伐

在预定进行渐伐的全林范围内，同时均匀地依次进行各次采伐。全面渐伐也称均匀渐伐，不设伐区，一般在渐伐林地面积较小的情况下采用。

2. 带状渐伐

将林分划分为若干条带，每一条带作为一个伐区，从一端开始，在第 1 个伐区上首先进行预备伐，其他带保留不动，几年后在第 1 个伐区进行下种伐，同时在第 2 个伐区上进行预备伐，再过几年，在第 1 个伐区进行受光伐的同时，在第 2 个伐区进行下种伐，在第三个伐区进行预备伐，依此类推，直至伐完全林。

带状渐伐与全面渐伐相比，更有利于保持森林环境和防止水土流失，更有利于对幼苗幼树的庇护，同时可降低保留木受风害的危险性。

3. 群状渐伐

是以林下已有幼苗幼树上层林木稀疏的地段作为采伐基点，向四周扩展划分为若干个环状采伐带（伐区），首先对采伐基点进行后伐，同时在其周围的环状带进行第1次采伐，若干年后，进行第2次采伐的同时，向外依次采伐各环状带，直至采伐完全林。当采伐完全部成熟林木后林地更新起来呈塔形的新一代幼林。

（三）渐伐的评价及适用条件

1. 渐伐的评价

渐伐的优点在于始终维持森林环境，对森林的防护作用影响不大，并且有丰富的种源和上层林木的保护，天然更新易成功。而缺点表现在渐伐要求的技术水平较高，采伐作业过程中对保留木和幼苗幼树损伤率较大。

2. 渐伐适用条件

渐伐适宜于所有树种的成熟单层或接近单层的林分；适用于容易发生水土流失的地区或具有其他特殊用途的林分，如特殊防护林、风景林等；适宜对皆伐天然更新有困难而又难以人工更新的森林，如沼泽、陡坡、土层薄等地段上的森林。

五、更新采伐

更新采伐是指为了恢复改善提高防护林和特用林的有益效能，进而为林分的更新创造良好条件而进行的采伐。更新采伐不是以获取木材为主要目的的采伐，它一般在森林成熟后，防护或其他有益效能开始下降时进行。

更新采伐的对象是防护林和特用林，可采用小强度择伐，即择伐强度不高于20%，以天然更新或人工促进天然更新，或面积不大于$1hm^2$的超小面积皆伐，以人工更新恢复森林，伐后要在1年内全部更新。更新采伐年龄以林木达到自然过熟为基准，一般在自然成熟后1~三个龄级进行采伐。

六、森林采伐更新方式的选择

在进行森林主伐之前，选择适宜的主伐方式是至关重要的，这关系到合理地经营利用森林资源，而且对保证森林的及时更新更具有现实意义。

合理采伐的一个重要标志，就是森林的持续利用。森林的持续利用，不仅是木材，还应包括水资源动物资源以及其他各种用途的持续。上述三种主伐更新方式各有各的特点，适用于不同的环境条件和具有不同特征的林分。在林业生产实践中，应根据森林经营的方针和多样性的特点，因地制宜地选择主伐更新方式，才能合理采伐利用森林资源，并不断发挥其各种效能。

选择主伐更新方式时应注意以下三点：首先要考虑森林的生态作用，采伐方式必须有利于水土保持涵养水源，尤其对有水土流失危险的陡坡森林更需注意，坡度大于35°时不得采用皆伐方式；其次要本着有利于恢复森林的原则，采伐方式为森林更新创造好的条件；再次，在采伐合理的前提下，采伐更新方式有利于降低木材生产成本，提高劳动生产率。

第四节　次生林经营技术

天然林包括原始林和次生林。天然林是中国森林资源的主体，在维护生态平衡和改善生态环境以及保护生物多样性方面发挥着不可替代的重要作用。目前，中国实施天然林资源保护工作，不仅对中国的生态环境保护和建设产生重大影响，同时也将为世界的生态环境保护做出巨大的贡献。

就世界范围来说，天然次生林在森林资源中面积很大，并且一直在不断扩大。原始林面积越来越少。

一、次生林及其形成

次生林是对应于原始林而言的，一般来说在原始林受到人为的或自然因素破坏后，以天然更新自然恢复形成的次生群落，称为次生林。由于次生林是天然林，因而又称为天然次生林。但有的次生林是在人工林被破坏后的迹地上产生的，所以，又扩大为原生林经过破坏后，以天然更新自然恢复形成的次生群落。

人们常常将次生林的"次"误解为次等、质量次的意思，实际上，"次"是"再"的意思。次生林与原始林相比，价值低劣的林分固然较多，但次生林中也有相当多的类型是价值甚高的。如北方的山杨林、白桦林，南方的杉木林、马尾松林、云南松林等，生长率就远远超过原始林。

次生林的发生发展包括两种过程：一种是群落退化（逆行演替）；另一种是群落复生（进展演替）。群落退化是指原始群落在外因（如采伐、火烧、开垦、放牧、病虫害、旱涝等）的作用下，原来的群落由高级阶段往低级阶段退化。外力是形成退化的直接原因，外力作用的方式程度和持续的时间决定次生林发生发展的速度趋向所经历的阶段与产生次生林的类型及其途径。如果外力强，对原生林破坏的程度越大与持续的时间越长，则所形成的次生林结构越简单，类型越单纯。当外力作用极强时，则可使原生林一次直接退化到次生裸地。当外界因素破坏停止后，次生林即转向进展演替，向原生群落发展。其速度与破坏程度成反比，即破坏得越严重，恢复的速度越慢，反之，则越快。

二、次生林类型的划分

次生林类型划分的目的在于合理经营次生林，正确划分次生林类型，是经营好次生林的关键。我国林学界对次生林类型划分有不同的意见和划分方法，可归纳为以下几种：

（一）按自然类型划分

1. 根据优势树种分类

优势树种是森林的主要组成部分，支配着森林发展的总方向，又是人们经营森林的主要对象。所以，以优势树种的名称来划分，如山杨林、桦树林等。但由于组成次生林的优势树种一般都对环境有较强的适应能力，在不同的生长条件的地段，生产力相差甚大。通常由于活地被物优势种可以指示立地条件，常常利用上层优势树种和林下活地被物优势种一起来划分类型。

2. 根据立地条件分类

环境支配着森林，决定着森林的生存生长发育，环境条件的变化会引起森林在组成、结构与生产力上的相应变化。虽然森林容易受人为活动的影响，但环境总是比较稳定的。在划分森林类型时，应将环境条件作为基础。环境条件主要指气候条件与土壤条件，但在同一气候区内，森林主要受土壤肥力（水分与养分）的影响，所以应先按土壤肥力的差异划分立地条件类型，然后与林分的优势树种结合起来，划分森林类型。如干旱瘠薄马尾松林、潮湿肥沃的山杨林等。

3. 以环境主导因子分类

虽在同一气候区内，但地形不同，局部气候差异很大，对土壤发育也有较大影响。由于海拔高度、坡向、坡度、坡位等地形因子的不同，使各种生态因子形成显著的差异，从而导致次生林的变化，加之地形是个较稳定、易于鉴别的自然因素，作为主导因子进行森林分类，易于掌握。如能将影响林木生长的土壤主导因子参加森林分类，则能更准确地反映不同类型的差异，如南坡薄土油松林、北坡厚土山杨林等。

（二）按经营类型划分

根据林分的主要特征，比如树种组成、林龄、郁闭度、密度培育目的、卫生状况等，结合拟采取的经营措施加以划分。不同的经营类型的林分，要求有不同的技术措施。次生林经营类型的划分，应在自然类型划分的基础上，将经营目的与技术要求相同的林分归并为若干个经营类型，以便采取相同的经营措施。通常划分为以下经营类型：

1. 抚育型

指林木有生长潜力，有培育前途或者合乎经营目的要求的次生林。如密度郁闭度大，组成合乎经营要求的幼中龄林，可通过抚育采伐修枝等措施，留优去劣，提高林木的生长量与质量。

2. 改造型

指大部分林木无培育前途，不符合经营要求，需要改造的低劣次生林。如林分生产力极低，干形不良，林质低劣，郁闭度小或非目的树种占优势的林分。为了充分发挥林地的生产力，需要彻底改变现有林木组成。

3.抚育改造型

树种组成复杂，而组成林分的各树种生产力大小不均一的各种次生林。应通过抚育采伐伐去低劣和生产力不高的树种，在抚育采伐后，主要树种的数量仍然不足，并且分布不均，需要引进目的树种实行局部造林。

4.利用型

对零星分散的老熟次生林及时砍伐利用，并同时做好森林更新工作。

5.封育型

有一定优良林木，但郁闭度密度不够抚育采伐标准的中幼近熟林，或处于山脊陡坡（立地条件差）生产力低，却对山体有重要防护作用的次生林。对这些林分要管护好，实行封育。

经营次生林要根据林分的不同情况采取相应的措施，做到该保护的保护，该抚育的抚育，该改造的改造，该利用的利用，逐步变低产为高产，变劣质为优质。

三、次生林的经营措施

确定次生林经营技术，应根据次生林不同类型特点、地形条件、土地类别以及林分状况（林分年龄树种组成、林分郁闭度、病虫害）等差异，拟定相应的技术措施。次生林经营管理的主要技术可概括如下：

（一）次生林的抚育间伐

次生林抚育间伐主要是以稀疏、淘汰为手段，调整林分组成结构，促进林分的进展演替，培育更高质量的森林。抚育间伐技术要比人工林复杂，因林分类型、状况、立地等不同而不同。对于天然幼龄林，按不同生态公益林的要求分2～3次调整树种结构，伐除非目的树种和过密幼树，对稀疏地段补植目的树种。

对坡度小于25°、土层深厚、立地条件好，兼有生产用材的防护林采用综合疏伐法。先将彼此有密切联系的林木划分成若干植生组（树群），然后按照有利于林冠形成梯级郁闭，主林层和次林层立木都能直接受光的要求，在每组内将林木分为优良木、有益木和有害木；伐除有害木，保留优良木、有益木和适量的草本、灌木与藤本。

抚育采伐中，对于污染林整枝不良的树种，应进行修枝。修枝目的是培育通直、少节的优质木材。修枝一般砍去枯死枝和林木下部一二轮活枝，幼龄林保持枝下高占树高的1/3，中龄林保持枝下高占树高的1/2。修枝切口要平滑，不要损伤树皮。

坡度大于25°的生态公益林原则上只进行卫生伐，伐除受害林木。

（二）低效次生林分改造

1.低效林分

低效林分指在一定的立地条件下，按照立地的生产和生态潜力来衡量，生态功能和经济功能都很低下的林分，包括人工林和天然次生林。人工商品林中低产林很少，主要由于造林树种选择不当，配置不合理，幼林抚育不及时，立地条件不适应，导致林木生长不良，虽然成活、成林，但不能成材，每公顷生长量很低，成为低产林。

天然次生林区一般交通方便，离居民点较近，大多数处于低效和林相不好的状况。

2. 林分改造对象

什么样的林分需要改造，一般要根据林分的特点和当地的经济条件来确定。类似的林分，在不同的经济条件下，可能在一个地区属于合乎经营要求，不需要改造，而在另一地区则为改造对象。通常被列为改造对象的林分如下：

（1）树种组成不符合经营要求的林分

培育森林都有一定的经营目的，并不是所有树种都符合经营要求。凡是有不符合经营要求的树种组成的林分，如非目的树种组成的林分，或非目的树种占优势，目的树种比重很小的林分，一般目的树种不足 50%。

（2）郁闭度在 0.3 以下的疏林地

即使林分由目的树种组成，但由于株数太少，郁闭度在 0.3 以下。

（3）经过多次破坏性采伐，无培育前途的残次林

由于经过多次破坏性的乱砍滥伐，林分中材质好的优良树种以及干形好、符合做各种用材的林木，大部分被砍尽，残留的林木结构混乱，多数是价值低、干形不良或受病虫害危害的林木，规格材出材率不足 30%，以致不能通过正常的抚育间伐，使林分达到符合经营要求。

（4）遭受严重火灾、风灾、雪灾以及病虫害等自然灾害的林分

林分遭受火灾、风灾、雪灾以及病虫害等严重的自然灾害后常使林木死亡，产生大量枯立木和倒木或树干、树枝折断，或弯曲成弓形，以致失去利用价值。这种林分内部极其混乱，卫生状况极差，是病虫的发源地，森林的生产力大为降低。经过清林后，常使树冠郁闭破坏，形成疏密不匀的状态，甚至出现林窗和林间空地。

（5）大片灌丛

除了特殊经营（如养蚕的柞树丛、编织用的柳丛、采果用的沙棘灌丛等）的灌丛林和涵养水源保持水土的灌丛林外，立地条件好的灌丛林都应改造为乔木林。

需要指出的是，有些林分虽然属于改造对象，但有固沙、护堤等特殊意义，根据情况不急于改造或不改造，如特殊保护地区和重点保护地区的低效林不允许进行改造。在自然状态下，由于林地条件较差和生长环境恶劣等因素，致使林木生长不良而自然形成的低效森林，一般不进行改造。在不同地区和经济条件下，改造对象可以灵活执行。林分改造的基本原则应是因地制宜综合经营，人工促进诱导为主。

3. 林分改造方法

林分改造以森林生态学理论为指导，遵循森林群落自然演替规律，根据树种的生物学

特性，用人工措施建立起生态功能显著、抗逆性强、生长稳定的森林生态系统。低效林改造应统一规划，通过改造达到无林（林中空地）变有林，灌丛变乔林，纯林变混交林，多代萌生林变实生林，杂木阔叶林变针阔混交林，低效林变高产林。

（1）林冠下造林

适用于林木稀疏，郁闭度小于 0.5 的低价值林分。在林冠下播种或植苗，提高林分密度。林冠下造林能否成功的关键：一是选择适宜的树种。引入树种既要与立地条件相适应，又要与原有林木相协调。如果原来的优势树种是阔叶树，则应引进针叶树。如东北林区在蒙古栎林、白桦林中引进红松，栽植红松是将上层林冠疏开，保留 0.3 ~ 0.4 的郁闭度，由于红松幼年耐庇荫，而喜欢侧方遮阴。因此，在林冠下生长良好。甘肃省在白桦次生林冠下栽植油松效果良好；二是如何及时处理引进树种与原有树种的矛盾。随着引进树种年龄的增大，需要的光照越来越多，应对上层次生林林木进行疏伐，疏伐次数与强度应以林冠下幼树的生长状况和林地条件而异。河北省承德地区，在稀疏蒙古栎林下栽植油松，待幼树生长 2 ~ 3 年后，对蒙古栎修枝以降低郁闭度，当油松生长到一定高度，上层木影响其生长时，及时伐除上层木，既有利于幼树生长，又能减少对幼树的伤害，效果良好。

（2）小面积皆伐改造

用于无必要培育的灌丛林和残次林，首先伐除全部林木，若有少数珍贵树种和目的树种的幼树应保留，然后用适宜的树种造林。一次改造强度控制在蓄积的 20% 以内。适用于地势平坦不易引起水土流失的地方。

（3）群团状改造

林分尚有一定目的树种，但分布不匀，呈群团状分布。将无培育前途的林木砍去，在林间空地和伐孔内补植目的树种（一般为针叶树）。选择补植树种应以林间空地大小和立地条件而定。如林间空地小于原有树高，且立地条件较好，宜选用耐阴性较强的树种；林间空地超过树高 2 倍以上，或立地条件较差（干旱瘠薄），应选用喜光树种，形成群团状针阔混交林。

（4）带状改造

与小面积皆伐一样，适用于无培育前途的灌丛林和残次林。当林地面积较大或有水土流失的地方用带状改造，实行带状间隔皆伐与人工更新。带的宽度决定于立地条件和栽植树种的生物学特性。喜光树种和立地条件好的林地可宽一些；在地形较陡的林地宜窄些，一般是保留带宽度与林分高度相等。这种方法的优点是能保持一定的森林环境，侧方庇荫，有利于幼树的生长发育。

（5）抚育改造法

以抚育与改造相结合的方式，用于目的树种达不到 50% 的杂木林，通过抚育采伐的方式逐渐伐除非目的树种，在伐孔和稀疏处引进较耐阴的目的树种，增加目的树种比例。

（三）封山育林技术

1. 封山育林的作用

按照森林自然发展规律，森林是不会毁灭，荒山是不会形成的。在森林界线以内的宜林荒山，都是"后天"形成的。荒山的形成，是强大的外力破坏森林的结果。历史上冰川可以毁灭森林，大面积火烧和严重的病虫害可以使森林发生逆行演替或局部破坏森林。但是，最强大、最可怕的是人类对森林的破坏。

封山育林是对被破坏的森林进行人为的封禁培育，利用林木天然下种或萌芽能力，促进新林形成的一项技术措施。封山育林是扩大和恢复森林资源的有效方法。封山育林大多数用于森林环境适宜，但山势陡峭的深山、远山等交通不便，劳动力缺乏或资金不足地区的天然次生林或残存的天然林。

封山育林具有投资少、见效快的优点，是符合我国国情的一种可行的措施。封山育林有广泛的适应性，符合森林更新和演替规律，摆脱人为对植被的干扰和破坏，将荒山、疏林、灌丛置于自然演替的环境中，使其沿着进展演替方向发展。

封山育林形成的森林，多为乔、灌、草混交复层林分，物种丰富，森林生态系统稳定。在涵养水源、保持水土、增加生物多样性、改善生态环境等方面的作用非常显著。

我国的天然林集中连片，大多数分布于大江大河源头和重要山脉核心地带，属于重点生态公益林。经营的原则是严格保护，避免一切人为因素干扰，让其自然生存、自然发展、自然变化，尽可能使其自然景观不变，物种资源永存。所以，我国目前实施的天然林资源保护工程主要是采取封山育林。

2. 封山育林的理论基础

封山育林的理论依据主要是森林群落演替和森林植物的自然繁殖力。森林植物的自然繁殖力是群落演替的基础，没有植物的自然更新，群落演替是不可能发生的。在能生长森林的区域内，不论原有的植被类型是什么，甚至是裸地，通过封禁，最终都会演变为森林，育林活动只是加速这个演变过程。

通过封禁使森林得到休养生息的机会，从而产生进展演替。封山育林就是利用这个自然规律，把遭到破坏后留有的疏林灌丛和荒山迅速封禁起来，除了使其免遭继续破坏，得到休养生息的机会外，又施加人为的补植补播，防止火灾等育林措施，来加速森林群落进展演替过程，从而达到恢复和扩大森林资源，发挥森林多种效益的目的。

3. 封山育林的方法

（1）封山育林的条件（对象）

主要包括疏林、灌丛林、老采伐迹地和火烧迹地，具有天然下种更新条件的地区，少林、无林区的河流中上游地带水源涵养林区以及荒山荒地；具备乔木或灌木更新潜力的地段；人为破坏和人为不利影响严重的地段；人工造林困难的高山、陡坡、岩石裸露地、水土流失严重及沙漠、沙地，经封育可望成林或增加林草盖度的地段。在符合上述条件的地段进行封育，禁止或减少人为活动的干扰，给森林以休养生息的时间，使其在自然繁殖的前提下自然恢复成林。

（2）封山育林的方法

主要包括全封、半封和轮封三种方法。

全封：也称死封。指在封育期间，禁止一切不利于植物生长繁育的人为活动，如采伐、砍柴、放牧、割草等。一般适用于高山、远山、江河上游、水库附近水土流失严重的水源涵养林、防风固沙林和风景林等的封育。封育年限可根据成林年限确定，一般为 3 ~ 5 年，有的可达 8 ~ 10 年以上。

半封：也称活封。指在林木主要生长季节实施封禁，其他季节，在严格保护目的树种幼苗幼树的前提下，可有计划有组织地进行砍柴割草等活动。在有一定目的树种、生长良好、林木覆盖度较大的宜封地，可采取半封。适用于封育用材林和薪炭林等。

轮封：根据封育区的具体情况，将封育区划片分段，轮流实行全封或半封。在不影响育林和水土保持的前提下，划出一定范围暂时作为群众樵采、放牧等活动，其余地区实行封禁。轮封间隔期 2 ~ 3 年或 3 ~ 5 年。对于当地群众生产、生活和燃料有实际困难的地方，可采取轮封。特别适用于封育薪炭林。

合理确定封山育林方式有助于协调农民对放牧、割草、采集等的需求与森林植被恢复的矛盾，一般情况下，前 3 ~ 5 年宜全封，5 年后实行半封。

封山育林主要依靠天然更新自然恢复成林，但是对自然繁育能力不足或幼苗幼树分布不均的间隙地块，应进行补植或补播。对有萌蘖能力的乔木、灌木，应根据需要进行平茬复壮，以增强萌蘖能力。对经营价值较高的树种，可重点采取除草、松土、除蘖、间苗、抗旱等培育措施。封山育林期间要注意森林防火、森林病虫鼠害防治和森林资源保护。

封山育林需要几年、甚至十几年才能收效。因此，在规划和开展封山育林时，要统筹兼顾山区群众的目前利益，适当解决进山打柴放牧和搞林副业生产等具体问题。一般除远山、高山、江河上游和水库周围山地，以及水土流失、风沙危害严重的地区应实行全封外，都可分别实行半封或轮封。实践证明，只要加强管理，半封和轮封能够实现"封而不死，开而不乱"，所以很受群众欢迎。

（四）次生林的采伐更新

次生林达到成熟后，应及时采伐利用，并及时更新。由于次生林的主要组成树种多为喜光树种，前期生长速度快，后期生长慢，成熟期或衰老期到来得早且容易得心腐病，所以次生林采伐年龄不宜过大。

第八章　森林抚育与森林主伐更新

第一节　森林抚育及发展

一、森林抚育概述

森林抚育管理包括林地抚育管理、林木抚育管理和森林抚育采伐三方面。

（一）林地抚育管理

林地抚育管理主要是通过对林地土壤进行松土除草、施肥、灌溉和排水、栽植绿肥作物及改良土壤树种、保护林地凋落物等技术措施，使土壤有机质含量提高、土壤疏松、通气透水性能改善，使土壤微生物活跃，土壤肥力提高，从而有利于林木根系对营养物质的吸收，有效促进林木生长。

（二）林木抚育管理

林木抚育包括林木修枝、摘芽和除蘖等技术内容，目的是促进林木生长与提高林木质量。

在自然状态下，林木的下部枝条随着年龄的增长，逐渐地枯死脱落，这种现象称为自然整枝。人为地除去树冠下部的枯枝及部分活枝的抚育措施，称为林木修枝。林木修枝分两种：干修为去掉枝干下部枯枝；绿修为去掉部分活枝。林木修枝具有提高木材材质、增加树干圆满度、提高林木生长量、抑制部分病虫害、改善林内通风透光状况及林木生长条件等作用，对提高林地和木材质量有重要意义。

1. 林木修枝技术

根据林木自然整枝原理，人工修除林木下部的枯枝或弱枝，是以往林木修枝的主要方法。但目前四旁植树、农林复合等的发展中，整形修枝法在一些合轴分枝和假二叉分枝的阔叶树中应用越来越广泛。其方法是修除粗大的侧枝、徒长枝和竞争枝，短截细弱的顶梢，以达到"控侧（枝）促主（轴）"，延长主轴长度，培育无节高干良材的目的。

（1）修枝林分和林木的选择

人工修枝一般在利用价值较高的林分中进行。需要修枝的林木，应该是生长旺盛，树干和树冠没有缺陷，有培养希望的林木。在生产中往往将修枝与抚育采伐结合进行，作业效果会更好。

（2）修枝开始年龄、间隔期和修枝高度

当林分充分郁闭，树冠下部出现枯枝时，作为开始整枝年龄的标志，但如树种顶梢生长能力较差时可适当提前。大多数针叶树是在第一次整枝后又出现 1 ～ 2 轮死枝后进行第二次整枝。阔叶树早期整枝有利于控侧枝促主干生长，间隔期宜短，一般 2 ～ 3 年。修枝的高度则应视培育的材种而异。山东省林业科学研究院院长姜岳忠等对杨树大径级工业用材林的定向培育进行了研究，认为在幼林郁闭前，林内光照条件好，对树冠下层枝条可不修或少修，但对 4 年生以后的林木，要逐步去除树冠下层生长衰弱的枝条。南京林业大学教授方升佐等认为，就杨树而言，如果立地条件较好，管理精细，幼林生长快，修枝开始时间就提前，反之则修枝开始时间就推迟。修枝的起始年限还须考虑伤口的愈合情况，枝条粗度不同，伤口愈合时间相差很大。杨树修枝开始时间应与培育目标相结合，如果为了培育优质胶合板用材，则修枝开始时间应该在第一轮侧枝基部的树干达到旋切机不能再加工时的粗度为开始修枝时间，即在第一轮侧枝基部树干达 10 cm 时开始修枝，此时杨树人工林的林分年龄约为 3 ～ 4 年。

（3）修枝的季节

一般都是在晚秋或早春（隆冬除外）进行修枝。有些萌芽力较强的树种，例如杨树、刺槐、白榆等，宜在生长季节整枝。有些阔叶树种，如枫杨、核桃等，冬春整枝伤流严重，易染病害，应在树木生长旺盛季节整枝。

（4）修枝的强度

修枝强度一般用整枝高度与树高之比，或用冠高比来表示。整枝强度大致分三级，即强度、中度和弱度，分别为修去树高 1/3、1/2 以及 2/3 以下的枝条。确定整枝强度因不同的树种、年龄、立地和树冠发育情况而异。喜光树种、落叶阔叶树种、速生树种保留的冠高比可小些。相同树种的冠高比总是随着年龄的增长而减小。立地条件好的和树冠发育良好的林木，整枝强度可大些。

（5）修枝切口的愈合

在干修时，切口的愈合过程与天然整枝相同。

绿修时伤口周围露出的树干形成层和皮层的薄壁细胞，分裂长出薄壁的愈合组织，逐渐地扩大，把整个切口封闭起来。绿修切口位置我国主要有三种：平切，就是贴近树干修枝；留桩，就是修枝时留桩 1 ～ 3cm；斜切，切口上部贴近树干，下部离干成 45 度角留桩成一小三角形。切口愈合快慢受树种、切口位置、立地条件、树木的生命力、枝条粗度和庇荫情况等多种因素影响。为达到修枝的良好效果，对修枝切口要求平滑、不偏不裂，不削皮不带皮。湿地松幼林林分修枝枝节径口在 2cm 以下的 2 ～ 3 年内可愈合，枝节径口

2.0 ~ 2.7cm 的 3 ~ 5 年内可完全愈合。修枝时间应在深秋（树液停止流动后）、初冬或早春（树液开始流动前）进行。

（6）修枝机具

目前，国内外在修枝技术方面的进展主要表现在修枝机具方面，已由原来主要依靠手工工具转变为以修枝机械为主。树木修枝机械有手持背负式、车载式和自动式等多种形式。手持背负式整枝机是现在主流使用工具，分为无动力和有动力两种。为有动力整枝机配套的动力有气动、液压传动、电动、小型汽油机和小型柴油机等。根据工作装置又分为剪刀式、液压剪式、圆锯片式、往复锯条式和导板链锯式。传动轴一般是套在铝合金薄壁硬管中，但也有伸缩杆式和软轴式的。车载式整枝机是在较大型拖拉机上侧置液压折叠臂，臂端配有可以往复运动的液压剪，用于修剪大面积树冠、灌木丛或地面杂草。有的还通过车载自动升降台，将人送往不同高度位置进行人工整枝修剪。目前自动立木整枝机已实现了遥控整枝修剪作业。

2. 摘芽与除蘗

摘芽是整枝的另一种形式，即在侧芽膨大，芽尖呈绿色时，把芽摘掉，以省去以后的整枝。摘芽对培育无节高干良材，加快树高生长、增加树干圆满度、缩短优良材种的培育期有一定的作用。摘芽简单易行，省工省力，又不消耗树体养分，且能避免某些树种修活枝引起微生物侵入伤口使木材腐朽的问题。

当林木被砍伐或火灾烧死后，在伐桩上与根茎处或树根上会萌生出一些萌生条，利用这些萌生条可以形成新一代的林分。除蘗就是将伐桩上过多的萌芽条与根蘗苗除去一部分，使留存的萌生条得到更多的养分、水分与光照，从而能更好地生长。除蘗时，对每个伐桩上的萌生条只选留 1 ~ 2 株健壮者，其余全部砍去，砍口应呈斜面尖削形。需特别注意的是，除蘗应早期进行，且需开展数次。

（三）森林抚育采伐

抚育采伐又称抚育间伐。是指在未成熟的林分中，为了给保留木创造良好的生长条件，而采伐部分林木的森林培育措施。总体来看，抚育采伐的目的包括：按经营目的调整林分组成；降低林分密度，改善林木生长条件；促进林木生长，缩短林木培育期；清除劣质林木，提高林分质量；实现早期利用，提高木材总利用量；改善林分卫生状况，增强林木抗性；建立适宜的林分结构，发挥森林多种效能。上述抚育采伐的目的，因林种不同而有主次之分。

要使抚育采伐卓有成效，必须掌握其理论基础。抚育采伐的理论基础包括森林的生长发育时期、林木分级、林木株数按径级分布的规律以及密度与林分生长的关系等。

1. 抚育采伐的种类和方法

由于构成林分的树种不同，年龄不同，则抚育采伐承担的任务也就不同，因而也就有不同的抚育采伐的种类。按森林的生长、发育顺序，可采用下列抚育采伐种类：透光伐、疏伐和生长伐。特殊情况可采用卫生伐。

（1）透光抚育

透光抚育，又称透光伐，一般在幼林内进行。对混交林，主要是砍去非目的树种和压制幼树生长的灌木，以调整林分组成为主要目标，所以又可以称为组成抚育。对于纯林，主要是间密留稀，留优去劣。

透光抚育实施的方法有二种。全面抚育是在全部林地上将抑制主要树种生长的次要树种按一定强度普遍砍除；团状抚育是抚育仅在林地内有主要树种的群团内进行，砍除那些抑制主要树种幼树生长的次要树种，无主要树种幼树的地方则不进行抚育，这样可节省劳力和费用；带状抚育是将林地分成若干带，在带内进行抚育，保留主要树种，清除次要树种，带宽 1.0 ~ 2.0m；抚育带之间的距离为 3 ~ 4m（或视劳力条件而定），在那里不进行抚育，称为间隔带或保留带。在带内施行抚育以后 5 ~ 10 年，如果间隔带上的林木妨碍抚育带上林木的生长，则应将那些影响抚育带上的林木砍去。一般在缓坡及平地，可南北向设带，使幼林能获得较多的光照，利于林木生长；在气候条件恶劣、土壤干燥地区宜东西向；在经常有大风的地区，带的方向应与主风方向垂直，以防风倒、风折。

透光抚育在夏初落叶非目的树种处于春梢已经长成，叶片完全展开的物候阶段砍伐最为适宜，冬季采伐最差。透光抚育进行一次往往不够，需根据次要树种的萌芽状况来确定重复次数，一般每隔 2 ~ 3 年或 3 ~ 5 年再进行 1 次或 2 次。

（2）生长抚育

幼林经过透光抚育后，进入壮龄林阶段，林分组成外貌已基本定型，以后进行的抚育采伐则为生长抚育。其任务是：林分自壮龄以后至成熟主伐利用以前一个龄级的很长时期内，为了解决目的树种各个体间的矛盾，为了不断调整林分密度，使保留木得以良好生长，并提高木材质量，缩短成材期，实现优质、丰产的目的。生长抚育包括《森林抚育规程》中的疏伐与生长伐。

人们根据树种特性、林分结构、经营目的和抚育所得到的材种等因素，研究和创造了各种各样的生长抚育方法，可归纳为四种：

①下层抚育法

下层抚育法即下层疏伐法，其原理是以人工稀疏代替林分的自然稀疏，并不改变自然选择进程的总方向。这种方法首先砍去居于林冠下层生长落后、径级较小的濒死木和枯立木；此外也砍伐极个别的、粗大的、干形不良的林木。下层抚育法主要应用于喜光针叶纯林，我国对、落叶松、杉木等人工林进行抚育常用此法。其以克拉夫特的生长分级法为选木基础的，采伐强度取决于采伐林木的级别。

②上层抚育法

上层抚育法与下层抚育法相反，主要砍伐那些居于上层林冠的林木。这个方法的基础是：在有些林分中，特别是阔叶树种混交的林分中，位于林冠上层的往往是非目的树种，或者虽为目的树种，但时常是树形不良，分权多节，树冠过于庞大，经济价值较低的树木。在林分中继续保留这些树木，不仅不符合培育目的，而且严重影响着周围其他林木的正常生长。针对这种情况，必须伐去这些干形不良、无培养前途的上层林木，为经济价值较高，有抚育前途的林木创造良好的生长条件，保证它们的树冠能够获得充分的光照。这种方法在阔叶林和混交林内广泛应用。在施行上层抚育时，通常将林木分成优良木、有益木和有害木三类，主要砍伐妨碍优良木生长的、树冠过分庞大、树干尖削、多枝节的有害木，一般这些树种多属第 1 生长级；对于生长过密的有益木，也应伐除一部分。上层抚育后林相的变化较剧烈，易于遭受风害和雪害，特别是采伐后的头 1～2 年，需要注意。另在喜光树种组成单层纯林中最好不予采用。

③综合抚育法

综合抚育法综合了下层抚育法和上层抚育法的优点，既可从林冠上层选伐，亦可从林冠下层选伐林木。此法的依据是，在抚育采伐以后，由于环境条件（特别是光照条件）的改变，生长落后的林木能够恢复和加快生长量。亦称综合疏伐法。

在实行综合抚育法时，先将在生态上彼此有密切联系的林木划分成若干植生组（或称树群），然后以每一个植生组为单位进行选木，选木时将林木分成优良木、有益木和有害木。砍伐前的林分，区分为 1、2、3、4、五个植生组。每个组又分为三个等级：Ⅰ：优良木；Ⅱ：有益木；Ⅲ：有害木。砍伐后的林分，保留了优良的和有益的林木；砍除了有害的林木，保持多级郁闭（阶梯郁闭），使林分中保留下来的全部大、中、小林木都能得到充分的光照而加速生长。一般适用于天然阔叶林，尤其在混交林和复层异龄林中应用效果较好。

④机械抚育法

机械抚育法又称隔行隔株抚育法、几何抚育法，是间隔一定距离，机械地确定砍伐木的抚育采伐，有隔行伐、隔株砍和隔行隔株伐等方法。隔几行或隔几株砍伐，应视林分情况和经营目的而定。为便于机械作业与发挥边缘效应，多采用伐 1～2 行，留 2～4 行。

以上是采伐抚育中几种常用的基本方法。在生产实践中，常以某一方法为主，根据实际情况，有时也结合运用其他方法。

2. 抚育采伐的技术要素

（1）开始期

抚育采伐的开始期须综合考虑树种生物学特性、立地条件、林分密度、生长状况、交通运输、劳力以及小径材销售等问题来确定。抚育采伐的主要目的是为了提高林分的生长量和林木质量，因此，林分密度偏大，原有的营养空间已不能满足林木的要求，生长受到抑制，生长量下降，尤其是胸径生长量明显下降时，就应进行首次抚育采伐。具体来说有以下方法确定抚育采伐开始期：①按林分生长量分析确定。林分直径和断面积连年生长量明显下降的年份为开始抚育的时间。②按林分分化的程度确定。一般认为，当Ⅳ、Ⅴ级木在林分中的数量比例达 30% 左右时，则应进行首次间伐。林分直径的离散度和林分中径木占所占株数比例达到一定程度也应开始抚育。③按林分的外貌特征确定。林木树冠发育受阻、自然整枝明显加强以及郁闭度达 0.9 左右可开始抚育。④按标准表和密度管理图表确定。根据抚育采伐标准表和密度管理图表确定首次抚育采伐期。

（2）强度

一个林分应该采取何种抚育采伐强度，是一个需要从多方面考虑的比较复杂的问题。它既取决于经营目的、运输劳力、小径材销路等经济条件，又要考虑到树种特性、林分密度、年龄、立地条件等生物因素。合理的抚育采伐强度应符合以下要求：①有利于提高林分的健康和稳定性，不致因林分过度稀疏而造成杂草滋生以及受风、雪危害；②有利于改善林分的生态条件，促进保留木的材积生长和形质生长；③有利于经济收入，每次抚育采伐量应力求稍大些，但最终又不减少木材的总产量。为了维持林分最大产量，每次抚育采伐量不应大于采伐间隔期内的林分总生长量，在实际生产中，应使抚育采伐量稍低于生长量。目前确定间伐强度的方法分定性与定量抚育两大类。定性的方法是根据树种特性、龄级和利用的观点，预先确定某种抚育采伐的种类和方法，再按照林木分级确定应该砍去什么样的林木，由选木的结果计算抚育采伐量。定量的方法是根据林木的生长与林木之间的数量关系，在不同的生长阶段按照合理的密度，确定砍伐木或保留的数量，故称定量抚育采伐。具体来说，可以根据胸高直径与冠幅的相关规律来确定，也可根据树高与冠幅的相关规律来确定。

（3）采伐木的选择

在实施抚育采伐时，采伐木的选择是一个很重要的技术环节，因为只有正确地决定采伐木，才能保证达刻预期的抚育采伐目的。在选木时，应注意以下几方面：淘汰部分低价值的树种；砍去品质低劣和生长落后的林木；伐除对森林环境卫生有碍的林木；维护森林生态系统的平衡；满足特别林分的经营要求。

（4）间隔期

间隔期，又称重复期，是指相邻两次抚育采伐所间隔的年数。间隔期的长短，应考虑树冠恢复郁闭的速度和直径连年生长量重新下降的情况。同时，还应考虑树种特性、林分生长量、抚育采伐强度、经济条件等因素。

生长抚育一般要进行到主伐利用前的 1 个龄级结束，生长抚育的施工季节，一般全年都可进行。在中国北方地区，以冬季较好；在南方则以秋末冬初至早春休眠时间较好。

二、森林抚育技术及其进展

（一）林地灌溉技术进展

目前，林地灌溉主要在节水灌溉技术等的采用方面取得进展。节水灌溉是指灌溉用水少，水分利用率高的先进的灌溉技术，包括喷灌、微灌和自动化管理。我国重点推广的节水灌溉技术包括管道输水技术、喷灌技术、微灌技术、集雨节水技术、抗旱保水技术等。

1. 低压管道输水灌溉

低压管道输水灌溉又称管道输水灌溉，是通过机泵和管道系统直接将低压水引入田间进行灌溉的方法。这种技术避免了输水过程中水的蒸发和渗漏损失，节省了渠道占地，能够克服地形变化的不利影响，省工省力，一般可节水30%，节地5%，普遍适用于我国北方机灌区。

2. 喷灌

喷灌是利用专门设备把水加压，使灌溉水通过设备喷射到空中形成细小的雨点，像降雨一样湿润土壤的一种方法。其优点是节水30%～50%，增加灌溉面积；保持水土，避免水土流失；节地3%～7%；节省劳力，适应性强，不受地形坡度和土壤透水性的限制。

喷灌的技术要求：适时适量地给林木提供水分；有较高的喷灌均匀度。喷灌均匀度指的是综合均匀度，它与单个喷头的倾斜度、地面坡度、风速、风向等因素有关；有适宜的喷灌强度；有适宜的雾化程度。其中喷灌强度、喷灌均匀度和雾化指标为喷灌技术的三要素。

3. 微灌

（1）滴灌

滴灌是通过管道系统及安装在末级管道上的灌水器，将有压水以小流量均匀、准确地补充给作物根部附近土壤，使作物根系活动区的土壤经常保持适宜的水分和营养的节水灌溉技术，可分为地面滴灌、地下滴灌及地面移动式滴灌等几种。其优势在于：把灌溉水的深层渗漏和地表蒸发减少到最低程度；只向作物根区土壤供水，使"浇地"变成为"浇作物"；可随水施肥，既减少用工又提高肥效，促使作物增产；同漫灌相比，滴灌一般可省水70%～80%（以色列可达到92%）增产效果也十分显著。

（2）雾灌

雾灌技术是集喷灌、滴灌技术之长，因低压运行，且大多是局部灌溉，故比喷灌更为节水、节能；雾化喷头孔径较滴灌滴头孔径大，比滴灌抗堵塞，供水快。江西省南城县每个乡都有自己的雾灌橘园，平均单产量提高50%。

（3）渗灌

渗灌是利用一种特制的渗灌毛管埋入地表以下30～40cm，压力水通过渗水毛管管壁的毛细管以渗流形式湿润周围土壤的一种灌溉方法。

（4）小管出流灌溉

小管出流灌溉是利用直径4mm的塑料管作为灌水器，以细流状湿润土壤进行灌溉的方法。主要用于果树的节水灌溉，国内北京潮白河沿河沙地广泛用于人工林灌溉。

（5）微喷灌

微喷灌是利用微喷头将压力水以喷洒状湿润土壤的一种灌溉方法。主要用在果树、花卉、城市绿地栽培中。

4.集雨节水技术

集雨节水技术也称径流林业，是利用生态平衡和水量平衡的理论，对干旱半干旱地区林木生长的水环境及其生产潜力进行分析，通过合理的人工调控措施在时空上把有限的降水资源进行再分配，以便为林木生长创造适宜的土壤水分环境，促使该地区较为丰富的光、热和土壤等自然资源得到充分有效利用，促进林木生长。

集水系统的成功与否很大程度上取决于雨水的收集效果。收集径流量的大小不仅与降雨量、降雨强度、土壤前期含水量及入渗能力有关，而且还与集水区表面状况关系密切。采用自然坡面来集水，一般产流率较低，又容易发生土壤侵蚀。为增加径流量、提高径流率、降低地表的储存和入渗能力，近几年来一些新的技术用于集水系统的集水区表面处理上，包括物理措施和化学措施。物理措施包括利用玻璃纤维沥青、异丁烯橡胶、塑料薄膜等覆盖微集水区表面，可使给水效率大大提高，但成本太高，要普遍推广应用，困难较大。化学措施包括使用土壤结构分散剂、斥水剂和土壤封孔剂等化学材料处理集水面，在近年来有了较大进展，是很有发展前途的集水区表面处理方法。被用于集水区表面处理的化学材料目前主要有石蜡、钠盐、硅酮、沥青、有机硅、土壤稳定剂和防蚀剂等。

（二）林地施肥技术进展

1.肥料种类

国内外林地所用肥料向高浓度、多元复合化、专用化、无公害化、缓/（控）释化以及纳米化发展。缓/（控）释化肥料是指利用物理、化学和生物的手段让肥料养分缓慢释放的肥料。

（1）缓释肥与纳米肥

在肥料的长效化上主要是添加各种聚合物包裹剂以控制氮肥的释放速度，从而达到肥料的长效化。国内一些院校积极从事长效肥料的开发研究工作，取得了阶段性成果，研制开发出长效碳酸氢铵、长效尿素以及氮肥长效增效剂等产品。中国农业科学院土壤肥料研究所和原子能所以及湖南农业大学等单位的科技人员采用化学、物理的微乳化和高剪切技术，研制生产了国内外首创的具有缓释性能的纳米级胶结包膜剂。该产品养分的释放速度基本符合作物生育期对肥料的需要，从而使肥料养分更容易被植物吸收。

（2）生物肥

生物肥料是指一类含有大量活的微生物的特殊肥料。这类肥料施入土壤中，大量活的微生物在适宜条件下能够积极活动：有的可在作物根的周围大量繁殖，发挥自生固氮或共生固氮作用；有的还可分解磷、钾矿质元素供给作物吸收或分泌生长激素刺激作物生长。由此可见，生物肥料不是直接供给作物需要的营养物质，而是通过大量活的微生物在土壤中的积极活动来提供作物需要的营养物质或产生激素来刺激作物生长，这与其他有机肥和化肥的作用在本质上是不同的。

生物肥料按施肥中起作用的微生物种类可分为：①根瘤菌肥料，包括花生根瘤菌、大豆根瘤菌；②固氮菌肥料，包括自生固氮菌、共生固氮菌和联合固氮菌；③真菌菌剂，包括外生型菌根菌和内生型菌根菌；④解磷微生物肥料，可以把土壤中的有机磷转化为可溶性无机磷，或把不溶性无机磷转化为可溶性无机磷；⑤硅酸盐细菌肥料，主要是芽孢杆菌、假单孢杆菌，这类菌不仅分解土壤中难溶解的磷、钾，同时能够产生植物生长的激素类物质，在根际形成优势，抑制病原菌生长，达到增产效果；⑥EM菌肥，指一组有效微生物群微生物群，它是将自然界中主要五大类有益菌，包括光保菌群、乳酸菌群、酵母菌群、革兰氏阳性放线菌及发酵系的丝状菌群有机地集合在一起共生共存而形成的强大的功能菌群体，近年来在应用领域十分广阔。

2. 施肥方法

多采用数量化的方法指导施肥，这种方法被统称为计量施肥法。林木计量施肥的意义在于：以科学的施肥计量和施肥技术，力求获得最佳的经济效益。它主要包括目标效益下的林木施肥计量方法、促进林木高产的施肥技术和科学施肥实施计划等三方面。

（1）效应函数法

肥料效应函数法是建立在肥料田间试验和生物统计基础上的方法。国内肥料效应模型多为二次多项式，少数为平方根式，所得的肥料效应按照回归方程式可计算出代表性地块达到最高产量所需的施肥量，最佳经济效益施肥量，对二元、三元肥料效应回归方程式还可分析肥料间的交互效应、边际效应以及贡献率等重要信息。

（2）营养诊断法

植物营养诊断法是建立在植物营养化学基础上的施肥技术。指导林地施肥的营养诊断通常包括土壤分析和植物组织分析。土壤分析在林木养分缺乏的诊断中还未被广泛应用。

（3）生态平衡施肥法

生态平衡施肥是以通用施肥模型的主要应用形式生态——平衡施肥模型为理论基础，以实用和高新技术优化组装的技术体系为实现手段，以生态型肥料为载体的新的施肥体系。通用施肥模型建立在质量守恒定律和有效养分在土壤—肥料—作物间的相互转化关系基础上。"生态型肥料"是同时满足高产、低投入、无污染等多目标的最佳肥料投入组合，其技术体系包括：肥料改性、根域或肥域土壤条件改善、减少养分投入、养分再利用和循环技术。

当前随着计算机技术、化工技术、生物技术、核技术等高新技术的迅速发展及其在林业上的广泛应用，植物营养与施肥的研究和测试手段不断更新，植物营养分子遗传、根际微生态、生物肥料、专用肥和控释肥、计算机控制的施肥模式和精确施肥技术等已取得突破性进展。

3. 施肥技术

近年来，随着节水灌溉技术的发展，与其相结合的节水灌溉施肥技术的应用引起人们的关注，其中滴灌施肥是一种重要的方式。

20世纪60年代，以色列创造了世界上第一个滴灌系统，并实现了滴灌施肥。随后，美国、澳大利亚、南非、中国等地也开始推广。滴灌施肥频繁、缓慢地施加少量的水和肥料作用于作物的根部，可以非常精确地在时间和空间上调控土壤水、肥条件。滴灌施肥的特点是水肥同时供应；肥料直接施入根部，有利于根系吸收养分；持续时间长，为根系生长维持相对稳定的水肥环境；可根据气候、土壤及作物生长发育阶段灵活调节供应养分的种类、比例及数量等。

（三）森林抚育技术进展

1.森林经营理论进展

随着人类对森林多功能的深入认识，森林经营理论有了很大的发展，这也奠定了目前森林抚育技术实施的理论基础。

20世纪90年代联合国环发大会强调指出森林可持续经营是社会经济可持续发展的重要组成部分，以此为契机各国普遍提出森林需要进行可持续经营。普遍认为，森林可持续经营主要是指森林生态系统的生产力、活力、生物多样性及再生能力的整体完善，以保证有丰富的森林资源与健康的环境，满足当代和后代的需要。森林可持续经营遵循经济效益、社会责任、生态系统的整体性和生物多样性保护等原则，其目标是保持森林生态系统的完整性、环境保护功能最大、森林游憩功能最大、社会福利贡献最大。其理念主要体现在分类经营、永续经营、协调经营、整体经营、评价经营、生态系统经营、多种经营模式等几方面。

综上所述，目前先进的森林经营理念均把森林的多功能发挥、可持续经营、生态系统完整健康、利于生物多样性保护等放在重要的位置，这也促使各国更加重视森林抚育工作。

2.森林抚育进展

采用近自然的森林建设方法，林业就掌握了在全部森林面积上实现自然发展和无风险利用的钥匙，因为森林建设只有在服从生态的前提下才能有长期的经济收效。抚育的收入可再次投资于森林抚育和造林，这对生态也是有益的。在巴伐利亚州《国有林建设基础》中规定，要在抚育过程中促进现有的混交树种；通过选择适地树种、适当的更新和抚育措施提高抗非生物灾害的稳定性；要保证森林内开放地的自然性，而且要进行抚育。

第二节　森林主伐更新及发展

一、森林主伐更新概述

对成熟林分或林分中部分成熟林木的采伐称为主伐。森林达到成熟时，如不及时进行采伐利用，就会发生枯死，导致木材资源的浪费。主伐一方面可以获得木材；另一方面采伐后上层林冠被疏开，可以促进森林的更新。因此，主伐既是获得木材的手段，也是保证下一代森林更新的重要措施。

主伐作业方式对森林的可持续利用具有较大的影响。所谓主伐方式是指在预定的采伐地段上，按照一定的方式配置伐区，并在规定的时间内，按照一定的要求来采伐成熟林木的整个程序。主伐方式通常被分为三种：皆伐、渐伐和择伐。

皆伐是在传统森林经理学"法政林"作业体系下得到发展的森林主伐方式。在 17 世纪由于工业革命的兴起，森林被过度采伐，到 18 世纪时欧洲的森林已遭到了极大的破坏，导致木材的短缺。在这种情况下为了在短期内能够生产更多的木材，德国的林学家哈尔蒂希（G.L.Hartig）提出了通过培育针叶单纯林，持续获得大量木材的主张。德国林学家洪德思哈根（J.C.Hundeshagen）将这种思想进一步完善，提出了法政林概念，之后法政林的经营模式在世界范围内被推广，并一度成为林业先进国家作为衡量森林经营水平的标准。法政林的基本思想是，在一个作业单位内（如一个林场或林业局）根据轮伐期，把土地划分成面积相等的多个地块，然后在每块土地上培育同龄纯林。通过对作业单位内的每块林地进行连续皆伐作业，做到木材的永续利用。由于法政林经营思想以木材经营为中心，仅考虑森林蓄积的永续利用，而忽视了森林的其他功能。随着皆伐作业的大面积实施，导致皆伐林地土壤退化、虫害发生、森林稳定性降低，其弊端充分地显现出来。同时皆伐作业下单一树种组成的林分，森林的多种功能也难以充分发挥。皆伐作业虽然经济效益可观，但森林的生态效益和社会效益较低，导致森林的整体效益不高。

皆伐不能使土地具有连续的森林覆盖，因而带来了一系列的问题。从 19 世纪中期开始，人们转而探寻保证土地被森林连续覆盖的采伐方式，使早期就被应用的择伐作业方式不断被完善。德国林学家盖耶尔（K.Gayer）提出了与"法政林"完全不同的恒续林经营思想，这被认为是近自然森林经营的早期观点。他提倡对森林采用小规模干扰的择伐作业，保证土地具有连续的森林覆盖。采用这种方法经营的森林具有复层、异龄、混交的特点，处于这种状态的森林可以生产大径级的木材，能够保证森林既具有较高的经济效益，又具有较高的生态效益和社会效益。经过不断完善的择伐作业，至今也被认为是符合当代森林可持续经营要求的主伐方式。

可以说采用何种主伐方式，在一定程度上决定了森林经营是否为可持续经营。可持续的森林经营，不仅要保证木材的可持续利用，还应保证在非林产品的生产、生物多样性和野生动物保护、保持水土的能力、森林服务功能等多方面都能够持续。只有保证木材生产和森林多功能协调发挥的主伐方式才能满足现代的森林经营要求。

森林更新是森林持续利用的基础，因此，可持续的森林经营必须保证森林具有良好的更新能力。在原先存在森林的土地上，因采伐、火烧或其他原因导致森林消失后，在这些迹地上以自然或者人为的方式重新恢复森林的过程，被称为森林更新。根据是否有人为参与更新过程，可将森林更新分为天然更新、人工更新和人工促进天然更新三种。完全依靠自然力恢复森林的过程，叫作天然更新；以人工的方式恢复森林的过程，叫作人工更新；对天然更新加以人工辅助的更新方法，叫人工促进天然更新。如在种子年进行松土、搂去地表凋落物层、割除草本和灌木等使种子能充分接触土壤的做法，均为人工促进天然更新的手段。按更新在采伐前后发生的时间不同，还可将森林更新分为伐前更新和伐后更新。伐前更新（简称前更）是在森林采伐前，林冠下完成的更新；伐后更新（简称后更）是在森林采伐之后完成的更新。伐前更新因在森林采伐前就已经完成，因此可以缩短森林的轮伐期。

森林主伐和更新是密切相关的，也是林业生产中不可分割的两方面。通常主伐方式决定更新方式，如渐伐和择伐作业，常采用天然更新或人工促进天然更新；而皆伐作业，常采用人工更新形成下一代森林。反过来主伐方式的应用也要考虑更新的效果，如主伐时伐区的排列方式，保留一定数量的母树等，都是为了达到更新的要求。森林采伐后必须要及时地更新，在生产上一定要做到更新跟上采伐，否则就影响森林资源的持续利用，不能满足林业可持续发展的要求。

（一）皆伐与更新

皆伐是将伐区内的成熟林木在短时间内（一般不超过1年），全部伐光或者几乎全部伐光的主伐方式，伐后采用人工更新或天然更新形成同龄林。

皆伐迹地一般采用人工更新，在保留母树和侧方林墙能够提供充足的种源情况下，也可以采用天然更新。皆伐是在欧洲工业革命兴起，大量需要木材时盛行起来的。通常在主伐时，将整个采伐林分划分成若干个采伐区，然后以每个采伐区为单位进行采伐作业，这样被划分的采伐区也简称为伐区。皆伐的种类较多，根据伐区面积大小可以分为大面积皆伐和小面积皆伐。大面积皆伐又叫集中皆伐，伐区宽度在250～1 000m，因采伐迹地环境条件恶化严重，故我国不采用该种方法。小面积皆伐又根据伐区的形状，分为带状皆伐和块状皆伐，小面积皆伐，面积不超过 $5hm^2$，一般以 $1～3hm^2$ 居多。

1.皆伐的种类和方法

无论是带状皆伐还是块状皆伐，在皆伐天然更新的情况下，必须考虑伐区的排列方法，以利于下一代森林的恢复。当皆伐后采用人工更新，可不用过多地考虑伐区的排列问题，故皆伐方法可以简化。下文以皆伐天然更新为主，叙述皆伐的伐区排列方法。

（1）带状皆伐

为了能使采伐后更好地完成天然更新，就需要考虑伐区的大小、形状和排列方法。一般带状皆伐的伐区以长方形为好，带宽以 2～5 倍树高为佳。根据伐区的排列方法不同，带状皆伐可分为带状间隔皆伐和带状连续皆伐两种。

①带状间隔皆伐

在采伐时，将要采伐的林分划分成若干采伐带（每个采伐带为一个伐区），然后隔一条带采伐一条带。经过几年后，通过保留带下种，采伐带已经完成更新时，再采伐保留带。第一次采伐的伐区应配置在下风方向，这样有利于森林下种更新。第二次采伐的伐区因无侧方林墙，为了保证伐区更新，可以采用人工更新、采伐时保留母树、种子年采伐和改用渐伐等方法。带状间隔皆伐第一次采伐带和第二次采伐带可以等宽，也可以宽度不等。

②带状连续皆伐

当采伐的林分面积较大时，可将要采伐的林分划分成若干个采伐列区，然后在每个采伐列区中划分带状的伐区（每个列区包括三个以上伐区）。采伐时在每个列区中从第一个伐区开始皆伐，第一个伐区采伐完经过若干年后，迹地更新起来，再进行第二个伐区的采伐，其余伐区的采伐以此类推，直到全林采伐完为止。带状连续皆伐更有利于迹地更新。

（2）块状皆伐

块状皆伐是呈块状采伐伐区上成熟林分的皆伐方法。因目前能够进行皆伐的林地面积越来越小，所以，带状皆伐应用得越来越少，而块状皆伐比较灵活，生产上应用得较多。块状皆伐伐区形状可根据地形改变，形状可灵活变化，不过考虑天然更新，伐区以长方形为好，以便更好地发挥林墙的下种作用。块状皆伐伐区排列也较灵活，伐区之间可以相邻也可以相互隔开。如条件允许，最好将伐区间隔一定距离进行采伐。如伐区之间相邻排列，则相连两个伐区采伐要间隔一定时间。块状皆伐的一次采伐面积不超过 $5hm^2$。

2. 皆伐迹地更新

皆伐迹地在有条件的情况下，尽量采用天然更新恢复森林。如果天然更新困难也可以采用人工更新。

（1）皆伐迹地天然更新

皆伐为了保证天然更新，必须采用相应的措施。为保证皆伐天然更新成功，常采用如下措施：

①保留母树

皆伐迹地最好要在 1～3 年内完成更新，如果皆伐迹地上的种子库不能满足更新要求时，就应在采伐时保留一定数量的母树。保留的母树要均匀分布在伐区上，可以呈单株，也可以呈群状。母树要有优良的干形和冠形，发育良好，具有较强的结实能力和抗风能力。保留母树的数量一般在 20 株 /hm² 以内。当经过一到两个种子年，迹地更新完成后，就应将保留的母树伐除。保留母树的皆伐方法也被称作留母树皆伐法。

②采伐迹地清理和整地

采伐之后在迹地上堆积大量的采伐剩余物，同时迹地上还有灌木和杂草的覆盖，这些因素都将对更新产生影响。因此，在采伐后要对迹地进行清理，将采伐剩余物进行归堆处理，同时清除影响更新的灌木和杂草，改善地表这些不利于更新的条件。此外，林地上较厚的凋落物层也影响种子接触土壤，为促进天然更新有条件的情况下，也可以人为局部搂去凋落物层，露出土壤。

③保留前更新的幼树

在成熟的森林中，采伐前常存有一定的更新幼树。对于这些伐前更新的幼树，在采伐作业时要尽量不要伤害，给予保留。这些幼树即是下一代森林得到恢复的保证，而且还可以缩短培育期。

除上述保证天然更新的措施外，皆伐还可以在种子年进行，这样树木伐倒后就会有大量的种子落到林地上，加快迹地更新速度。

（2）皆伐迹地人工更新

在皆伐后天然更新困难的地方，可以采用人工更新恢复森林。皆伐迹地人工更新可以采用植苗或直播造林，但常用的是植苗造林。皆伐迹地人工更新需要注意的，一是人工更新最好在皆伐后立即进行，最慢也要在三年内完成。因皆伐迹地植被条件变化较快，皆伐后如不立即更新，灌木和杂草将大量侵入，更新难度会越来越大；二是皆伐迹地人工更新时，遇到天然更新的幼苗要保留，采用"见缝插针"的方法人工造林，尽量形成混交林；三是有的皆伐迹地土壤湿度大，水分含量较高，为避免冻拔害可采用不整地造林。

皆伐因其节省人力、作业效率高、施工容易等特点，在生产上被大量应用。但皆伐后往往形成同龄纯林，导致森林的稳定性、物种多样性和生态效益下降，所以也常常被人们指责。随着森林可持续经营观念不断被人们重视，皆伐的应用将会越来越少。目前在林业发达国家，已经提倡采用择伐代替皆伐作业，以达到森林可持续经营的目的。

（二）渐伐与更新

渐伐是在较长时期内（一般是一个龄级内），将伐区上的成熟林木分 2 ~ 4 次采伐完的主伐方式。伐后天然更新，形成同龄林（林木间年龄相差不超过一个龄级，也称为相对同龄林）。

渐伐最早产生于欧洲，比皆伐出现得要早。早期的渐伐只进行两次采伐，后来逐渐得到完善，典型的渐伐分四次采伐。因渐伐是在一个龄级时间内完成成熟木的采伐，所以渐伐林分的更新更有保证。当上层木采伐结束后，下一代森林也完成了更新。

1. 典型渐伐的更新过程

典型的渐伐分4次进行，每次采伐均伐除一部分成熟木，四次采伐按先后循序依次为：预备伐、下种伐、受光伐和后伐。

（1）预备伐

预备伐是为更新创造条件而进行的采伐。通常在郁闭度大，地被物很厚，林下更新不良的林分中进行。伐后促进保留木结实，同时也促进了林下地被物的分解，为更新创造了条件。采伐时首先伐去病腐木和生长不良的林木，采伐强度按蓄积计算一般在25% ~ 30%，伐后林分郁闭度降到0.6 ~ 0.7。如果伐前林分的郁闭度为0.5 ~ 0.6就不必进行预备伐。

（2）下种伐

下种伐是预备伐经过若干年后，为促进下种和改善幼苗生长条件而进行的采伐。下种伐应结合种子年进行，使种子更多地落到林地上。下种伐采伐强度一般在10% ~ 25%，伐后林分郁闭度为0.4 ~ 0.6。如果伐前林分的郁闭度只有0.4 ~ 0.5，或者林下已有足够的更新幼苗和幼树，就不必进行下种伐。

（3）受光伐

受光伐是下种伐经过若干年后，为增加光照，促进林下更新起来的幼苗、幼树生长而进行的采伐。此时幼苗、幼树一方面对光照需求增加；另一方面也需要上层林冠的保护。因此，受光伐后林地上还应保留一部分上层林木。受光伐的采伐强度一般在10% ~ 25%，伐后林分郁闭度为0.2 ~ 0.4。受光伐一般在下种伐2 ~ 6年后进行。

（4）后伐

在受光伐后，幼树生长开始加快，并逐渐接近郁闭。此时幼树已不需要老树的保护，而且上层林冠的存在已经开始影响幼树的生长。这时需要将上层保留木全部伐除，此为后伐。后伐一般在受光伐后的3 ~ 5年进行，进行后伐时，要尽量减少对幼树的伤害。

渐伐不一定都进行4次采伐，可根据林分状况和更新的特点，省略1 ~ 2次，而成为2次渐伐和3次渐伐。当上层林分郁闭度较小，林内更新已经达到标准的，可进行2次渐伐；当上层林木郁闭度较大，林内更新幼苗幼树株树达不到标准的，可进行3次渐伐。

2. 渐伐的种类

通常根据伐区排列方式的不同，将渐伐分为均匀渐伐、带状渐伐和群状渐伐。

（1）均匀渐伐

在要采伐的全林范围内，同时均匀地进行渐伐的各次采伐。如要进行预备伐时，在全林范围内同时均匀地进行，以后各次采伐均以此类推。

（2）带状渐伐

将要采伐的林分划分成不同的采伐列区，然后在每个列区内划分不同的带状伐区（每个列区包括的伐区数量不应小于渐伐的次数）。渐伐开始时，在每个列区的第一个伐区首先进行预备伐，其他伐区保留不动。预备伐经过若干年后，在第一伐区进行下种伐，同时在相邻的第二个伐区进行预备伐。再经过若干年后，第一伐区进行受光伐，第二伐区进行下种伐，第三伐区进行预备伐。以后的各次采伐以此类推，直到全林伐完为止。带状渐伐的伐区宽度可为树高的 1 ～ 3 倍，坡度较大时可适当减小。

（3）群状渐伐

在林分中选择有幼苗幼树更新，而且上层林冠稀疏的地点为基点，首先呈群团状伐去上层林木（一般在基点因为有前更幼树，所以开始即进行后伐），促进幼苗幼树的生长。

然后以此基点向四周逐渐扩大，每隔若干年采伐一次，采伐面积也向外逐渐扩大，直到全林全部采完为止。群状渐伐多在林地已局部有伐前更新的林分内进行。渐伐虽然产生的时间较早，但因其操作技术比较复杂，因而在我国的林业生产中还较少使用。但渐伐具有能够保证森林更新的优点，同时渐伐对环境的影响较小，因此，在今后的森林采伐中，应积极推广使用，尤其是对环境条件较差的山地进行采伐时，更应注重渐伐的应用。

（三）择伐与更新

择伐是每隔一定时期，在林分中有选择性地采伐一部分成熟木的主伐方式。择伐的林分，林地上始终保持有不同龄级的林木，林分的天然更新连续进行，形成的森林是异龄林。

择伐是具有悠久历史的主伐方式，它起源于中林混交林作业，这种中林作业方式在欧洲从中世纪一直到 20 世纪初都相当流行。这种中林作业，下层是萌生的矮林，以生产薪材为主，实行皆伐，而上层是实生的乔林，以生产大径材为主，进行择伐。虽然择伐经过长时间应用，形式不断被丰富，但择伐林的核心内容还是基本相同的。

1. 择伐林分的结构

通常将年龄完全相同的林分称为绝对同龄林，常见于人工营造的森林。将组成林分的个体年龄相差未超过一个龄级的林分，称为相对同龄林。而当组成林分的个体年龄相差超过一个龄级，则称为异龄林。择伐形成异龄、复层结构的林分，在林内既有刚刚更新的幼苗，又有成熟的高大林木。

择伐每次只采伐部分成熟木，过若干年后，再采伐部分成熟木，循环作业。因此，择伐后林分中始终有成熟木保留。择伐时可以单株形式采伐成熟木，也可以群团状采伐，群团状采伐以不破坏森林的结构为前提。每次择伐都为天然更新创造了良好的条件，择伐过后都有新的更新幼苗出现，择伐可以保证天然更新连续进行。

一个择伐林分在垂直结构上是复层的，包括更新层、幼树层、亚林层和主林层。不同层次的树木，达到了对光照资源的充分利用。这种林分结构与原始林极为相似，所不同的是原始林中的老龄木，达到一定年龄和粗度后，还要在林分中长期保持其地位，直到枯死为止。在老龄木死亡之前，林下的幼树一直处于等待状态，此时幼树的生长量极小。而择伐林分当树木达到成熟后，就逐渐采伐掉，为林下更新起来的幼苗幼树创造生长条件，幼树不需要长时间等待。因此，经过择伐的森林产量会比未经过择伐的天然林有所增加。这种对成熟木采伐的人为驱动作用，可能是择伐林分获得较高产量的根本原因。

择伐天然更新常常形成混交林，但择伐林的树种组成也可以是单一的。只要组成林分的树种是适生的乡土树种，而且在自然状态下存在该种森林类型，那么通过择伐就可以维持单一树种的稳定林分。

择伐除采伐成熟木外，还要进行林分结构调整，因此，择伐往往在采伐成熟木的同时也采伐部分未成熟的林木。择伐实际是以主伐为主，并兼顾抚育伐。

2．择伐的种类

择伐按经营的集约程度分为集约择伐和粗放择伐；按采伐方法又分为单株择伐和群状择伐。

（1）集约择伐

集约择伐是采伐时经营的集约程度较高。单株择伐和群状择伐是两种常用的集约择伐方法。

①单株择伐

在预定采伐的林分内，单株伐去已达到成熟的林木或者其他劣质林木。伐后形成较小面积的林隙，在采伐后形成的林隙内，只有耐阴树种才能更新。单株采伐形成的林隙和林木发生自然枯死相似，对林分的环境影响不大。

②群状择伐

在预定采伐的林分内，呈群团状伐去已达到成熟的林木或者其他劣质林木。每个采伐的群团可以包括两株以上的树木，但允许的群团最大面积控制是该采伐方法的关键。面积过大则破坏原有林分的结构，达不到择伐的目的，通常群团的最大直径不能超过周围树高的2倍。在不超过最大面积的情况下，群团的面积可根据树种特性进行调整，喜光树种的面积可大些，耐阴树种的面积宜小些。

集约择伐要保证林分形成良好的异龄、复层结构。择伐时要首先采伐那些干形较差的林木，保留干形良好的林木供下种更新。采伐木的选择要遵循"采大留小，采劣留优"的原则。每次的采伐量不能超过间隔期内的林分生长量。

（2）粗放择伐

粗放择伐是与集约择伐相对而言的，因择伐时只考虑木材生产，忽视了良好林分结构的形成和森林更新，故被称作粗放择伐。目前在一些国家应用的径级择伐即是粗放择伐的一种。这种择伐方式的主要特点为：一是确定采伐木的标准主要是径级指标，当林木达到一定直径之上才被选作采伐对象，而且只采伐优良林木，忽视对影响林分质量劣等木的采伐；二是采伐强度较大，径级择伐的采伐强度一般在30%～60%之间，有些时候甚至更高。伐后林分的结构遭到破坏，郁闭度明显下降。因林分中优良的主要树种大量被采伐，森林的树种组成遭到破坏，森林更新恢复需要较长时间。在日本侵略我国东北时期，对东北阔叶红松林的采伐即为径级择伐，当地俗称为"拔大毛"。侵略者为了获得珍贵树种的大径级木材，在林分中专门采伐较高径级的红松、云杉等珍贵木材。由于过度采伐，导致林分中的红松数量大量减少，致使林分中很难找到遗留的红松，导致目前阔叶红松林恢复极其困难。

择伐作业在整个过程中总是不断地采伐利用质量较差的林木，保证保留的优良木生长和林下更新。择伐形成异龄、复层林，因此，择伐林具有较高的蓄积量和生长量，林分质量要远远高于皆伐作业形成的同龄林。与皆伐人工更新相比，择伐作业节省了育苗、整地、造林和幼林抚育等费用，是一种较为经济的主伐作业方式。而且择伐林分还具有保护生物多样性、涵养水源、保持水土、维持林分稳定性和提供社会其他服务的多种功能，这些都与森林的可持续经营目标相统一。因此，择伐作业应该是今后值得大力推广的森林主伐方式。

二、森林主伐更新技术及其进展

主伐是对森林构成严重干扰的经营措施之一，因此，确定合理的主伐方式一直被视为林业的核心问题。回顾森林主伐与更新技术的发展历程，森林主伐方式是随着森林经营思想的发展而逐渐被完善的。早期人们认为森林是取之不尽、用之不竭的资源，因此，对森林的采伐是无计划无限制的，此时还谈不上主伐方式。大约到中世纪，欧洲一些国家开始对树木采伐的株数和径级等做出限制，产生了早期的择伐。之后随着欧洲工业革命的进行，大量森林被砍伐，天然林资源已经无法满足社会发展对木材的需求，以木材生产为中心的"法政林"经营思想被提出。法政林学说为了实现木材的永续利用，提倡同龄林皆伐作业，人工更新被广泛应用。法政林的经营思想仅考虑木材的永续利用，忽视森林的其他功能。随着皆伐作业的大面积实施，带来了林地土壤退化、虫害发生、森林稳定性下降等严重问题。面对皆伐的严重后果，从 19 世纪中期起，人们开始探寻在获取木材的同时，能够保证森林其他功能持续发挥的主伐方式，以避免皆伐作业的弊端。到 20 世纪中期，随着对森林多种功能的深入认识，森林多目标利用的经营思想得到发展，森林的生态效益引起人们的高度重视。此时皆伐在一些国家开始遭到限制，能保证森林多功能充分发挥的择伐和渐伐被大力提倡。

到 20 世纪末，林业进入了可持续发展的新时期。林业可持续发展就是指当代人对森林资源的利用不对后代人的需求构成危害的发展。这里所说的"对森林资源的利用或需求"，实质上是包括对森林的经济效益、生态效益和社会效益的需要。只有达到森林三大效益之间相互协调，才能做到森林资源的可持续利用。为了实现林业的可持续发展，必须进行可持续的森林经营。主伐与更新是实现森林可持续经营的关键环节，采用何种采伐与经营方式才能实现森林三大效益之间的相互协调成为国际林学界关心的焦点问题。

森林生态系统管理模式和近自然森林经营模式都强调采用择伐的方式对森林进行经营，但各自的观点和具体技术环节有所区别。森林生态系统管理模式是由新林业理论发展而来，该经营模式强调在景观和林分两个层次上对森林进行经营管理。在对森林进行采伐时，为保护生物多样性强调保留枯死木和倒木，同时主张对林业用地和自然保护区进行合理的景观设计。因森林生态系统管理模式更强调生态学理论的应用，故在具体经营技术上缺乏可操作性。近自然森林经营是模仿自然、接近自然的一种森林经营模式。天然林的单位面积木材生长量可以超过人工林，而且天然林内的各物种也可以共存。生产的奥秘在于一切在森林内起作用的力量的和谐，这被认为是近自然森林经营的早期代表。

值得一提的是尽管择伐在很早就被应用于生产实践，而且择伐也是模拟林隙完成更新。但早期的择伐更新技术多数是来自对自然的观察，缺少理论支持。20世纪中后期林隙更新理论研究取得了较大的进展，并被应用于指导择伐实践，使择伐更新技术具有了较强的理论支持。

（一）近自然森林经营的择伐模式

1.近自然森林的基本概念

在介绍近自然经营的择伐模式之前我们先了解两个与近自然经营有关的概念。

（1）近自然森林

近自然森林是指以原生森林植被为参照进行培育，主要由乡土树种组成，具有多树种混交，逐步向多层次和异龄结构发展的森林。近自然森林可以是经过经营调整简化的天然林，也可以是人为设计培育结构丰富的人工林。近自然森林不是纯天然森林类型，而是同潜在的自然植被相接近的林分。

（2）恒续林

恒续林是一种多树种混交、复层、异龄状态的森林，这样的森林结构和功能比较稳定。近自然经营理论认为，人们可以通过经营这样状态的森林，兼顾森林的林产品生产、生态效益与社会效益，实现森林的可持续经营。恒续林是近自然森林经营的理想状态森林。

恒续林经营思想是在对皆伐形成的单层、同龄林批判的基础上产生的。恒续林经营思想认为，森林是生物与土壤、气候的集合，森林的各个组成部分之间存在着一种动态平衡，它们是一个有机整体。森林是一个复杂的、动态的平衡系统，必要的人为干扰是需要的，但反对超限度的干扰。恒续林经营以恒续维持森林有机体功能为原则，提倡择伐作业，反对皆伐作业。恒续林经营也强调生产更多的林产品，恒续林的经营实践证明，通过经营多树种混交、复层、异龄状态的森林，其木材产量要高于同类皆伐作业林分。恒续林经营不使用外来树种，以天然更新为主，但不排除人工更新。

2.近自然森林经营的特征

近自然森林经营是以原始林的组成、结构和动态为参照，分析确定近自然林分的结构，通过一系列的作业过程完成经营目标。近自然森林经营的技术体系，从经营过程上看包括如下几方面：①经营及作业设计调查；②群落生境制图及经营规划；③目标树单株经营技术；④森林动态监测和评价。

经营及作业设计调查主要是为了解立地和植被状况，编制群落生境图及经营规划而进行的基础调查，调查包括立地条件调查、植被调查等。近自然森林经营技术体系，在进行植被调查时更注重原生植被调查，确定区域原生植被的分布情况，这可为制定各立地类型近自然的森林经营目标提供参照。同时对现存植被指出其近自然度。近自然度是对森林自然化程度的量化描述，主要通过对现实植物群落物种组成、立地条件、演替阶段等因素分析，确定近自然度。

群落生境图是从传统的立地条件分类图演化而来的，近自然经营的群落生境与森林立地的概念基本一致，只不过群落生境更注重原生群落和综合立地因子之间关系的分析。群落生境分类是由不同等级单位的分类系统完成，而群落生境类型是这个分类系统中的基本单位。同一个群落生境类型是立地条件和经营目标基本一致的森林地段。群落生境分类是近自然森林经营的基础性工作，群落生境图是群落生境分类结果的图面表示。群落生境图包括反映对象区域的立地条件、演替阶段、近自然度以及经营措施等的一系列专题图。近自然经营规划则以具体的植物群落为基本单元，通过分析群落的演替阶段、自然度评价，并以该立地的顶极群落做参照，设计森林经营措施。近自然经营主要参考原生植被类型，确定现存林分的调整目标。

完成森林的经营规划设计后，为实现经营目标，将展开以单株木为作业对象的目标树经营。以单株木为对象的目标树经营体系，是近自然经营与其他森林经营技术体系区别最显著的地方。目标树经营技术体系，首先在经营的林分中分类标记目标树、干扰树、特殊目标树和一般林木。目标树是近自然林分中代表着主要的生态、经济和文化价值的少数优势单株林木。在经营过程中始终以目标树为核心，定期伐除与目标树产生竞争的干扰树，直到目标树达到目标直径后择伐利用。如此循环往复定期进行择伐，实现森林资源的持续利用。目标树经营体系，通过对林分中优势树木的培育获得较高的产量，同时通过择伐天然更新保持了森林的自然特征。这种作业体系充分体现了森林的经济、生态和社会价值。

森林动态监测和评价是多数经营体系都包括的技术环节，目的是对实施近自然经营后森林动态变化进行监测，并做出评价。通过监测、评价一方面是了解经营的效果；另一方面是不断调整经营计划和方案，并保证设计的体系最优。

通过上述经营技术过程介绍可以看出，近自然森林经营的作业体系与同龄人工林经营相比有本质不同。近自然森林经营以原生森林为参照不断调整结构，该经营体系的特点主要表现在：①根据潜在天然植被类型，选择适宜立地的乡土树种为主要经营对象，倡导适地适树，以保持立地生产力，保证不出现早期生长衰退和暴发病虫害；②顺应森林的自然演替，充分利用自然力，实现林分的天然更新；③参照各立地的潜在原生植被确定经营的目标林分，并以此为目标调整林分结构和设计经营措施；④标记目标树，并以目标树为中心，进行单株抚育和择伐作业；⑤建立多树种、复层、异龄的混交林。

3. 近自然经营的择伐林

（1）近自然森林经营的择伐模式

近自然森林经营在保持生态系统稳定的基础上，最大限度地降低对森林的投入，并生产尽可能多的林产品，是一种兼顾经济、生态和社会效益持续利用的经营模式。为了达到上述目标，近自然森林经营尽量减少人为干预，依靠自然的力量更新森林，采用择伐作业，保证林地持续覆盖。

近自然森林经营的择伐作业与一般的择伐作业不同，它采用目标树单株木抚育择伐的作业模式。目标树单株木择伐作业与一般择伐作业主要的不同点是在作业前对林分中的所有林木进行分类，分成目标树、干扰树、特别目标树和一般林木四类，然后以目标树为核心进行持续的抚育。通过抚育调控单株木的生长空间及林分的混交比例，当目标树达到目标直径后，进行择伐利用。近自然森林择伐作业的目标树、干扰树、特别目标树和一般林木的具体划分依据如下：

①目标树

目标树是长期保留，完成天然下种更新并达到规定的目标直径才采伐利用的林木，是林分中重点培育对象。目标树选择主要考虑树种、优势度、干形、冠形和生命力等指标进行管理。

选为目标树的树种应该是该立地的适生树种，同时与该林分生产的产品目标一致，这样才能保证经营的林分以乡土树种为主。作为目标树的林木应该是实生个体，萌生的个体原则上不选为目标树。在优势度上，目标树应该是林分中的优势木或主林层的林木（有时也选择亚优势木），这样的林木才能保持生长优势。目标树的干形要通直、完满，没有双头分枝，一般要有 6 ~ 8 m 以上的完好主干。冠形发育正常，表现旺盛的生长，不能偏冠，并且一般要求至少要有 1/4 全高的冠长。生命力上，目标树不能受过明显的损伤和病虫害，特别是树干的基部不能有损伤。

选择的目标树要较均匀地分布在林地上，总数一般不超过林分总株树的 20%，目标树的数量在林分的不同发育阶段是不同的。调整阶段的近自然森林，一般在幼林形成时期不确定目标树，从郁闭之后起林木之间竞争开始变得激烈，目标树可选择在每公顷 250 株左右。之后随着林分的生长发育，目标树数量逐渐减少。有些目标树达不到培育材质需要时即使没达到规定的目标直径，也可结合抚育采伐掉，到目标树达到目标直径可以主伐利用阶段，每公顷一般可保留 50 ~ 100 株。

②干扰树

干扰树是在目标树周围直接影响目标树生长的、为了给目标树创造生长空间需要在本次经理期内将其采伐利用的林木。干扰树一般生长势也较强，但因其妨碍目标树的生长，为了培育目标树被作为采伐对象进行采伐，采伐干扰树可以在抚育经营过程中有一定的木材收获。干扰树一般都在没达到成熟时期就被采伐，主要目的是为目标树创造更好的生长环境。干扰树的采伐实际是一种具有抚育性质的抚育伐。

③特殊目标树

特殊目标树是为达到增加混交树种、保持林分结构或生物多样性等目标而保留的林木。在国家和地方保护名录中的树种一定要列为特殊目标树加以保护，此类林木在经营过程中不允许进行采伐。

④一般林木

除上述三类以外的林木，不做特别标记。在特殊情况下可在抚育过程中按需要采伐利用一定数量的一般林木，以满足对木材的需要。

经过分类后，上述各类林木在林分中的生态学和林学作用与意义各有不同。目标树和特殊目标树要做永久性的标志，以利于作业时识别。

每次作业前采用上述林木分级标准完成林木分类后，接着进行抚育择伐作业。作业时首先伐掉那些影响目标树生长的干扰树，同时也采伐达到目标直径的目标树，特殊情况下还伐掉一些一般林木以满足木材需要。干扰树和目标树的采伐在本质上没有区别，都是对单株林木作业。对干扰树和达到目标直径的目标树的采伐主要是为了达到如下目的：a.增加保留木（主要是目标树）的营养面积，提高其生长量和单木质量；b.调节混交比例，改变林地凋落物组成，促进林分的物质循环；c.为林下更新创造环境，促进林分的天然更新；d.同时获取一定数量的木材。这种以目标树为核心的抚育过程，与同龄林皆伐经营体系是完全不同的。同龄林皆伐经营体系抚育和主伐是完全不同的方法，是分开进行的。而在这种以目标树为核心的抚育择伐，干扰树的采伐和目标树的终伐利用方法没有区别，而且是同时进行作业。因此，这种抚育择伐将抚育和主伐利用结合在一起，以对森林的抚育为主同时结合主伐利用，每次采伐都是为了调整森林的结构，促进森林的生长和更新，而不是只为了利用木材。

随着林分的生长树冠体积不断增加，需要的空间也不断增大，因此，对目标树的营养空间调整是不断进行的，一般每隔几年就可进行一次。这种抚育即使在目标树达到生长高峰之后，也要继续进行。德国的经验表明，生长高峰后对目标树进行抚育还具有促进生长的作用，而且如果高峰期过后不进行抚育有可能形成过密林分，影响林分的稳定性。每次抚育择伐都要重新标定目标树，只有那些生命力强、具有高质量干材的个体才能保留到最终采伐时期。其他目标树可以根据树木之间的相互关系情况给予伐除。

这种目标树单株木择伐，林分中目标树的成熟是根据目标直径决定，达到规定的目标直径之后即可进行主伐利用。目标直径的确定要考虑价格因素和木材质量指标，不同树种的目标直径是不同的。目标树单株木择伐林是以生产大径材为主的一种经营模式，因此通常目标树的目标直径都较大。如在德国，橡树建筑材的目标直径规定为70cm以上，白蜡树建筑材目标直径为60cm以上，杨树建筑材的目标直径为60cm，云杉人造板材目标直径为50cm以上。当目标树达到目标直径后即可进行主伐利用，目标树的主伐采用择伐，可以是单株择伐，也可以是块状择伐。目标直径利用是通过最佳的径级利用达到一流的立木质量，并使森林发挥较高的生态和社会服务功能。

在每次以目标树为核心进行抚育时，还要注意对林分结构的调整，要通过调整使林分形成多树种混交林。林分结构的调整主要是通过保留特别目标树，选择原生树种为目标树等措施实现。特别目标树在抚育期间要保留，为了促进特别目标树的结实和下种，还要伐除一些优良的特别目标树周围的干扰树，让这些特别目标树通过更新扩大在林分中的比例。对干形良好的原生树种可以选作目标树，通过抚育促进结实下种，并一直保留到终伐。

目标树单株木抚育择伐适用对多种林分的经营，既可用于向复层、异龄、混交林调整的人工林纯林，也可用于天然的复层、异龄、混交林。正处于调整阶段的人工林纯林开始时期，以对目标树的抚育为主，主要伐除干扰树。到目标树达到成熟时，目标树的择伐和抚育同时进行。近自然经营的择伐林最终都要将森林调整到复层、异龄、混交林的状态，恒续林是近自然森林经营的理想状态森林。

目标树单株木经营体系，通过选择林分中处于优势的林木进行培育，使森林的生长、结实和更新能力都在一个较高的水平上。而且只通过收获目标树和干扰树调整林分的结构，影响森林的生长，其他的森林发育过程完全靠自然完成，节省了育苗、造林等环节的人力物力投入，这在经济上是有利可图的。目标树单株木采伐不破坏森林的景观，更新在林隙内完成，这种经营模式对森林的干扰小，保持森林的生态功能在较高的水平上。所以，以目标树为核心的近自然经营模式很好地协调了森林的经济、生态和社会效益，是一种可持续的森林经营模式。

（2）近自然经营择伐的经济效益

近自然经营的择伐林通过持续的抚育和利用，使林分保持了特有的平衡结构。在这种结构状态下，成熟林木不断被采伐利用，给林下的更新幼树创造良好的生长环境，促进了下木的生长，同时处于优势的目标树也得到了抚育生长加快。这种择伐林的结构与未经营的原始林有所不同，在原始林中林下更新的幼苗和幼树长期得不到良好的光照，老龄木虽然已经成熟，但到枯死还需要较长的时间。这些成熟老龄木的存在长期抑制幼树的生长，使森林的生产力得不到充分发挥。

3. 近自然经营择伐对生物多样性的保护

在森林经营过程中要最大限度地保护生物多样性，这是森林可持续经营提出的要求。与皆伐作业相比，择伐作业强调形成复层、异龄、混交林，这在一定程度上起到了保护生物多样性的作用。近自然经营择伐在作业时划分出"特别目标树"，将那些在国家和地方保护名录中的树种列为特殊保护对象，在经营过程中不允许进行采伐。这一做法是该作业方式在生物多样性保护上的特别考虑，与一般的择伐作业不同，这一措施无疑将增加林分中的物种多样性。同时近自然经营择伐还强调将原生树种划为"目标树"保留，以促进它们的更新，达到调整林分组成，增加乡土树种比例的目的。

（二）林隙更新理论的发展与择伐更新

1. 林隙理论基础

20 世纪中后期，森林动态学研究取得了长足发展。自然干扰在森林的结构形成与动态变化中具有重要的作用。风、火、病虫害等对群落的干扰会产生大小不一的林中空隙，林隙形成后新的树木个体经过发生、建立达到成熟阶段。森林群落就是由这种空间上处于不同发育阶段的斑块镶嵌而成的，这种斑块镶嵌体处于不断变化之中，故又被称为"流动镶嵌"。随着时间的推移，森林群落中不同的镶嵌体都处于不断的变化之中，各种镶嵌体或斑块都可以相互转化并变换空间位置。因此，在整个森林景观中，就形成了此起彼伏的斑块动态过程。这一理论摆脱了把森林群落作为匀质性看待的观点，而把森林群落看作是空间上异质而时间上变动的"流动镶嵌体"。该理论认为林隙是群落发展变化和结构维持的必要成分，在维持森林群落的结构及物种多样性方面都具有重要的作用。随着 20 世纪后期林隙更新研究的深入，为森林择伐林隙更新提供了有力的理论基础。

林隙就是林冠层（主林层）中单株或多株树木死亡后而形成的将由新个体占据与更新的空间。而且他们把林隙进一步分为两类：①冠空隙，系指直接处于林冠层空隙下的土地面积，通常也称为实际林隙，这是狭义的林隙；②扩展林隙，系指由冠空隙周围的树干基部所围成的土地面积，包括实际林隙和其边缘到周围树木树干基部所围成的面积两部分。现在林隙的两种概念都已被广泛应用，但仍以冠空隙的概念应用较多。

森林群落中林冠层乔木的死亡形成林隙，导致树木死亡的原因包括内部因素与外部因素。内部因素包括生理效率的降低、树木的衰老、生长状况变差等。外部因素包括自然灾害如火灾、风灾、干旱、病虫危害、人为砍伐等。创建林隙的树木被称为林隙形成木，其组成一般是占据主林层的多年生优势树种。总体来说，林隙的形成方式主要有三种：折断、枯立、树倒。水平面上来看，林隙的形状是不规则的。林隙的大小是林隙的重要特征，它不仅反映了林隙内微环境因子的变动，而且提供了林隙内更新树种所能利用的空间资源，从而对更新产生不同的影响。

2. 林隙特征对更新的影响

林隙形成后，林隙内的环境随之发生改变。林隙最直接的作用是增加了光照时间和光照强度，从而改变了森林内部光环境。林隙的大小对光环境影响较大，林隙还改变了森林中的水、热条件。林隙内土壤和空气湿度变化都较林下高，变动幅度也较大。一般来说，林隙内的空气湿度较低，导致土壤表层的湿度下降，但距地表一定深度土层，林隙内土壤湿度又较林下高。林隙内的土壤温度一般比林下温度高，为植被的生长提供了良好的条件。林隙的形成也影响了土壤的养分状况和土壤的物理化学性质。林隙中的倒木、木质残体、伐根等提供了丰富的有机物质，林隙内光照增加，温度升高，加快了有机物质的分解速率，从而使林隙内的土壤养分增加。

林隙内光、温、水、养分条件的改变，为林内幼苗幼树的天然更新和生长创造了良好的条件。林隙是森林中树木更新极其活跃的部分，通常林隙的大小和形成时间对树种更新的影响较大。大的林隙接受了更多的光照，地表干燥，地面上杂草灌木繁殖较快，不利于种子发芽和出土，尤其不利于耐阴性树种的更新。小的林隙内光照较弱，不利于喜光树种的更新，并且边缘木的生长也会很快地填充林隙，影响幼树的生长。

3. 林隙更新理论与择伐更新

择伐在很早就被应用于生产实践，无论是单株择伐还是群状择伐，都是模拟森林自然发生过程，利用林隙完成更新。但此阶段的择伐技术多数是来自对自然的观察和生产经验，缺少理论支持。20 世纪中后期林隙更新理论研究取得的进展，使该领域在理论上有了较大的突破。林隙更新理论方面取得的成果，对指导制定科学的择伐技术措施具有重要的意义。比如林隙更新理论关于林隙大小、林隙年龄、林隙空间分布、干扰频率等与更新关系的认识，是确定择伐林隙面积、择伐强度、择伐回归年等技术指标的重要理论依据。

此外，根据林隙内光照、温度以及湿度等微环境变化的规律，在择伐后进行人工更新时可以选择最适合树种成活和生长的位置进行栽植。

还可以根据林隙对物种多样性的影响规律，利用择伐创造林隙进行混交树种搭配。在阔叶红松林中林隙与非林隙不同树种的相对优势发生交替变化，红松等针叶树在林隙中的重要性降低，而一些阔叶树的重要性增加，所以林隙阶段是阔叶树相对占优势的阶段，这样可以通过择伐人为创造林隙，促进珍贵阔叶树和红松形成混交林，维持生态系统的物种多样性。

参考文献

[1] 柯水发. 改革开放以来的中国林业发展回顾与展望 [M]. 北京：经济科学出版社，2019.

[2] 林红. 重点国有林区民生林业发展机制研究 [M]. 北京：中国社会出版社，2019.

[3] 邵权熙，张文红，杜建玲. 中国林业媒体融合发展研究报告 [M]. 北京：中国林业出版社，2019.

[4] 姜霞. 中国林业碳汇潜力和发展路径研究 [M]. 北京：中国农业出版社，2019.

[5] 谢和生. 典型家庭林业合作组织制度比较、选择与多样化发展 [M]. 北京：中国商业出版社，2018.

[6] 王春光，魏青瑞，王晓光. 林业发展与环境保护 [M]. 长春：吉林人民出版社，2018.

[7] 高守荣. 生态建设实践毕节试验区 30 年林业发展纪实 [M]. 北京：中国林业出版社，2018.

[8] 刘珉. 中国林业发展之路——从生态赤字到生态盈余 [M]. 北京：中国林业出版社，2018.

[9] 方陆明. 林业信息化建设与发展 [M]. 北京：中国林业出版社，2018.

[10] 于金娜，姚顺波. 造林补贴政策与林业可持续发展 [M]. 北京：社会科学文献出版社，2018.

[11] 雷海清，黄宰胜，李建清. 温州林业碳汇发展与实践 [M]. 北京：中国林业出版社，2018.

[12] 贾卫国，雷礼纲. 江苏省平原林业及其产业发展研究 [M]. 北京：中国林业出版社，2018.

[13] 李政龙. 林业生态工程研究与发展 [M]. 长春：吉林大学出版社，2017.

[14] 张占贞. 生态林业和民生林业山东省林业产业集群发展问题研究 [M]. 北京：清华大学出版社，2017.

[15] 管亚东. 生态环境视角下的云南林业建设发展研究 [M]. 哈尔滨：东北林业大学出版社，2017.

[16] 李世东. 中国林业移动互联网发展战略研究报告 [M]. 北京：中国林业出版社，2017.

[17] 张建龙. 生态建设与改革发展林业重大问题调查研究报告 2016[M]. 北京：中国林业出版社，2017.

[18] 段旭，赵洋毅 . 森林培育学实习指导教程 [M]. 北京：中国农业出版社，2019.

[19] 李孟楼 . 森林保护学科发展足迹 [M]. 咸阳：西北农林科技大学出版社，2018.

[20] 杨伶 . 基于复杂网络的湖南森林生态 – 经济 – 社会复合系统协调发展研究 [M]. 西安：西安交通大学出版社，2018.

[21] 易爱军 . 森林资源与可持续发展研究——基于国有林场贫困视角 [M]. 北京：中国环境科学出版社，2017.

[22] 王华丽 . 中国森林保险区域化发展研究 [M]. 成都：电子科技大学出版社，2019.

[23] 陆向荣 . 我国森林公园生态旅游开发与发展 [M]. 北京：北京工业大学出版社，2018.

[24] 陈宇飞，文景芝 . 植物保护 [M]. 北京：中国农业出版社，2019.

[25] 李豫富 . 植物保护 [M]. 广州：广东教育出版社，2017.

[26] 刘玉祥 . 植物保护技术 [M]. 济南：济南出版社，2018.

[27] 刘玉升 . 生态植物保护学原理与实践 [M]. 北京：中国农业科学技术出版社，2019.

[28] 陈彩贤 . 植物保护技术 [M]. 北京：中国农业大学出版社，2019.

[29] 舒梅，杜飞，江波 . 植物保护技术 [M]. 西安：电子科技大学出版社，2019.

[30] 强磊 . 园林植物保护 [M]. 北京：中国农业出版社，2017.

[31] 杨晓智 . 经济发展与森林资源利用 [M]. 北京：企业管理出版社，2018.

[32] 陈东莉 . 中国植物保护科技创新 [M]. 北京：中国农业科学技术出版社，2019.